法哲学与政治哲学文丛· 吴彦　马华灵　主编

情景感与确定性

卢埃林的法哲学

周国兴◎著

Situation-Sense & Certainty

Llewellyn's Legal Philosophy

中国法制出版社
CHINA LEGAL PUBLISHING HOUSE

知道要去哪里，以及发现如何到达那里，对我们所有人而言，都是根本问题。

——卢埃林

总　序

在政治和法律的世界中，我们首先所触摸到的总是各式各样的制度，恰如在自然世界中，我们首先触摸到的是各种实实在在的物质一样。人类理性总是试图超越这种直接的被给予性而寻求背后更基本的东西。由此，我们发现了物质及其活动背后的自然法则，制度及其运行背后的观念、利益、考量等等各式各样的人类心智活动。然而，与物质不同的是，制度的存在并不依赖于其自身，而在很大程度上依赖于它背后的人类心智活动。法律和政治的哲学性思考就是对于这些人类心智活动的总体性理解，并同时也反转过来型塑并在一定意义上支配着这些人类心智活动，由此以更为隐秘的方式型塑和支配着制度的运行和变迁。所以，在这个意义上，研习法律制度和政治制度，最核心的任务之一就是要超越这种直接被给予的制度性事实，进而深入到其背后那些支撑着它们的基本观念。

眼下中国的法学界，不仅受制于狭隘的且严格限于学科划分的法学观念，认为它是一门独立且自成一系的科学体系，无需其他学科的支撑就可理解其自身，而且受制于一种极度实用化的法学观念，认为法学的首要目的就是“实用性”，法学教育的宗旨就是“职业化”。这两种既狭隘又肤浅的法学观念不仅让我们现在的法学变得越来越技术和庸俗，而且也变得越来越幼稚，它偏离了法学作为一门有关人类共同生活之基本原则的学问这样一种在古典世界一直被传颂的观念。因此，我们现在的法学不仅有着对于经典作家以及经典作品的极度忽视，而且对于那些涉足道德和政治的论题有着天生的陌生感。本文丛的设立即在于打破这样一种分隔，它试图让法学的、政治学的以及哲学的学者可以在一个更广阔的共同空间进行共同的探索和对话。它不仅希望法学学者能够走出去，而且希望那些关注同样问题的政治学者、哲学学者可以不带学科分际地参与进来，进而对他们所共同分享其思想渊源的经典人物、经典作品以及经典论题进行共同的研讨、论辩和思考，进而推进汉语学界有关这些人物、作品以及问题更为深入的理解和把握。至此，我们也诚望学界有更多的声音和力量参与进来，支持这套丛书。谨为序。

吴彦
2017 年夏于上海

目录

目录

审判如何回应民意 *

——基于卢埃林情景感理论的考察（自序）

一、引言：问题与思路

近些年来，随着网络传媒的发展以及公众参与意识的提升，越来越多的法院裁判引起社会公众的广泛讨论，甚至出现了法院迫于民意[1]压力改判的案件，例如辽宁省的刘涌

* 原稿发表于《法商研究》2013 年第 3 期，发表时略有文字变动。

① 本文所称民意（public opinion），是指社会公众对法律的一般认识和特定个案的看法或者态度，它是社会公众对法律现象的主观心理感受，通常是零散的、感性的，情感、情绪等因素占很大成分，缺少系统性和完整性，但表征着特定群体和阶层中的人们的意见、要求或愿望。也有学者使用公众意见、大众民意、舆情、公众判意等概念。

案、云南省的李昌奎案。上述两个案件，均是一审判处死刑，二审改判死缓，最后迫于民众舆论的压力启动再审程序又改判为死刑的案件，构成了网络传媒与传统媒体共同聚焦下的“影响性诉讼”：民意与法院判决在其中进行博弈，民意与司法的关系这一亘古至今的纠缠通常通过这类极端案件得以充分展现[①]。尽管上述案件最终的结果可能体出现了民意，是公众所期许的，但更值得我们深思的问题是：这是一种公众的激情狂欢，还是法院理性慎思后对民意的妥协？进一步，面对民众的反对和质疑，审判应如何理性回应民意，进而建构司法权威？

司法权威问题是现代司法理论的一个重大课题，也是长期困扰着我国司法实践，阻碍我国司法改革进程的一个难题。尤其是自 2009 年最高人民法院院长王胜俊指出对待判不判死刑要以“社会和人民群众的感觉为依据”以来，一方面，民意浪潮愈发冲击到重大刑事案件的审理与裁判；另一方面，社会公众愈发表现出对司法裁判的不信任，宁愿选择非诉途径解决各类纠纷。这表明树立司法权威，提升社会公众对法律以及司法裁判的信任，是一个亟待解决的问题。

本文认为，在我们当前的现实环境下，要想提升司法公

---

① 当然，需要说明的是，法官与公众的博弈并不仅仅限于各类“影响性诉讼”，同时也存在于众多的普通案件当中，只是程度不同而已。

信力、建构司法权威，民意必定是一个重要的考量因素。问题的关键不是审判应不应考量民意，而是如何理性地应对民意。更进一步说，要想理性回应民意，首先就必须分析民意与审判存在紧张的原因。因此，本文接下来将首先对民意与审判冲突的成因进行分析，随后尝试借助美国现实主义法学家卡尔·卢埃林的情景感（situation-sense）论说，为审判理性回应民意提供一个可能的路径。

二、大众话语抑或职业思维：民意与审判冲突之成因分析

民意与审判的紧张固然是由于法官的职业化思维方式与公众的法律意识之间存在一定程度的隔离，从而无法接受根据司法方法得出的裁判结果；但是，深层次的原因却在于，法律职业共同体与普通民众对法律确定性问题的认识不同。这种区分在理论层面上表现为法律职业共同体基于专业化的法律知识、语言、思维方式以及职业伦理要求，注重法律的规范性特征——形式上的融贯性、一致性，对法律的伦理任务与政治责任持一种谨慎和保守的态度；在实践层面上表现为社会公众基于朴素的正义感质疑法律体系，尤其质疑个案正义，这就是民意对审判的冲击。

（一）民意：大众话语的表达

对普通公众或者说非法律职业人士而言，法律的确定性主要表现为纸面上的法律规范与在现实社会生活中实际起作用的各种社会规范之间的符合程度，这意味着人们通常基于朴素的、本能的正义感去理解现行法律体系，去判断法院的裁决是否合理、正当。倘若现行法律体系（或者一个具体的司法裁判）符合人们通行的行为方式、正义观念，人们便认为该法律是可接受的、合理的，倘若类似的情况根据符合惯常行为模式的法律得以类似处理，现行法律体系便为人们提供了确定性。

社会公众作为非法律专业人士，他们眼中的法律确定性是现行法律规则与现实生活中的各类社会规范（通常支配着公众的惯常行为方式）之间的相似性与一致性。在他们看来，法律之所以具有确定性，并不是因为个案当事人（及其代理人）能够预测某一案件具体的判决结果，也不是因为个案当事人（及其代理人）能够预测某一具体法律行为将会导致的法律后果；而是因为如果他的交易行为产生纠纷、进入诉讼程序，其他处于类似情况的非法律专业人士能够预期他将受到的对待。[①] 一

① See Karl Llewellyn, *The Case Law System in America*, Paul Gewirtz(ed.), Michael Ansaldi(trans.), University of Chicago Press, 1989, p. 82.

个理性人就自己的行为作出合理预期，他所依据的并不是现行有效的法律规范，而是通行于社会之中的习惯、道德等其他社会规范；这意味着，在现实生活中，真正调整人们行为的并不是纸面上的法律规则，而是自生自发的社会规范。尽管在通常情况下，社会规范与法律规则具有诸多的相似性，但是二者很少完全重合，因为社会规范自身有一个自生自发的演化过程，它的发展演化不会因法律人制定了类似的法律规范就自动终止。由此可见，在现实社会生活中，普通民众眼中的法律确定性取决于法官对现行法律规范的解释和运用是否与通行的社会规范相一致，是否符合现实生活的情势变迁。这意味着，对社会公众而言，法律确定性实际上是强调各种法律规则和概念存在其中的现实生活背景，是尊重自生自发的社会规范与社会秩序。

这种现实的生活背景在制度和规范的层面上表现为法律规则与实际发挥作用的社会规范之间的协调一致性；在思维运作的层面上表现为日常思维依据生活经验就涉案行为本身进行的是非曲直判断；进一步，在价值与理想的层面上，这种现实的生活背景则具体表现为社会公众朴素的正义感或者说实质合理性的诉求。而民意正是这样一种大众话语的表达，它是普通大众根据法律正义的外在社会价值所形成的一种民众意愿，暗含了大众对司法正义的期望，事实上表达了大众对实质合理性的诉求。这种诉求往往以朴素的正义观为出发点，包含了朴素的善恶、对错观念，夹杂着道德要求。

大众话语遵循的是日常思维形式，往往从评判者自身的价值观念和生活经验出发，对行为进行是非曲直的判断。日常思维仅仅从行为的结果上进行好与不好的评判，因而往往受到多重价值观念的交互影响，其中尤以道德观念的影响最为明显。事实上，民众的日常思维表达的是一种实质合理性的诉求。根据马克斯·韦伯的经典论述，实质合理性意指由“诸如伦理的无上命令（Imperative）、功利的或其他目的取向的规则、政治准则等”①来衡量的合理性，总是和价值判断相关联，不具备精确的可计算性，要求从价值观念和思想信仰上去衡量行为的合理性程度。因此，依实质合理性进行的不同判断结论之间的争议总是难免的，实质合理性总是指向个案结果，只注重结果上的公平，往往忽略过程性的思考。

具体到争议案件当中，普通民众的这种实质合理性诉求往往表现为，在分析法律问题时，习惯从朴素的正义观出发，以道德的标准衡量善恶是非，并最终以“情理法”的面貌呈现出来。“情理法”的观念是我们传统文化中“天理”“国法”“人情”三位一体的法观念的表达形式②。在普通

---

①［德］马克斯·韦伯：《法律社会学非正当性的支配》，康乐、简惠美译，广西师范大学出版社 2011 年版，第 30 页。

② 范忠信、郑定、詹学农：《情理法与中国人》，中国人民大学出版社 1992 年版，第 8 页。

民众看来，犯罪行为首先是“伤天害理”“无法无天”，刘涌黑社会犯罪团伙的所作所为、李昌奎强暴并杀害王家飞并杀害其弟的行为，首先并不是违反了我国刑法的相关规定，而是与民众的日常生活经验不符，是“冒天下之大不韪”“天理难容”，从而“国法难容”的恶劣行为。在这种“情理法”之法观念的指引下，普通民众坚信“以眼还眼，以牙还牙”“杀人偿命，天经地义”的朴素正义观，习惯“将问题道德化，用好人和坏人的观点来看待这个问题，并按照这一模式要求法律作出回应”[①]。因此，一方面，大众的日常思维和话语模式更关注的是天道和情理，他们并不熟悉法律精神，更不熟知法律条文，而是根据日常生活经验，将自己安置于个案事实，设身处地地猜想当事者的心理状态，分析涉案者的行为是否符合常理。另一方面，情理法通过伦理道德去追求正义的路径，只注重具体个别案件结果是非公正，不注意从总体上建设合理的制度；只注重解决具体纠纷，而忽视抽象的法律条文的普遍性约束力这个法律的基本品性；以礼教为代表的情理观念，对不同对象形成远近不同的情理“差序格局”[②]，具有很强的个殊性。

总体上，普通民众从情理法出发，追求的是解决个案，

---

① 苏力:《基层法院审判委员会制度的考察及思考》，法律出版社 1999 年版，第 353 页。

② 费孝通:《乡土中国　生育制度》，北京大学出版社 2000 年版，第 56 页。

并不关心法律通过个案判决对将来的整体示范作用；重视个案结果的实体正义，很少考虑法律程序本身的意义和价值。这就是李昌奎案之所以被与药家鑫案作对比的原因所在。普通民众并不关心李昌奎是否有自首等可以减轻刑罚的情节，他们关心的是：一个大学生因交通肇事害怕随之而来的“麻烦”杀了人都被判处了死刑，李昌奎这样“伤天害理”的恶劣行为为什么要被改判为死缓？这有违社会公众对个案正义的直观感受，有违老百姓“欠债还钱，杀人偿命”的情理，并且已经到了“不杀不足以平民愤”的程度。

那么，这种情理法的观念在遭遇法官的职业思维，或者说形式合理性的时候，会产生什么样的后果呢？

（二）审判：法官职业思维的实践

对法律职业共同体而言，法律的确定性不仅要面对法律的历史性与规范性的张力，而且还处于法律的规范性与伦理性的拉锯当中。就法律的历史性—规范性维度而言，法律的确定性要回答的一个问题是，在社会历史条件急剧变迁引起法律不断变化的前提下，如何把握法律的规范性与历史条件性之间的紧张关系？就法律的规范性—伦理性维度而言，法律的确定性要回答的一个问题是，作为社会调控机制而存在的法律，除了自身应具有一定的形式合理性外，是否应当具有实质合理性？具体到审判实践中，法官所面临的问题是，要以具有合法性的规范性依据作为大前提裁决纠纷，通过个案判决实现法律对裁判过程的直接约束和指引，进而在社会生活中实现法律对公众行为的间接引导。因此，法院审判过程无疑是一个法律职业思维的运作过程。

我们固然无法赞同狄德罗有关普通民众之理智的下述判断："你们要当心民众在推理和哲学方面的判断，民众的声音此时是恶意、愚蠢、无情、不理智和偏见的声音。"[①]但是我们却不能忘记，早在1608年，柯克大法官反对国王詹姆士一世亲自进行司法审判时，就已经表明法律是技术理性，法官是技术理性的拥有者，基于专门的技术理性所形成的职业思维与基于自然理性（或者说普遍的道德观念）所形成的大众话语逻辑是不同的：[②]诉讼涉及人们的生命和财产，其判决结果依凭的不是普通民众的自然理性，而是法律的技术理性；而法律是一门艺术，只有经过长期的专业学习和职业实践才能掌握。即便国王拥有上帝所赋予的丰富知识和非凡天资，但也因欠缺长期的职业训练而缺少职业技能，普通的法律外行就更无法具有法官的职业思维了。

在日复一日地审理案件、操作司法程序的过程中，法

---

① 转引自王绍光：《民主四讲》，生活·读书·新知三联书店2008年版，第24页。

② 参见孙笑侠、应永宏：《论法官与政治家思维的区别》，载《法学》2001年第9期，第4页。

官形成了不同于普通民众一般生活逻辑的法律逻辑。法官遵循的法律逻辑“是一种实义逻辑（materiale Logik），它应一方面以形式逻辑为基础并在其框架中，另一方面在与特殊的法律方法论协同一致中显示出，人们如何获得‘真实的’或‘正确的’或至少是‘有理的’对法律事务的判断。……是对不易看清的、实质正义的（sachgerechten）法律认识程序的反思。它追求的目标为，发现（在人的认识允许的限度内的）‘真理’，作出妥善说明理由的判断”[①]。在此意义上，法律逻辑实际上表现为法官独特的法律理性和法律思维方式，它主要表现为如下两个相互关联的方面：

第一，注重逻辑和证据，谨慎对待情感因素。法律推理以三段论推理为基础，力图通过缜密的逻辑论证勾连法律规范与案件事实、普遍的制度安排和特殊的个案正义、对未来案件的约束力和对当前案件的解释力等等，“我们不可以凭借强烈的个人意愿、感情、传说、迷信或未经质疑的独断教条来获致结论。反之，我们必须为我们的结论陈述理由。一项法律结论不会是不证自明的，而必须依靠‘证人’‘证物’‘证书’‘证件’之类的其他事物来支持。我们要看见从已知到未知之间的客观联系。我们要看见‘我们所信之事物

---

①［德］卡尔·恩吉施：《法律思维导论》，郑永流译，法律出版社2004年版，德文版第七版作者序第1—2页。

及其理由、保证或证据之间的真实关联’”[①]。尽管法官也会基于自己的情感和道德认知而对案件作出自己的个人判断，但其个人的道德判断必须在法律规则允许的范围之内，“法律思维首先是服从规则而不是首先听从情感”[②]。

尽管法官的职业思维通过运用理性和证据来提高判决的说服力，但是司法审判的事后性与救济性决定了法官面对的是过去已然发生的事情，理性和证据并不能完全复原过去发生的客观事实。因此，法律推理的结论只能是“法律真实”，而不可能是绝对必然的“客观真实”，不可能“放之四海而皆准”。这意味着，多数情况下，判决是否合理有赖于各方当事人进行自由争辩的程度[③]。法官运用理性和证据的过程需要一个尺度，当事方的自由争辩需要一个平台，这个尺度和平台是由程序提供的。

第二，法官通过程序进行思考，在各种程序所构成的“法之空间”里运用法律概念和术语、职业技能和方法审理案

① [美] 鲁格罗·亚狄瑟：《法律的逻辑——法官写给法律人的逻辑指引》，唐欣伟译，法律出版社 2007 年版，第 29 页。

② 孙笑侠等：《法律人之治——法律职业的中国思考》，中国政法大学出版社 2005 年版，第 29 页。美国法律现实主义运动的旗手卢埃林将法官的这种判断形象地称为“情景感”（situation-sense），下文将详述。

③ 参见季卫东：《法治秩序的建构》，中国政法大学出版社 1999 年版，第 200—201 页。

件。[①] 法官通过法律程序的运用，把价值的、道德的问题转化为技术问题，而不是简单地作谁是谁非的道德判断，从而避开了法律外行所关注的实质性的事实，进入形式性的法律考察当中。

具体而言，一方面，法官通过程序思考意味着，存在作为判决依据的一般性法律规定，审判只是对法律规定的适用。整个审判过程是围绕着如何使法律不被或少被误用而展开，而并不是围绕着客观事实的"真"或者最终的判决结果是否能够不引起社会批评而展开[②]，可以说，审判"与其说是追求绝对的真实，毋宁说是根据由符合程序要件的当事人的主张和举证而'重构的事实'作出决断"[③]。在整个审判过程中，法官通过利益衡量、说服、解释、推理等程序处理技术引导当事人的论辩，最终判决案件，解决纠纷。另一方

① 参见王亚新:《民事诉讼的程序、实体和程序保障》，载［日］谷口安平:《程序的正义与诉讼》，王亚新等译，中国政法大学出版社 1996 年版，第 9 页。

② 在这个意义上，我们可以说李昌奎案的再审判决与其说是对民意的妥协，毋宁说是对二审判决法律适用错误的纠正。二审判决根据 1999 年《全国法院维护农村稳定刑事审判工作座谈会纪要》所确立的"邻里纠纷引发的杀人案一般不判处死刑立即执行"这一刑事司法政策，认为李昌奎与被害人王家飞属于邻里纠纷而且之前存在感情纠纷，又有自首情节，于是对李昌奎判处死缓。有学者指出这是对"邻里纠纷"的误用。参见车浩:《从李昌奎案看"邻里纠纷"与"手段残忍"的涵义》，载《法学》2011 年第 8 期。

③ 季卫东:《法治秩序的建构》，中国政法大学出版社 1999 年版，第 201 页。

面，法官通过程序思考意味着，需要设定法官、当事人公开论辩的条件，其中最为关键的乃是保障当事人双方的对等地位。通过论辩，法官所作裁决的合理性主要取决于两个说服过程：一是当事人通过法庭辩论说服法官；二是法官在当事人所提出理由的基础上，通过判决理由说服当事人各方、上级法院、社会公众[①]。

总之，审判是法官职业思维的实践过程，这一过程是通过程序的实施来实现的，程序“以当事人的适格性为由排斥一部分参与者，以本案关联性为由淘汰一部分论据，以合理性为由筛除一部分解决方案，通过一步一步的证伪过程使结果尽量趋近正义”[②]。但是，程序的运转是为了实现特定的结果，人们总是会对经由程序形成的案件判决结果怀有某些预测和期待，形成一些有关个案的倾向性看法（也就是民意）。法官通过程序的操作固然可能符合形成社会公众期待的结果，但我们常常发现法官以及其他法律人会就同一问题持不同甚或是相反的观点。这就将问题推向另一个层面：当法官的判决与普通民众的倾向性意见（民意）相对立时，法官应当怎么自处？是坚持职业思维运用和实践的结论，还是屈从于民意？这是本文第三部分将要讨论的问题。

---

① 参见季卫东:《法治秩序的建构》，中国政法大学出版社 1999 年版，第 30—31 页。

② 季卫东:《法治秩序的建构》，中国政法大学出版社 1999 年版，第 201 页。

三、情景感：审判回应民意的路径分析

如前所述，民意与审判存在紧张的深层次原因在于，普通民众与法律职业共同体对法律确定性问题的认识不同。在这个意义上，美国法律现实者卡尔·卢埃林用以寻求“现实的确定性”的工具——情景感——可以为我们提供一个分析审判理性回应而非曲意迎合民意的有益框架。

（一）卢埃林的情景感理论

法官承担着对法律和正义的双重职责，法官的裁判不仅要遵循现行的法律框架，而且要大致符合社会公众基于道德、习惯等社会规范的惯常行为方式，满足社会公众的正义感。卢埃林的情景感论说就是帮助法官实现这一双重职责、帮助其他人理解法院判决的一个有效工具。如前所述，在审判实践中，民意与判决的紧张关系主要表现为社会公众基于朴素的正义感质疑具有融贯性、一致性等形式特征的法律体系，尤其质疑个案判决结果的实体正义。一方面，法官在审判过程中运用情景感，能够有效沟通法律本身的融贯性、一致性等形式要求与社会公众对个案结果的实体正义需求，从而既提升个案裁决结果的可预测性，又满足普通民众对审判过程及其结果之实体正义的预期，同时实现了法官对法律和

对正义的双重职责。另一方面，倘若当事人、律师以及广大社会公众能够把握法官运用的情景感的话，就会理解并认同法院的判决符合其惯常的生活方式，也符合其作为正义感。那么，到底什么是情景感呢？情景感又是如何运作的呢？

1. 情景感的基本指涉

任何人在社会生活中都具有不同的角色和身份，法官也不例外。情景感之所以能发挥作用，正是由于法官所具有的三种社会角色——普通人、律师、法官——在审理案件的过程中并存且交互作用。因此，一方面，情景感是法官作为一名普通人从自身的生活经验和智慧中累积的生活常识；另一方面，情景感还是源于法官所受法律职业训练与所处法律技艺传统（普通法传统）的行家常识①。

在生活常识的层面上，情景感的运用考验的是法官作为一名普通人，能否准确地描绘和理解自身所处社会时代的发展态势、能否同情性地理解其他社会成员的合理愿望和需求；在行家常识的层面上，情景感的运用则事关法官作为一

---

① 在卢埃林，法律现实主义的一项使命就是通过分析法官的判决意见等个案研究方式，考察法官履职的艺术与技巧，找到法官裁决案件过程中的非个殊化和可预测性，从而判断我们应当把哪些事务留待法官根据其对生活的感悟和作为一个普通人所具有的良心和正义感，又应当把哪些法律问题归结给法官的职业训练。See Karl Llewellyn, On Reading and Using the Newer Jurisprudence, in *Jurisprudence: Realism in Theory and Practice*, The University of Chicago Press, 1962, p.136.

名受过职业训练的法律人，能否对社会政策和原则作出恰当认知和合理评判。[①] 由此，情景感在卢埃林那里是一个经验性的概念，既源于法官的生活经验，也源于法官的审判工作经验，二者共同制约着法官对待决案件所涉事实情景的认知和洞见。

如此一来，作为生活常识和行家常识的情景感，既意味着在特定社会文化语境下，社会主体各自的合理愿望之间具有某种关联（或冲突或协调）；又意味着处于该特定社会语境之下的社会主体（尤其是作为法律人的法官）能够洞察到这些愿望及其关联。[②] 这表明，情景感运用的根本要求是，法官所作的判决应当与具体的社会文化语境相适应，应当与特定时空下普通民众立基于习惯、道德等社会规范的生活方式与行为模式相协调。普通民众的生活方式与行为模式表现为社会主体间的共享经验，它构成了情景感的基本框架。

2. 情景感的基本框架

首先，对社会公众生活方式之“内在法则”的信赖构成情景感发挥作用的基本前提。情景感是法官对社会公众现实生活情景的恰当理解和评判，它既是对寓含于社会生

---

① See William Twining, *Karl Llewellyn and the Realist Movement*, University of Oklahoma Press, 1985, pp.222—223.

② See Julius Cohen, Llewellyn's Lea-Ways, 1962 *Washington University Law Quarterly*, 1962, p.72.

活之中的“内在法则”的直觉性感知，也是对此内在法则的追求。卢埃林坚信德国法学家古德斯密特的下述断言：社会生活中的每一种事实类型内含了自己的正当法则，该内在法则与特定时空下普通人对其生活条件的理性认识相容。[①] 法官要想作出令社会公众满意的判决，就必须同情理解社会公众的现实生活情景，设身处地地评价这些生活事实，才能发现和施行社会生活的“内在法则”。因此，情景感不过是法官对个案事实所属之特定生活情景所具有的内在法则（或者说正确规则）的直觉性认知，它来源于法官自己对既往经验和新的事实情景的敏锐感知。在具体的案件审判过程中，倘若某位法官对法律的解释和适用是不合宜的，这并不意味着情景感理论的失败，反而恰恰说明法官欠缺情景感，没有敏锐地把握住待决案件事实所属事实类型的“内在法则”，“没有洞察到这些案件事实情景所具有的意义”。[②]

其次，情景感通过将案件事实从生活模式中抽取出来加以类型化，在保证法官自由裁量的同时也不会引致司法专

① See Karl Llewellyn, *The Common Law Tradition: Deciding Appeals*, Little Brown and Company, 1960, p.122.

② Michael Ansaldi, The German Llewellyn, 58 *Brooklyn Law Review*, 1992, p.743.

断。[①] 情景感主要是指，在特定的社会文化语境之下，法官要想提供令人满意的裁判结果，就必须凭借自身的知识、经验对社会价值观念加以审查和评判，从而揭示出类型事实（type-facts）。[②] 情景感的具体运用包含事实、价值以及辨明事实和选择价值的方法三个向度[③]：

其一，辨明事实。在审理案件的过程中，法官的“普通人”角色应首先发挥作用，他应从普通民众的角度出发，考虑一个熟悉自身所处社会环境的法律外行人遭遇同样的事情会有何种反映，分析待决案件涉及的利益冲突，发现并阐明调整这类利益冲突的原则。然后，法官作为“法律人”所受的职业训练指引他去寻找某类涵括了待决案件事实的、更具典型性和一般性的模型或范畴，他应区分待决案件所涉及的

① 在卢埃林那里，无所不在的司法创制才是司法过程与法律制度的生命力所在：“小案件、普通的案件，是创造性选择和创造性活动的机会与工具，也是型塑和源源不断地重新塑造我们的判例法的机会与工具。” Karl Llewellyn, *The Common Law Tradition: Deciding Appeals*, Little Brown and Company, 1960, p.99.

② See Karl Llewellyn, *The Common Law Tradition: Deciding Appeals*, Little Brown and Company, 1960, p.60.

③ 以卢埃林熟知的商事领域为例，法官必须对具体交易的术语和伦理原则、该交易进行的方式以及该交易如何符合商事惯例的一般模式具有充分的经验和理解，才能作出合理且能为商事共同体接受的判决。一位审理商事案件的法官，如果他能以商人理解商业纠纷的方式理解涉讼案件，同时也能兼顾律师的视角和商事共同体的伦理原则，那么，他就把握住了“情景感”。

各种具体问题与典型范畴内含的一般性问题，从中提炼出具有一般意义的类型情景概念。

其二，选择价值。通常情况下，案件审理过程中涉及的价值评判和选择问题包括两种情形。一种情形是，法官类型化处理待决案件事实之后发现，案件的利害关系人（甚至是社会整体）就调整待决案件所涉利益冲突的原则或政策，具有大致相同的看法。在这种情形下，法官无需在相互冲突的调整原则或政策之间作出价值选择，他只需在查明事实的基础上，运用类型情景概念就可以对待决案件作出裁决。另一种情形是，到底应以何种原则或政策来调整待决案件所涉及的利益冲突，利害关系人以及社会整体都没有一致意见。此时，经由待决案件事实的类型化处理而提炼出的类型情景概念，只能帮助法官辨识出有关这类情景事实的各种调整原则和政策，至于应选择何种原则或政策作为最终的裁判依据，这取决于法官的良知和判断①。在卢埃林看来，如果一名法官能够通过类型化处理待决案件的具体事实，从而提炼出一般化的情景类型，那么，他就有能力辨识出调整原则或政策

① “在作出这样的选择时，并没有任何规则或原则以明确具体的术语告诉法庭，涉讼案件所具有的问题情景的范围是什么，或者更为准确地说，所具有的问题情景的最佳范围是什么。[如果] 有一条指引路径的话，那也仅仅是良知加上判断。” Karl Llewellyn, *The Common Law Tradition: Deciding Appeals*, Little Brown and Company, 1960, p.427.

之所以发生争议的关键所在，也能够在互竞的价值观念间作出睿智的、与良知不悖的判断和选择。

其三，方法和程序。经由类型化处理待决案件事实从而提炼出一般化的类型情景概念，并对待决案件所涉的利益冲突作出了不违良知的判断和选择之后，法官只需依照下述步骤就能审理案件：首先，分析待决案件事实的争议焦点所在，明确争议所属的具体生活情景；然后，根据具体生活情景的“内在法则”，选定恰当处理待决案件的最佳方案；最后，适用与此种生活情景事实相对应的具体法律规定，作出案件裁判。①

可见，法官运用情景感裁决案件的关键是区分类型情景，类型情景的区分与确定事关法律规则与法律概念的正确确定，事关法律规则的恰当解释和适用。就案件审理而言，具有重要意义的事实并不是待决案件的事实细节，而是涵摄了案件具体事实的生活情景类型，这一类型事实与普通民众、法官的生活方式协调一致，从而使得法官可以感知并且运用公众生活模式的“内在法则”裁决案件。因而，法官必须具备辨识待决案件所属的类型情景的能力：只要能够把握社会生活的本质，知道社会公众的生活模式

---

① Karl Llewellyn, *The Common Law Tradition: Deciding Appeals*, Little Brown and Company, 1960, p.450.

只有作为一幅总体图景才具有意义，法官就能诊断出类型情景。[①] 在这个意义上，情景感的事实向度具有一般性，而不是个案性的。

然而，我们还需追问的是：法官必然会在可能发生冲突的原则之间作出价值抉择，那么，情景感的价值向度是否因其是法官的主观价值选择而不具有一般性呢？根据卢埃林的概括，情景感发挥作用的内在机理在于：通过理性与情感的交互作用，法官得以区分重要的情景类型，从而诊治出公正地处置该情景类型的合理方案，由此既会形成符合个人正义感的确当判决，也会确定良好的法律规则。根据这些法律规则，大多数隶属于某一特定类型情景的个案都会得到有效的处理。[②] 这意味着，一方面，就每一个具体个案而言，法官的职责与目的并非支持原告或被告，而是辨识出具有意义的类型情景。另一方面，就个案裁决具有的示范效应而言，法官经由类型情景作出的个案裁决会确立起某些可普遍适用的规则，从而为将来的类似案件提供引导。情景感"不仅指引着规则的具体适用或者引向一个具体的［裁判］结果，也不仅引导［法官］主动挑选适宜的权威技巧；而且还要求［法

---

① See Karl Llewellyn, *The Common Law Tradition: Deciding Appeals*, Little Brown and Company, 1960, p.427.

② See Karl Llewellyn, *The Common Law Tradition: Deciding Appeals*, Little Brown and Company, 1960, p.402.

官］直接分析问题情景类型，有意识地重新塑造具有普遍性的规则体系”[①]。与其说通过情景感寻找某一情景类型之“内在法则”，只是适用规则或者在互竞的规则、原则间作出选择；毋宁说，情景感的运用就是通过法官的职业理性和生活情感来感知某类生活情景，从而发现和重述相关规则。因此，情景感并非法官个人的主观偏好，而是具有客观性的“内在法则”，它的实现有赖于法官对情景类型的直觉性认知和经验性把握。

3. 情景感的作用

由上可知，情景感是法官辨识情景类型的能力，通过理性与情感的交互作用，法官得以区分重要的情景类型，从而诊治出公正地处置该情景类型的合理方案，通过裁决个案解决具体纠纷。一方面，基于社会公众生活模式的“内在法则”这一前提，法官运用情景感辨明的类型情景本身具有一个公正合理的解决方案，他就归属于此种类型情景的个案所作的裁判会与此一解决方案相协调，当事人及其律师只需理解该情景类型，就可以估量和预测个案的判决结果；另一方面，法官并非随心所欲地运用情景感，而是必须依凭来源于“已构成类型的生活情景”（也就是社会通行生活方式）的生

① Karl Llewellyn, *The Common Law Tradition: Deciding Appeals*, Little Brown and Company, 1960, p.147.

活常识以及来源于其所受职业规训和职业传统的专业常识。因而，情景感不仅能够满足当事人和律师的确定性需要，能够提供案件结果的可估量性；而且能够满足作为法律外行的社会公众的确定性需求，提供法院判决与其惯常行为方式的一致性。

首先，情景感之所以能够提供个案裁判结果的可估量性，是因为情景感并非法官的主观擅断。通常情况下，一条法律规则最简单的表达方式是“为实现某种目的，就某种类型情景，规定某种法律后果”。[①] 情景感正是寓含在上述对案件审理具有指引作用的法律规则模型当中，它一方面规定了具有一般性的情景类型与隶属于该情景类型的具体事实情形，另一方面规定了法律后果。换言之，它明确规定了自身适用的情景理由和范围标准，有利于情景感作用的发挥，会同时形成“恒常性、可预测性与公正”。[②]

其次，情景感之所以能够满足社会公众的确定性需求，一方面是由于法律规则与其社会生活基础在逻辑上和在经验上都是相互关联的：法律规则的效力立基于构成案件裁决之基础的类型事实，而这种类型事实不过是普通民众诸多社会生

---

① William Twining, *Karl Llewellyn and the Realist Movement*, University of Oklahoma Press, 1985, p.490.

② Karl Llewellyn, *The Common Law Tradition: Deciding Appeals*, Little Brown and Company, 1960, p.183.

活的一种。另一方面是由于法官的普通人角色与法律人角色相互缠绕胶着，他的生活常识要求他同情理解普通民众的诉求；他的行家常识告诉他判决要想获得公众的认同，在一定程度上就要按照公众的期待行事。这就使得法官在审理案件过程中可能具有的个人习惯受到普通民众之生活方式和行为规范的限制，使得法院的裁决与实际调整着人们生活的社会规范相一致，从而符合了公众对法院裁判的预期。

（二）情景感理论的启示

这里，我们将暂时忽略卢埃林的情景感论说遭遇的批评，着意揭示其对我们分析民意与审判之关系所具有的启示。[①]

如上所述，在卢埃林的理论设定中，法院的裁判如果值得称道，那么它应同时让作为法律外行的普通民众和作为

---

① 情景感常常被认为具有主观性和不可操作性，see Charles E. Clark & David M. Trubek, The Creative Role of the Judge: Restraint and Freedom in the Common Law Tradition, 71 *The Yale Law Journal*, 1961, p.264；Patrick J. Rohan, The Common Law Tradition: Situation Sense, Subjectivism or “Just-Result Jurisprudence” ?, 32 *Fordham Law Review*, 1963—1964, pp.56—66. 此外，情景感的运用完全依赖于法官的诚实品性、能力与智慧，那么，倘若法官本身不值得信赖，整个司法过程将陷入信任危机。另外需要说明的是，揭示情景感所具有的借鉴意义，并不意味无视其他理论框架就当前中国民意与审判的胶着关系而言所具有的解释力和意义，比如，“关系共同体”“差序格局”等论说，都一定程度上能够分析民意与审判之关系问题。对此笔者将另行撰文。

专业人士的法律人满意：从普通民众的生活方式和生活条件出发，它应基本符合人们基于习惯、道德等规范的惯常行为方式。从法律人的专业视角出发，一方面，它应当是根据先例、制定法规则等权威资料进行理性推理的必然结果；另一方面，它还应当能够指引将来的类似案件。可见，卢埃林的情景感论说强调通过使判决与基于习惯、道德等社会规范的惯常行为模式相一致的方式实现社会公众的确定感，试图通过情景感的运用实现法官对正义和法律的双重职责，有效沟通法律本身的融贯性、一致性等形式要求与社会公众对个案结果的实体正义需求，从而既提升个案裁决结果的可预测性，又满足普通民众对审判过程及其结果之实体正义的预期。正是在这个意义上，“情景感”可以成为我们分析与审视民意与审判之紧张关系的一个参照框架。

一方面，从社会发展的宏观角度来讲，一个正当的法院判决理应回应社会需要、满足社会公众的需求。法官运用情景感审理案件，既能促进个案裁判的可预测性，也能满足社会公众的确定性需要，这是因为，判决不仅须以法律规范体系为前提，而且也须建基于案件事实。而且，尽管案件的具体事实是裁决个案应直接考量的因素，但是就最终的判决结果而言，更具意义的是个案具体事实仅作为其中一个特例的类型情景事实。基于民众社会生活中的每一类事实模型都有其内在的“正当法则”这一前提，法官有意识地运用个人理性、生活经验、专业知识等法律规则之外的因素，尽可能揭示出待决案件事实隶属于其中的类型情景的本质，从而裁判待决案件。在具体的案件审理过程中，法官的职能就是充分运用自己的生活常识、专业常识、职业理性与职业思维去感知该情景类型内含的“正当法则”，在判决中将这一纠纷类型所属的“内在法则”用法言法语表达出来。因而法官最后的裁决不过是对社会公众的生活模式中已然存在的关于待决纠纷的解决方案的法律职业表达方式，本身在一定程度上体现了社会公众的要求和期望，我们不能再要求法院的裁决去迎合所谓的民意。

另一方面，在具体的审判实践中，如果法官不是将民意作为可以适当考量的具体案件事实，而是作为一种必须考量的事实，甚或将其视作进行法律推理的大前提，就很可能导致司法专断。然而，我们不可回避的一个现实问题是，在审理个案的过程中，法官必须要面对社会公众的意见，隐藏在民意中的道德主张或者利益诉求必然会成为法院个案裁判的一个事实考量。因而问题的关键并不在于法院最终的裁决是否受到了民意的影响，而在于如何审慎地应对民意，在于法院的判决理由是否有说服力，是否在判决书中通过法律推理、法律论证、法律解释、价值衡量、漏洞补充等具体的法律方法，将对民意的实质考量转化为法律的要求，毕竟“在法院里，正义必须显示它自己是一个论证的结论”①。

四、结语：理性回应非曲意逢迎

当公众意见与法院的裁判之间存在张力时，尽管我们可以用情景感来回应公众，坚持法官的职业理性已经把握了包含着待决纠纷的类型事实，并正确理解了该类型事实的“内在法则”，从而拒绝迎合民意；但事实上，法官是否应当更改自己的专业判断而遵从民意，这一问题还关涉到法院在一个国家的政治建制和社会变革过程中的功能定位，而这进一步涉及我们如何理解司法权的性质。

关于法院在一国政治建制和社会变革中的功能定位，理论界历来就有司法克制主义和司法能动主义的争议。概括起来，司法克制主义的倡导者主张“法官是法律的传声筒”，通过法律促进社会的变迁和转型，属于立法者的立法范围，而法官的职责是适用现行法律解决具体的纠纷，而不是在发现现行法律不符合社会需要的时候改变现行法律或者创制新

---

① 陈林林：《公众意见在裁判结构中的地位》，载《法学研究》2012年第1期，第97页。

的法律。而在司法能动主义倡导者的眼中，法院与法官必须以积极的姿态去推动社会的进步和变革。[①]进一步分析，关于法院功能定位的理论争议实际上是围绕着司法权的性质而展开的：法院是否应当完全限制于纯粹的司法问题，绝对不参加任何社会政策的制定和推行，而将社会政策的制定和实施留给立法部门和行政部门通过民主过程加以处理？

那么，根据我们的政治建制和法治目标，司法权具有何种性质呢？首先，从规范性依据来看，司法权是一种宪法位阶的权力。司法权的设立一方面旨在通过制度安排为国家公权力的行使施加一种特殊的限制；另一方面，旨在通过司法权实现公民的诉权，从而为公民的权利提供一种最终的救济机制。其次，从本质属性来看，司法权应定位为司法裁判权，它在程序上具有被动性、公开性、亲历性、集中性和终结性，在组织体系上则具有合议性、裁判者的职业化、民众参与等特征，而司法裁判权不同于行政权的根本特征还在于其独立性。[②]这种独立性不仅意味着司法权要独立于其他的国家权力，也要独立于来自社会公众舆论的不当干预。

---

① 关于司法克制与司法能动的理论争议，请参见［美］克里斯托弗·沃尔夫：《司法能动主义——自由的保障还是安全的威胁？》，黄金荣译，中国政法大学出版社2004年版。

② 参见陈瑞华：《司法权的性质——以刑事司法为范例的分析》，载《法学研究》2000年第5期，第39—50页。

由此我们可以看出，一方面，司法权作为一种宪法位阶的权力，已经通过法律的虚拟和授权，体现出了人民的意志。因此，在具体的审判过程中，法官行使司法权，判决案件和解决纠纷，已经体现了人民的意志。另一方面，司法权作为一种裁判权，它的启动依赖于社会力量的推动，本身就具有社会属性，已经体现了社会的参与性。因此，在法院的专业判断与社会公众的意见发生冲突的时候，不采纳公众意见，这恰恰是我国的政治建制和法治建设所设定的司法权性质的体现，是在践行人民的意志和要求。当判决和民意发生冲突的时候，坚持法官的专业裁断而不是社会公众的朴素直觉，甚至都不违背和谐司法的政策，因为所谓和谐司法，其意并不在于要求法院审判迎合民众，而是在于“在诉讼过程中应当充分利用调解、释明、服务、情理等方式方法，寻求平衡的结果，减少对抗冲突，解决纠纷和矛盾，促进和谐关系”[①]。

我们知道，法院的审判并不是在真空中进行，在具体案件的裁判过程中，法官也不会自动将社会公众的意见屏蔽。因此可以说，就民意与审判的关系而言，从理论上讲，法院裁决迎合民意，不符合现代政治建制和法治建设所设定的司法权的性质定位，是审判所“不能承受之重”。由专业的审

---

① 蒋惠岭:《要正确理解“和谐司法”》，载“人民网”，http://theory.people.com.cn/GB/41038/5260298.html，最后访问时间：2012 年 10 月 24 日。

判机构和专业的审判人员行使司法权，代替“公众的法庭”来裁决社会纠纷，这是人治转变为法治的一个标志。倘若我们要求审判为迎合民意而丧失法律职业的专业判断能力的话，这无疑是要回到“舆论法庭”的公众狂欢时代。

从实践上讲，在中国当下的司法语境当中，民意与审判的冲突不仅表达了大众话语与法律职业思维、个案正义与普遍正义之间的紧张，实际还表达了普通民众对司法裁判的不信任。因而，审判不必迎合民意，却必须郑重且理性地回应社会公众的理性。前文所指刘涌案、李昌奎案中的二审死缓判决，就是因为“裁判的不精密、不统一，没有妥当地遵循程序规则和论证规则，致使一些专业技术性错误无法通过制度的渠道来避免或及时纠正，才出现合法正义不得不靠公众意见的强烈表达来维护、兑现的事态”[①]，再审判决确实是对民意之理性的一个合理回应。

由是观之，当出现民意质疑个案裁决的正义性，并进而冲击到法院裁决的独立性、既判力时，法官作为一个法律职业者，其任务就在于，通过判决理由对此予以解释和说明：说明法律的确定性是程序意义上、方法论意义上的确定性，在于相关各方相信通过一个公平的程序，通过特定的法律方

---

① 陈林林：《公众意见在裁判结构中的地位》，载《法学研究》2012年第1期，第106页。

法以寻求特定的规范适用于具体个案，由此可以得出一个有充足理由的结论。由此，法律确定性问题在裁判与民意之关系的旋涡中转化为如何在法律实践中实现的方法问题——在承认价值判断的前提下，通过何种方法来克服一般规则与个案之间的差异？在此意义上，可以说，法律方法成为沟通民意与审判的一道桥梁——通过法律推理、法律论证、法律解释、价值衡量、漏洞补充等具体的法律方法，弥合一般性的法律与特殊性的个案之间的缝隙，增强社会公众对司法裁判的接受度，满足社会公众的确定感，从而维护司法权威和社会稳定。

绪　论

一、论题的形成

法律能够确定具体法律争议的结果吗？有关这一问题，有三种可能的回答方式：（1）是，因为制定法、判例法等决定了法官审理和裁判案件的方式；（2）是也不是，因为尽管法律在法官裁决案件的过程中有很大影响，但意识形态、公共政策、法官个性及其偏好等因素也会起作用；（3）不是，法律与个案的结果没有任何关系，它们只是法官和律师用来证明其欲求结果之正当性的窗户纸与遮羞布而已。[①] 这三种

① 参见［美］劳伦斯·索勒姆：《不确定性》，载［美］丹尼斯·帕特森编：《布莱克维尔法哲学和法律理论指南》，汪庆华等译，上海人民出版社2013年版，第493页。

回答方式无疑构成有关法律确定性与不确定性之争辩的理论内涵。美国法律现实主义运动之领军人物卡尔·尼克森·卢埃林（Karl Nickerson Llewellyn，1893—1962）是探究法律确定性与不确定性这一当代法学之关键问题的一名杰出干将。

（一）从规则到行为：卢埃林理解法律的进路

亚里士多德断言："法治应包含两重意义：已成立的法律获得普遍的服从，而大家所服从的法律又应该本身是制定得良好的法律。"[①] 从此，拥有制定良好的法律就成为法治的一个重要因素，此种良法的标准之一则是通过理性的努力制定出完美无缺的法律规则体系，并能通过形式逻辑推理来保证法律确定性。这种旨在通过形式逻辑推理来保证法律确定性的做法被称之为"法律形式主义"。兴起于 20 世纪 20—30 年代的美国法律现实主义运动[②]就是在对法律形式主义的

---

① [古希腊] 亚里士多德：《政治学》，吴寿彭译，商务印书馆 1965 年版，第 199 页。

② 本书讨论针对的主要是美国法律现实主义运动，对 20 世纪法律现实主义的另一脉——斯堪的纳维亚法律现实主义暂不涉及，但这并不表明我认为斯堪的纳维亚法律现实主义是不重要的。关于斯堪的纳维亚法律现实主义及其与美国法律现实主义的比较，see Gregory S. Alexander: Comparing the Two Legal Realisms—American and Scandinavian, 50 *The American Journal of Comparative Law*, 2002; Michael Martin, *Legal Realism: American and Scandinavian*, Peter Lang Publishing, 1997.

反叛中登上历史舞台，并且成为引领法学研究新方向的一场学术运动，它对法律确定性这一本体问题的质疑强烈地冲击了美国正统的法律观念。

这场以质疑法律确定性为基本信条的学术运动之所以能被冠以“法律现实主义”（Legal Realism）之名，在很大程度上归功于卡尔·卢埃林。在1929—1930学年的开始，他给哥伦比亚大学法学院的新生做了一系列介绍性报告，这些报告后以《荆棘丛》①为名出版。在该书中，他揭示了美国判例法体系中的遵循先例原理所具有的两面性，表达了对传统规则理论的不满。1930年，《一种现实主义的法理学——下一步》②引发了著名的卢（埃林）—庞（德）论战③，该文及其后的回应文章《关于现实主义的某种现实主义——答庞

---

① Karl Llewellyn, *The Bramble Bush: On Our Law and Its Study*, Oceana Publications, 1960.

② Karl Llewellyn, A Realistic Jurisprudence—The Next Step, 30 *Columbia Law Review*, 1930.

③ 尽管这是一场论战，但实际上，正如一些评论者所言，卢埃林和庞德在根本问题上并无分歧，他们都是反对法律形式主义的主要干将，庞德甚至构成法律现实主义的源头。如果说他们有分歧的话，那也是由于政治策略与个性的不同导致二人分道扬镳，并最终使得卢埃林将庞德从其草拟的现实主义者的名单中除去。See N.E.H.Hull, Reconstructing the Origins of Realistic Jurisprudence: A Prequel to the Llewellyn-Pound Exchange over Legal Realism, 1989 *Duke Law Journal*, 1989; Brian Z. Tamanaha, Understanding Legal Realism, 87 *Texas Law Review*, 2009.

德院长》[①]详尽地阐明了“现实主义者”的基本主张，揭示了遵循先例原理的两面性及其内在矛盾，展开了对于传统“规则中心论”的猛烈批判。

首先，就法律规则的内部结构而言，在卢埃林看来，规则由概念组成，而概念不过是人之心智想象出来的东西，并不值得信赖，以规则为中心会引致诸多混淆。它不仅使得对法律规则的讨论远离对事实本身的审查，使得各种事实被模糊化，而且混淆了应然和实然间的关系：一方面，它假定法院、法官的行为符合书面规则所规定的应然状态；另一方面，它还假定书面规则所规定的应然状态事实上制约着有利害关系的法律外行人的实践活动，支配着人们的行为。这一应然和实然的混淆导致人们不再追究法院、法官以及法律外行人的行为是否真的符合法律的要求，是否真的与法律规则所规定的应然状态相一致。更为重要的是，这种混淆会导致人们不再追究规则本身是否真的描述了实际行为，也不再追究规则所规定的应然是否正当。卢埃林经由分析规则中心论信奉的纸面规则所引起的种种混淆，揭示出了行为与规则发生分离的可能性，进而提出如下问题：“审判实践与被接受为权威的规则是如何、在多大程度上以及在什么方向上发生

① Karl Llewellyn, Some Realism about Realism: Responding to Dean Pound, 44 *Harvard Law Review*, 1931.

分离的？在每一具体个案中，审判实践与规则又是如何、在多大程度上发生分离的？”[①]

其次，就美国判例法体系中的遵循先例原理而言，卢埃林认为它本身具有两面性，是“杰纳斯的脸”[②]。先例所确立的规则与法官的实际行为发生了分离，根据判决意见所载明的规则并不能准确地预测未来的司法行为，它并没有为律师或法律外行提供据以预测法院就某一特定问题将会如何行为的准确指引，它也没有提供所承诺的确定性。它“并非是一个原理，也不是一条原理的路线，而是两个原理，这两条路线同时适用于相同的先例，但是这两个原理又彼此冲突。一个原理是要清除那些被认为是棘手的、麻烦的先例，而另一个原理则是要利用那些看起来有助益的先例。你只有看到这个学说的双面性，你才会具体感受到，你能够预测到的、仅仅从规则中获得的东西是多么的少；你才会感受到，为了预测的目的，你必须在多么大的程度上转向考察法官为了应对事实以及应对围绕在他们周围的生活而采取的行为”[③]。

---

① Karl Llewellyn, A Realistic Jurisprudence—The Next Step, 30 *Columbia Law Review*, 1930, p. 444.

② 杰纳斯，罗马神话中的双面神，有正背两张面孔。

③ Karl Llewellyn, *The Bramble Bush: On Our Law and Its Study*, Oceana Publications, 1960, p. 68.

通过上述论证，卢埃林打破了遵循先例原理与法律确定性之间虚幻的必然联系，“认为先例产生了……确定性……的人们并不了解他们生活于其中的先例制度”①。规则中心的传统先例原理错误地在不存在确定性的地方鼓吹确定性，白纸黑字的纸面规则虽然基于过去的司法经验凝炼而成，旨在为预测未来的司法行为提供基础，然而，在实际的审判中，预测会因司法操控等因素而十分困难。②这就意味着，对律师与法律外行而言，法律并不能决定审判结果，至少仅仅依靠法律规则不能准确预测结果。这原本并不是法律规则自身有什么不对，而是由于它被规则中心论者赋予了不能承受之重，法律规则的确为判决提供了一部分有效的指引，但并未达到规则中心论者所声称的那种程度。③在卢埃林看来，如

---

① Karl Llewellyn, *The Bramble Bush: On Our Law and Its Study*, Oceana Publications, 1960, p. 69.

② See David E.Ingersoll, Karl Llewellyn, American Legal Realism, and Contemporary Legal Behavioralism, 76 *Ethics*, 1966, p. 257.

③ 这里涉及卢埃林与其他法律现实主义者，尤其是弗兰克的一个重要区别：卢埃林并非从根本上否认规则的作用，只是认为规则并不能担当起规则论者强加在其身上的全部作用，他不过是在规则中心论以外寻求能更准确地预测司法行为的方法。正如弗兰克所言，卢埃林的规则怀疑论致力于更大的法律确定性，认为在书面规则的背后可以发现一些描述实际司法行为一致性与恒常性的真实规则，并且那些真实规则将被用作更可靠的预测工具，对未来诉讼结果产生大量的行之有效的可预测性，因此律师应该能够在大多数还未开始的诉讼中向当事人预测判决。事实怀疑论者认为，无论正式法律规则多么简明或精确，无论在那些正式规则背后可（转下页）

果说相对的可预测性与确定性是可能的，那么也不能从纸面规则中寻找，而应当从法律官员的行为中去寻找。凭借客观中立的社会科学，法律官员的行为得以客观观察与一般描述，加之法律规则的有限作用，预测变得更容易、更准确，从而使得法律对律师和法律外行而言更具确定性。由此，卢埃林将理解法律的参照中心从规则转移到了行为："法律从其核心上就必定体现为各类公职人员的行为，各种规则只有在其可以帮助人们预测公职人员将要做什么时，或者在其可以帮助人们促使公职人员做某些事情时，才能在生活中体现

（接上页）以发现多么大的一致性，然而，由于判决依赖的各种事实难以掌握，在大部分（不是所有）还未开始的诉讼中，预测未来的判决是不可能的，并将一直是不可能的。参见［美］杰罗姆·弗兰克：《〈法与现代心智〉第六次印刷序言》，于晓艺译，载邓正来主编：《西方法律哲学家研究年刊》（总第1卷），北京大学出版社2006年版，第309页。

可见，卢埃林并不怀疑理想规则本身对人的行为以及法官判案的指引作用，他的不满只是在于，现实中的规则是如此糟糕以至于不能有效地发挥其应有的指导作用。这种理想和现实之间的矛盾，也正是卢埃林主张"实然与应然暂时分离"的根本缘由所在。因而，卢埃林并非像许多评论者认为的那样，对于善、美、正当等应然问题不关心，他的这种暂时不关心乃是法官所面临的"现实"使命所致——法官必须首先解决现实的纠纷。关于卢埃林的有限规则论，参见［美］卡尔·卢埃林：《普通法传统》，陈绪纲等译，中国政法大学出版社2002年版，第211—217页、第387—388页；另见刘剑：《可估量性：经由传统而实现的"神话"——评卡尔·卢埃林的〈普通法传统〉》，载《河北法学》2007年第1期。

出其意义。”[①] 规则（表达）与行为（实践）间的不一致这一洞察构成了卢埃林批评法律形式主义的一个基本前提，也是理解其规则怀疑论、从而理解其行为中心进路的核心所在。

（二）情景感与确定性：本书研究主题的确立

卢埃林主要受到两种批评。一方面，“法律官员对纠纷所做之事就是法律”[②]，“就规则帮助你预测法官将要做什么这一点来说，规则才是重要的。这就是它们除了作为漂亮的玩物之外唯一重要的地方”[③]，这一以行为中心的法律现实主义视角致使哈特将卢埃林视为规则怀疑论的典范。根据哈

---

① Karl Llewellyn, *The Bramble Bush: On Our Law and Its Study*, Oceana Publications, 1960, p. 75.

② Karl Llewellyn, *The Bramble Bush: On Our Law and Its Study*, Oceana Publications, 1960, p. 12.

③ Karl Llewellyn, *The Bramble Bush: On Our Law and Its Study*, Oceana Publications, 1930, p. 5. 事实上，在《荆棘丛》第二版中，卢埃林对早前使用了“漂亮的玩物”这一令人不快的词所引起的误解感到抱歉，表示“需要作更详细的阐述……，法律的职能之一是，在某领域控制官员；在彻底的控制不可能或不必要时，它便引导官员行为。这些措辞未能正确描述法律制度所具有的有意识的型塑功能”。Karl Llewellyn, *The Bramble Bush: On Our Law and Its Study*, Oceana Publications, 1951 p. 9. 哈特 1958 年发表的《实证主义与法律和道德的分离》已经注意到卢埃林“放弃该极端主张”，see H.L.A.Hart, Positivism and the Seperation of Law and Morals, 71 *Harvard Law Review*, 1958, p.615；但 1961 年《法律的概念》第七章讨论卢埃林的规则怀疑论时选择了无视，see H.L.A.Hart, *The Concept of Law*，Oxford University Press, 1961, p.135.

特“法律是法院的判决或对法院判决的预测”，这一“法律定义”误会了法律规则的实质，而且不能适用于法院本身对法律规则的陈述：“法院自己所做的陈述……就是法院从内在观点出发，关于其真诚地视为正确决定标准之规则的表述……法院并非将法律规则视为预测，而是视为做决定时必须遵守的标准……”[①] 若非不然，就会出现两个荒谬的推论：其一，“根据法律，法院的判决是错的”，这一有关法院的常识将不可能；其二，当法官寻找适用于个案的法律、追问“法官将会如何判决”时，他实际上是在问“我将如何判决”。[②]

另一方面，晚期作品《普通法传统》专注于法官裁判的方法和技艺，被霍维茨断定为对法律现实主义的背叛与“公开赎罪”：“与文艺批评、哲学等不同学界内部均转向职业技能和方法等技术性问题一样，卢埃林也继续为现实主义产生的各种破坏稳定性的后果做‘公开忏悔’。在法学界普遍谴责丧失了对法律客观性的持续信仰的这段时期，卢埃林使人

① [英] H.L.A. 哈特：《法律的概念》（第二版），许家馨、李冠宜译，法律出版社 2006 年版，第 141 页。

② See Brian Leiter, *Naturalizing Jurisprudence*, Oxford University Press, 2007, p.70.

们相信职业技能是法律中的可预测性与稳定性的源泉。”①

真的如此吗？让我们先概览一下卢埃林一生的学术活动：“……向法官们揭示了审判的宏大风格（grand style）、向律师们揭示了法律的现实主义、向公职人员们揭示了他们必须做什么以改善法律、向教授们揭示了他们所偏爱的各种概念具有的谬误。”② 在笔者看来，支撑卢埃林进行这些学术活动的，恰恰是他对“现实的确定性”（real certainty）的寻求。③ 他之所以批评抽象的概念，是由于概念的体系化所追求的只是一种虚幻的确定性。他之所以

---

① Morton J. Horwitz, *The Transformation of American Law 1870—1960: The Crisis of Legal Orthodoxy*, Oxford University Press, 1992, p. 250. 持类似意见的还有卢埃林遗著《规则论》的编者弗里德里克·肖尔：“《普通法传统》是一部成熟、理智、平稳的作品，但也许因为过于平稳，现实主义视角辛辣尖锐的特性……几乎完全消失了。” Frederick Schauer, Editor's Introduction, in Karl Llewellyn, *The Theory of Rules*, Frederick Schauer(ed.), University of Chicago Press, 2011, p. 3. 莱特也认为，当《普通法传统》引入“内在于生活环境”的“情景感”“神秘能力”来解释判决与潜在事实之间的联系时，卢埃林放弃了早期以自然主义的社会科学来创建裁判理论的野心。参见［美］布赖恩·莱特：《法律现实主义》，载［美］丹尼斯·帕特森编：《布莱克维尔法哲学和法律理论指南》，汪庆华等译，上海人民出版社 2013 年版，第 278 页。

② William A. Schnader, Karl Llewellyn, 29 *The University of Chicago Law Review*, 1962, p. 617.

③ 在卢埃林那里，确定性有两层内涵：一是对律师和案件当事人而言的确定性，这意味着司法行为的可预测性，亦即判决结果的可估量性；二（转下页）

要提倡法律现实主义，恰恰是因为法律现实主义是参与者的指导理论和方法：就法律咨询员和辩护律师而言，在预测法官的可能行为时，不仅要考虑法律规则，而且要考虑规则以外的一切可能影响法官的因素。对法官而言，既要专注于给出一个“公正的”判决，也要考虑其他法院就类似案件可能作出的同样是公正的判决；既要作出一个合理公正的判决，也要遵循现行的法律框架。[①] 他之所以要倡导宏大风格，是由于形式化风格既不符合司法过程的性质，也掩盖了上诉法院判决具有的可估量性，而且还不符合法律外行对司法判决的期待与感受，直接导致了律师以

（接上页）是对法律外行而言的确定性。对法律外行而言，确定性并不是对一个法律案件之判决结果的预测，而是在各种法律规则与现实生活中的行为方式之间的和谐一致性；并且，由于规定人们的现实行为方式的各种社会规范是不断变化的，只能通过不断重塑和改变法律规则使之与人们现实的行为方式和谐一致才能获得这种确定性。Karl Llewellyn, *The Case Law System in America*, Paul Gewirtz(ed.), Michael Ansaldi(trans.), University of Chicago Press, 1989, pp. 81—84.

卢埃林认为，如果法律规则与人们在现实中的行为方式存在巨大差异，任何法律规则在现实生活中的执行和遵守都势必会涉及具体个人的行为方式的改变，因而，法律规则要想获得公众（法律外行）的接受或认可，就必须不断被重塑。See Simon N.Verdun-Jones, The Jurisprudence of Karl Llewellyn, 1 *Dalhousie Law Journal*, 1974, p. 460.

① See Karl Llewellyn, On Reading and Using the Newer Jurisprudence, in Karl Llewellyn, *Jurisprudence: Realism in Theory and Practice*, University of Chicago Press, 1962, pp. 139—142.

及公众对上诉法院的信任危机[①]。他不仅在理论上构建了一种严密的法律职能理论，而且在实践中将之贯穿于其担任首席报告人和主要起草人的美国《统一商法典》。[②]更为重要的是，他的理论批判与理论构建乃是受到一种对“现实的确定性的寻求”的指引，并详尽地通过对以情景感（situation-sense）为核心的法律方法和法律技艺的阐释，提出了一条通往现实的确定性的可能道路。[③]

可见，哈特与霍维茨的批评都误解了卢埃林的理论目标。一方面，尽管卢埃林说“法律事务即是与争端解决相关的合理行为，负责解决争端的人，无论是法官、行政司法长官、监狱看守、办事员还是律师，都是法律官员。因而，这些法律官员关于争端所为之事，在我看来，即为法律本身”[④]，但他并非是对法律进行概念分析。在他看来，“一

① See Karl Llewellyn, *The Common Law Tradition: Deciding Appeals*, Little Brown and Company, 1960, p. 402. 当然，对上诉法院的信任危机一方面固然是由于形式化风格在上诉审判中并未完全销声匿迹，另一方面也是由于律师的无能：比如，律师们并未把握住宏大风格在上诉法院中的复兴，并未掌握有效的辩护技艺等。

② 参见刘剑:《卡尔·卢埃林法律职能理论研究》，吉林大学博士论文，2006年。

③ 这一努力主要是在《普通法传统》中完成的，参见［美］卡尔·卢埃林:《普通法传统》，陈绪纲等译，中国政法大学出版社2002年版。

④ Karl Llewellyn, *The Bramble Bush: On Our Law and Its Study*, Oceana Publications, 1960, p. 12.

项定义既有所排除，又有所囊括。它标示出一个领域；它使得一些事项落入该领域；使得一些事项被排除在外。而且这种排除几乎总是相当专断的。我不想从法律事项中排除任何东西"①。也就是说，定义试图划定法律的边界，然而此种划定看似确定，实则或专断或模糊不清。既然如此，为了准确理解法律的本性及其实际运行，就不能通过定义去关注不确定的边界，而应关注法律的参照中心。那么，法律的参照中心是法律规则吗？在其遗著《规则论》中，卢埃林表述了法律规则的理想模型："指明一般性的事实情景，规定了属于该类一般事实情景之具体情景的特定法律后果"，同时兼具权威性、实定性（positivity）与功能性的属性，主张任何未能实现社会控制功能的规则都不具有实定性，规则的身份资格取决于其功能属性，而非取决于承认规则。任何不具有功能性的规则，无论其受到多么广泛的承认与认可，都是伪规则。②在法律发挥其功能的实际运行中，规则的含义由法律官员的思维方式和行为模式来确定，他们可能限缩、扭曲或扩张规则的含义，结果是一项规则的一般命题形式是一回

① Karl Llewellyn, A Realistic Jurisprudence—The Next Step, 30 *Columbia Law Review*, 1930, p. 432.

② Karl Llewellyn, *The Theory of Rules*, Frederick Schauer(ed.), University of Chicago Press, 2011, p.67, pp.72—74. 这也是对哈特批评其理解法律的行为中心进路失之于内在观点与内在陈述，误会了法律的本质的一个回应。

事，而规则实际是什么又是另一回事。为了理解法律的本质及其功能，我们必须将理解法律的参照中心从规则转向行为。此外，根据哈特的观点，法律规则的含义有一个“核心”和“边缘”的区分，“大部分的行为领域自始就可以成功地借规则加以规范，这些规则要求人们做特定的行为，而只有在边缘处才会有开放结构”，处于边缘处的开放结构意味着“存在着某些行为领域，这些领域如何规范必须由法院或官员去发展……但在处于边际地带的规则，以及由判决先例的理论所开放出来的领域中，法院则发挥着创造规则的功能”①，法律规则确定的核心区域与模糊的边缘地带由日常社会语言实践来决定。即便如此，仍不清楚的是，我们为什么还能认为司法判决（尤其是在边缘地带）不是法官个人价值与偏好的表达，而是具有一定的可估量性呢？这一追问只有通过对司法审判过程开展社会学的研究才能回答，哈特虽然宣称《法律的概念》“亦可被视为一篇描述社会学的论文”②，但他并没有对法律规则与自由裁量、模糊性与确定性之间的关系展开社会学的分析与检验。③相反，卢埃林将理解法律

① ［英］H.L.A. 哈特:《法律的概念》(第二版)，许家馨、李冠宜译，法律出版社 2006 年版，第 128、130 页。

② ［英］H.L.A. 哈特:《法律的概念》(第二版)，许家馨、李冠宜译，法律出版社 2006 年版，前言第 2 页。

③ 参见［英］罗杰·科特瑞尔:《法理学的政治分析——法律哲学批判导论》，张笑宇译，北京大学出版社 2013 年版，第 105 页。

的参照中心从规则转向行为，恰恰是希望越过表达规则的一般命题形式，通过客观中立的社会科学研究司法审判中相关主体的行为，以明确司法判决的实际根据，从而为法律外行和律师提供确定性。

另一方面，卢埃林的现实主义视角并没有改变，他从始至终质疑的都是法律形式主义有关法律确定性本质和范围的观点，而非质疑法律实质上应该是确定的这一命题。[①] 法律形式主义的规则中心论和司法实践并不能提供他们所承诺的那种虚幻的确定性，他所给出的解决方案是，以行为代替规则，寻求一种现实的确定性。在他看来，唯有通过社会科学观察法律官员在处理争端时的实际行为，唯有经由观察现实生活中的法律外行人如何根据由法律官员通过处理争端所型塑出来的规则实际行事，才能实现一种现实的、更值得追求的确定性：对律师和争端当事人而言，可以有效地预测争端的解决结果；对于法律外行人而言，能感受到个案型塑的规则与他们现实的行为方式相一致，从而获得确定的感觉。

总之，卢埃林致力于揭示纸面规则与先例原理的两面性与不确定性，乃是由于以规则为中心会忽视规则表达与规则

---

① 参见［美］布赖恩·Z. 塔玛纳哈:《法律工具主义》，陈虎、杨洁译，北京大学出版社 2016 年版，第 102 页。

实践的背离，既无法描述现实的法律实践，也无法保障法律的确定性。他并不否认规则对法官判决的指引与限制作用，也并非质疑法律应该是确定的这一命题。他只是认为实际上指引、限制法官的规则并不是制定法、案例报告或学理分析的语词所表达的那种纸面规则；他只是认为强调法院行为以及法官通过规则、原则合理化其行为的方式，可以表明单有规则和先例并不能确保法院决策过程中的确定性和可预测性。他意图通过社会科学描述法律官员的行为以推动法律变革与社会变革，试图“在律师和法官们的操作性技术之中、在一些特定的判例的事实之中以及在‘现实生活规范’之中，发现实现‘法律确定性’的一些其他工具”[①]，而这些工具就是以情景感为核心的法律方法和法律技艺。情景感既是法官作为一名普通人从自身的生活经验和智慧中累积的生活常识，又是源于法官所受法律职业训练与所处法律技艺传统

① Karl Llewellyn, *The Case Law System in America*, Paul Gewirtz(ed.), Michael Ansaldi(trans.), University of Chicago Press, 1989, p. xvi. 理论目标的不同，才是卢埃林与庞德论战的理由。庞德作为进步主义者，秉承功利原则，视法律为社会变革的工具，旨在回应的是普通法的外部危机——社会公平的丧失；而现实主义者卢埃林，却在法律发展道路上坚持渐进改良主义，主张法律与社会实践中的非正式规范相一致，旨在回应普通法的内部危机——不确定性的增长。参见陆宇峰:《美国法律现实主义：内容、兴衰及其影响》，载《清华法学》2010 年第 6 期，第 94—95 页。

（普通法传统）的行家常识。[①] 它"不仅指引着规则的具体适用或者引向一个具体的［裁判］结果，也不仅引导［法官］主动挑选适宜的权威技巧；而且还要求［法官］直接分析问题情景类型，有意识地重新塑造具有普遍性的规则体系"[②]。情景感并非法官个人的主观偏好，而是具有客观性的内在法则。通过职业理性与生活情感的交互作用，法官得以区分重要的情景类型，从而诊治出公正地处置该情景类型的合理方案，情景感不仅能够满足当事人和律师的确定性需要，也即能够提供案件结果的可估量性；而且能够满足作为法律外行的社会公众的确定性需求，也即提供法院判决与其惯常行为方式的一致性。

（三）论题的研究目的及意义

正如昆廷·斯金纳（Quentin Skinner）所言，思想史研究"能够帮助我们理解久远的价值观念如何凸现在我们今天

① 在卢埃林看来，法律现实主义的一项使命就是通过分析法官的判决意见等个案研究方式，考察法官履职的艺术与技巧，找到法官裁决案件过程中的非个殊化的可预测性，从而判断我们应当把哪些事务留待法官根据其对生活的感悟和作为一个普通人所具有的良心和正义感，又应当把哪些法律问题归结给法官的职业训练。See Karl Llewellyn, On Reading and Using the Newer Jurisprudence, in *Jurisprudence: Realism in Theory and Practice*, The University of Chicago Press, 1962, p.136.

② Karl Llewellyn, *The Common Law Tradition: Deciding Appeals*, Little Brown and Company, 1960, p.147.

的生活方式中和我们今天思考这些价值观念的方式，并反思在不同可能的状态中不同的时间里我们所作出的一系列选择。这种理解能够有助于我们从对这些价值观念的主导性解释的控制下解放出来，并对它们进行重新理解”[①]。

作为一项法律思想史研究，本书旨在从卢埃林理解法律的行为中心进路着手，探究其对法律之本性的认识，剖析隐藏在行为中心进路背后的根本理论目标及其指向的社会伦理关怀，厘清卢埃林现实主义法哲学的内部架构，检审围绕其法哲学产生的理论争议，澄清有关其法哲学的误解，揭示其理论贡献。由此，本书的目的与意义主要体现在以下三个方面：

首先，澄清有关卢埃林现实主义法哲学的误解。细致地分析和梳理卢埃林法哲学的理论核心和理论关怀，揭示其对现实确定性的寻求，可以有效地把握其法哲学的思想脉络和理论诉求、重新理解其“规则怀疑论”，进而重新检视其理论贡献及其限度，澄清针对其法哲学产生的误解。

其次，重新理解法的确定性与不确定性命题的价值。英美法哲学中三个重要的争论都与法的确定性与不确定问题相关：一是法律现实主义者们批评形式主义的法律推理所承诺

---

①［英］昆廷·斯金纳：《自由主义之前的自由》，李宏图译，上海三联书店 2003 年版，第 181 页。

的确定性是虚幻的；二是批判法律研究运动的部分学者修正了法律现实主义的观点，认为法律根本上就是不确定的；三是德沃金回应哈特有关“开放结构”与司法裁量理论，主张几乎所有法律问题都有唯一正解。[①] 在对形式主义的反叛中，卢埃林坚持“法律需要的是易于管理的确定性和可预见性”[②]，但是单凭规则等法律素材无法确保法的确定性，需要法律人具有以情景感为核心的法律方法和法律技艺。考察卢埃林拒斥何种意义上的法律确定性，探究其通达确定性的方法和进路，有助于我们重新理解“法的确定性”这一久远的价值观念在当下法治语境中的不同意义。

最后，探索卢埃林实现确定性的方法——基于情景感的法律方法与法律技艺——对我国提升司法公信力的借鉴意义。司法公信力是现代法治的基础，在通过法律实现社会控制、经由司法权威扩展法律权威、经由司法沟通培育法治观念方面具有重要意义：“法治取决于甚至可以说等同于法院的公信力……法治必须仰仗于一个比强制力或强制力的威慑更靠得住的基础。它必须依赖于法院管辖范围内所有各方对法院解决案件和争议的普遍接受……摧毁了公众对法院的信

① 参见［美］布赖恩·比克斯：《牛津法律理论词典》，邱昭继等译，法律出版社 2007 年版，第 103 页。

② Laura Kalman, *Legal Realism at Yale 1927—1960*, University of North Carolina Press, 1986, p.8.

任，也就摧毁了法治的基础。”[①] 司法公信力问题是现代司法理论的一个重大课题，也是长期困扰着我国司法实践，阻碍我国司法改革进程的一个难题，面对公众的反对和质疑，法院审判应如何理性回应民意，如何妥善协调民意与司法裁判的关系，形成个案裁决中司法机构与社会公众的互动格局与机制，进而提升司法公信力、增强司法权威？卢埃林的情景感论说强调通过使判决与基于习惯、道德等社会规范的惯常行为模式相一致的方式实现社会公众的确定感，试图通过情景感的运用实现法官对正义和法律的双重职责，有效沟通法律本身的融贯性、一致性等形式要求与社会公众对个案结果的实体正义需求，从而既提升个案裁决结果的可预测性，又满足普通民众对审判过程及其结果之实体正义的预期。正是在这个意义上，基于情景感的法律方法和法律技艺，为我们探讨司法公信力的提升提供了一种新的方法论视角。

---

①［澳］杰勒德·布伦南:《是“为人民的法院”，不是“人民的法院”》（上），于秀艳译，蒋惠岭校，载《人民司法》1999年第3期，第48—49页。

二、卢埃林法哲学的研究现状

（一）既有研究概说

1. 主要研究文献概览

在英语世界大量的法律史、法理学和法哲学论著中，法律现实主义运动被当作美国法律思想史上的一个发展阶段，是从理论上回应美国社会当时巨大的社会转型与变迁所提出的现实问题，卢埃林是美国法律现实主义运动的主要阐释者和发言人。[①] 以法律现实主义运动为主题的诸多著述都

---

① 典型的文本主要有：Brian Leiter, *Naturalizing Jurisprudence*, Oxford University Press, 2007; Morton J. Horwitz, *The Transformation of American Law 1870—1960: The Crisis of Legal Orthodoxy*, Oxford University Press, 1993; Neil Duxbury, *Patterns of American Jurisprudence*, Clarendon Press, 1995; M.D.A Freeman, *Lloyd's Introduction to Jurisprudence* (7th edn.), Sweet & Maxwell Limited, 2001; Grant Gilmore, *The Ages of American Law*, Yale University Press, 1977; G.Edward White, From Sociological Jurisprudence to Realism: Jurisprudence and Social Change in Early Twentieth-Century America, 58 *Virginia Law Review*, 1972;［美］布赖恩·Z. 塔玛纳哈:《法律工具主义》，陈虎、杨洁译，北京大学出版社 2016 年版;［美］斯蒂芬·M. 菲尔德曼:《从前现代主义到后现代主义的美国法律思想——一次思想航行》，李国庆译，中国政法大学出版社 2005 年版;（转下页）

认为卢埃林阐释了法律现实主义者们的基本信条。[①] 有关卢埃林的专门研究主要有四项：(1) 威廉·特维宁 (William Twining)《卡尔·卢埃林与现实主义运动》梳理了卢埃林在美国法律现实主义运动兴起与发展中的角色，全面分析了卢埃林的著述及其法律实践活动，以“建构一般性的法律社会学”这一理论目标勾连卢埃林主要理论论著和法律实践活动，揭示了其基本理论关切：如何调和规则的一般化、简约化与个案具体情景的独特性、复杂性；如何调和法律制度的稳定性与适应性；如何协调作为诗人诗性想象中的价值与作为法律人智识规训中的现实价值；如何提供参与者的指导理论以协调理论与实践。特维宁同时也认为卢埃林“建构一般性的法律社会学”这一理论目标与其对普通法传统下的美国

(接上页) [美] 埃德加·博登海默：《法理学：法律哲学与法律方法》，邓正来译，中国政法大学出版社 1999 年版；[美] 伯纳德·施瓦茨：《美国法律史》，王军等译，中国政法大学出版社 1997 年版；[爱尔兰] 凯利：《西方法律思想简史》，王笑红译，汪庆华校，法律出版社 2002 年版；等。

① 典型的文本主要有：Laura Kalman, *Legal Realism at Yale 1927—1960*, University of North Carolina Press, 1986; Gray J. Aichele, *Legal Realism and Twentieth-Century American Jurisprudence*, Garland Publishing, Inc., 1990; John Henry Schlegel, *AmericanLegal Realism and Empirical Social Science*, University of North Carolina Press, 1995; Edwin N. Garlan, *Legal Realism and Justice*, Columbia University Press, 1941; Wouter de Been, *Legal Realism Regained: Saving Realism from Critical Acclaim*, Stanford Uiversity Press, 2008; Michael Martin, *Legal Realism*, Peter Lang Publishing, 1997; Brian Z. Tamanaha, Understanding Legal Realism, 87 *Texas Law Review*, 2009.

法律实践的认同之间存在较大的张力，这导致其未能以一般性的法律社会学为上诉审司法过程的社会学研究确立制度化语境。[①]（2）赫尔（N.E.H Hull）《罗斯科·庞德与卡尔·卢埃林：寻找美国的法理学》认为美国法律史传统上被视为由一系列思想学派或具有里程碑意义的法庭决定构成，这种进路难以公正地评价美国法理学两位最有影响力的塑造者：庞德（社会法理学的领袖、具有钢铁般的意志却又不失儒雅的学究）与卢埃林（法律现实主义之父、诗人、雄辩的浪漫主义者）。赫尔重构了庞德与卢埃林论著的历史、文化与智识语境，以“史前史”的方式考证两人的私人通信与公开论战，分析导致卢埃林与庞德分道扬镳的事件，但认为卢、庞二人间并不存在根本的理论分歧，都是在寻求一种进步主义的实用法理学。[②]（3）弗朗西斯·J. 穆兹（Francis J. Mootz III）主编的文集《论美国法中的哲学》以卢埃林 1934 年发表的同名文章[③]为主题讨论卢埃林对法哲学的现实主义批判，揭示卢埃林在看待法律与法律实践问题的哲学视角、语

---

① See William Twining, *Karl Llewellyn and the Realist Movement*, University of Oklahoma Press, 1973; William Twining, Centennial Tribute:The Idea of Juristic Method: A Tribute to Karl Llewellyn, 48 *University of Miami Law Review*, 1993, pp. 119—124.

② See N. E. H. Hull, *Roscoe Pound and Karl Llewellyn: Searching for an American Jurisprudence*, University of Chicago Press, 1997.

③ Karl Llewellyn, On Philosophy in American Law, 82 *University of Pennsylvania Law Review*, 1934.

言、修辞与法律等领域的历史贡献和当代影响。穆兹将卢埃林比作尼采式的“伟大立法者”，致力于经由审视构成法律的诸多活动实际是什么来探究法的本质，探索“合宜的一般生活智慧”与法官、律师面对的问题之间的关联性的法理学，并将之付诸美国商事法律实践。[①]（4）迈克尔·辛克莱（Michael Sinclair）《相互“打架”的解释准则——卡尔·卢埃林制定法解释理论研究》逐一分析卢埃林提出的28对彼此对立的制定法解释准则[②]，梳理了这些解释准则的来源、在审判实践与制定法解释理论中的运用历史、有关这些解释准则的直觉证成与理论证成。与通常认为卢埃林的制定法解释准则理论破坏了解释规范的合法性不同，辛克莱认为卢埃林的解释准则之间并不存在对立，因为法院对制定法的解释并不取决于制定法的文本含义，而是取决于必要且有效的论证；解释准则的权威并不取决于其本身是业已证成的结论，而

① See Francis J. Mootz III(ed.), *On Philosophy in American Law*, Cambridge University Press, 2009.

② 根据卢埃林的观点，面对同一个制定法文本或同一个先例，每一对解释准则都同时含有“攻”（thrust）“守”（parry）两个方面，二者都是合法的却彼此冲突，其适用具有完全相反的效果。例如，First National Bank v. Deberriz（1921）案适用文本主义的解释准则，“对制定法的解释不能超出其文本含义”；而 Dooley v.City of Scranton（1918）案则适用意图主义的解释准则，“为了实现其目的，制定法的实施可以超越其文本含义”。See Karl Llewellyn, Remarks on the Theory of Appellate Decision and the Rules or Canons about How Statutes Are to Be Construed, 3 *Vanderbilt Law Review*, 1950, p.401.

是取决于其本身构成案件论证的基础或与案件论证的关联。[①]

卢埃林著作中译本仅有《普通法传统》《荆棘丛》，论文仅有《现实主义法理学——引领未来》《我的法哲学》《原始的法与现代的法》。[②] 相关的资料主要散见于西方法哲学、西方法律思想史教材与著作当中，美国法律现实主义被当作社会法学派的一个分支，在整体上评介美国法律现实主义时论及卢埃林在法律现实主义运动中的地位；[③] 近十年来虽有

---

① See Michael Sinclair, *Karl Llewellyn's Dueling Canons in Perspective*, Vandeplas Publishing, 2014. 以"Only a Sith Thinks Like that": Llewellyn's "Dueling Canons"系列论文为基础结集出版。

② [美] 卡尔·N. 卢埃林:《普通法传统》，陈绪纲等译，中国政法大学出版社 2002 年版。《荆棘丛：关于法律与法学院的经典演讲》，明辉译，北京大学出版社 2017 年版；另有王绍喜译本即将出版；笔者的译本也将由商务印书馆出版。《现实主义法理学——引领未来》，朱文博译，载冯玉军选编:《美国法律思想经典》，法律出版社 2008 年版，第 80—106 页；另有孙新强教授的译本《现实主义法学——下一步》，载《法律方法》2010 年第 10 卷，第 1—23 页。《我的法哲学》，刘思齐、姚远译，载《金陵法律评论》2015 年春季卷，第 291—296 页。《原始的法与现代的法》，李杰译，载《民间法》2016 年第 17 卷，第 386—397 页，该文乃《夏安人的方式》(与霍贝尔合著）节选。

③ 张文显《二十世纪西方法哲学思潮研究》(法律出版社 1996 年版，第 135—139 页）将美国法律现实主义的特点概括为实证主义、社会学研究与心理学研究的结合、断言法律就是对法院判决的预测、怀疑法的确定性与稳定性。刘星《法律是什么》(中国政法大学出版社 1998 年版，第 76—79 页）论及卢埃林"行动中的法及其不确定性"命题。周汉华《现实主义法律运动与中国法制改革》(山东人民出版社 2002 年版，第 5—74 页）讨论现实主义法律运动时仅提及了卢埃林的名字。严存生主编的《西方法律思想简史》(中国人民大学出版社 2012 年版，第 229—233 页)"社会法学（转下页）

关法律现实主义、有关卢埃林的研究日趋丰富，但关注比较有限，通过 CNKI 数据库不限时间检索主题词“卢埃林”，相关研究论文仅有 175 篇，相关博硕士论文仅有 28 篇。沈宗灵先生是国内引介卢埃林的第一人，其 1990 年《卢埃林的现实主义法学》一文探讨了卢埃林的法律概念，分析了卢埃林的法律功能论，展示了卢埃林对上诉审司法过程的研究，认为将法律定义为“官员关于纠纷的行为”是一种虚构。② 国内有关卢埃林的专门研究有四项：（1）孙新强教授

（接上页）派”一章下设一节讨论“卡多佐、弗兰克、卢埃林的现实主义法学”；高鸿钧、赵晓力主编的《新编西方法律思想史（现代、当代部分）》（清华大学出版社 2015 年版，第 144—157 页）专章讨论“美国的现实主义法学”，论及卢埃林具有“反概念主义”的思维模式、“事实中心主义”的研究方法、“情境主义”技术、“渐进改良主义”的法律发展道路等现实主义法学的共性。

② 参见沈宗灵：《卢埃林的现实主义法学》，载《法学研究》1990 年第 5 期，第 86—94 页。其他代表性的文本主要有李杰：《方法论视野下的卢埃林》，载《民间法》2017 年第 18 卷，第 414—423 页；王婧：《法律的确定性与不确定性》，载《清华法治论衡》2015 年第 2 期，第 321—338 页；陆宇峰：《“规则怀疑论”究竟怀疑什么？》，载《华东政法大学学报》2014 年第 6 期，第 67—77 页；房文翠、黄伟文：《法律的客观性与确定性》，载《法学方法论论丛》2014 年卷，第 159—176 页；周国兴：《审判如何回应民意：基于卢埃林情景感理论的考察》，载《法商研究》2013 年第 3 期，第 3—11 页；薛万宝：《卢埃林法律现实主义解读》，载《私法》2011 年第 1 期，第 255—277 页；何海峰：《〈普通法传统〉：传统还是理想》，载《私法》2011 年第 1 期，第 279—293 页；于晓艺：《反传统的美国法律现实主义》，载《中国海洋大学学报（社会科学版）》2011 年第 2 期，第 35—40 页；陆宇峰：《美国法律现实主义：内容、兴衰及其影响》，载《清华法学》2010 年（转下页）

《法典的理性——美国〈统一商法典〉法理思想研究》以库恩的范式转换导致科学革命的学说为理论指导，分析了卢埃林的现实主义范式对形式主义范式的颠覆以及宏大风格范式的复兴，具体考察了卢埃林现实主义法理思想和技艺理论影响下的美国《统一商法典》的特点、创制方式、性质及其价值等。①（2）刘剑博士《卡尔·卢埃林法律职能理论研究》认为法律职能理论是卢埃林法哲学的核心，为其可估量性理论提供了理论模型，是其构建一般性社会学法学理论的出发点，是卢埃林指导起草美国《统一商法典》的理论依据。②（3）付池斌博士《卢埃林：书本法不同于现实法》全面展示了卢埃林的基本生活与学术生涯，详细考察了与庞德之间的论战，分析了卢埃林的"规则不确定论"，揭示了卢埃林的

（接上页）第 6 期，第 85—97 页；张娟：《什么是法律现实主义》，载《西南政法大学学报》2010 年第 5 期，第 3—13 页；孙新强：《卢埃林现实主义法理学思想》，载《法制与社会发展》2009 年第 4 期，第 3—19 页；许庆坤：《重读美国法律现实主义》，载《比较法研究》2007 年第 4 期，第 1—13 页；刘剑：《"规则怀疑论"者的规则观》，载《社会科学论坛》2006 年第 3 期，第 151—156 页；王绍喜：《卡尔·N. 卢埃林：载〈荆棘丛〉》，载《清华法学》2004 年第 4 辑，第 370—381 页；刘星：《法律的不确定性——美国现实主义法学述评》，载《中山大学学报》1996 年增刊，第 198—202 页；等。学位论文主要产出于山东大学、吉林大学、复旦大学等。

① 孙新强：《法典的理性——美国〈统一商法典〉法理思想研究》，山东人民出版社 2006 年版，该书原型乃作者博士论文。

② 刘剑：《卡尔·卢埃林法律职能理论研究》，吉林大学博士论文，2006 年。该论文已由天津人民出版社 2009 年出版。

两大贡献：引领美国现实主义法学运动、起草美国《统一商法典》。[①]（4）张娟博士《弗兰克与卢埃林法律思想比较研究》比较研究了弗兰克与卢埃林这对法律现实主义运动中的激进派与温和派，揭示出美国法律现实主义运动实际上是围绕罗斯福新政展开的“宫廷革命”，是法律界的凯恩斯主义。通过比较分析弗兰克的事实怀疑论法律观与卢埃林规则怀疑论的法律观、二者不同的思想体系与法律实践活动，将二者放在美国法律思想史的背景下考察他们对美国法律现实主义运动的影响，认为尽管他们共享了实用主义这一哲学基础，但卢埃林才是真正的实用主义者，弗兰克仅仅是法律现实主义运动的边缘人物。[②]

2. 既有研究主题

既有研究的主题主要呈现为如下五个方面：

第一，揭示卢埃林看待法律之本质的工具主义与功能主义进路。“实用主义、工具主义、制度主义、经济决定论和法律现实主义之间呈现出了很明显的哲学亲属关系。”[③]法律必须考虑其实际功能，而不是将其视作由概念、规则、原则

---

① 付池斌：《卢埃林：书本法不同于现实法》，黑龙江大学出版社 2010 年版。

② 张娟：《弗兰克与卢埃林法律思想比较研究》，山东大学博士论文，2011 年。

③ Morton White, *Social Thought in America: The Revolt against Formalism*, Beacon Press, 1957, p. 6.

组成的抽象物；它不是来源于作为一个抽象观念体系的完整或规范性载体的学理，而是作为一个实现实践目标的手段，一个与治理目标相适应的工具。法律是实现目的的手段，是社会用于管理人类行为和促进正当行为类型发展的设备和工具，只有密切关注与法律相关的执法者的实际行为以及社会主体对这些执法行为的反应，才能认识和改进法律。[①]虽然哈特认为卢埃林将理解法律的中心放在行为，误解了法律的本质，失去了法律的内在观点与内在陈述[②]，丹尼斯·帕特森却认为卢埃林重塑了法律认识论，先于维特根斯坦预见了哲学中的“语言转向”，推动了法律理论摒弃形式主义后最重要的发展：以“法律实践”为中心理解法律，实践、“行动方式”而非规则、原则才是首要的，法律实践是法律意义的最终来源，法律“知识”就是知道法律实践是如何“运转”的。语言塑造了我们对现实（实践）的理解，法律与世界的关系根本上是语言关系，“法律世界”并非独立于语言的实在，只能存在于语言构成的若干范畴当中，这必然导向理解

① See M. McDougal, Fuller v. The American Legal Realists: An Intervention, 50 *The Yale Law Journal*, 1941, pp. 834—835；另见［英］罗杰·科特瑞尔：《法理学的政治分析——法律哲学批判导论》，张笑宇译，北京大学出版社 2013 年版，第 188 页；［美］布赖恩·Z. 塔玛纳哈：《法律工具主义》，陈虎、杨洁译，北京大学出版社 2016 年版，第 96 页。

② ［英］H.L.A. 哈特：《法律的概念》（第二版），许家馨、李冠宜译，法律出版社 2006 年版，第 141 页。

法律的实用主义观点：法律是动态的、以解决问题为旨归，为了回应源源不断的诉讼压力与社会变迁而不断变革。[①]在萨默斯（Summers）看来，实用工具主义法学并列于自然法学、分析法学、历史法学，是西方第四大法学理论传统。它不仅关注法律的本质，而且还关注法律的应用，强调法律与现实之间的交互作用，聚焦于经世致用的法律对社会生活造成的实际影响、法律的功效及其限度、法律的执行技术与运行模式，强调法律官员的角色作用。就此而论，卢埃林与庞德的论战仅仅是实用工具主义的一个"内部"事件。[②]瓦克斯（Raymond Wacks）指出，"卢埃林对法律现实主义最为重要的贡献是他的功能主义。这一方法贯穿着他的主要著

---

① See Dennis Patterson, Law's Practice, 90 *Columbia Law Review*, 1990, pp.577—580. 而根据霍维茨，由于卢埃林 1931 年开出的现实主义者名单过于随意和狭隘，没有理解当时的法律新思潮，且过分强调法律与社会科学，这导致理解现实世界的解释学或阐释学视角被忽视了。See Morton J. Horwitz, *The Transformation of American Law 1870—1960: The Crisis of Legal Orthodoxy*, Oxford University Press, 1992, pp. 180—182.

② 萨默斯未穷尽列举的传统实用工具主义者包括约翰·格雷、霍姆斯、杜威、庞德、沃尔特·惠勒·库克、约瑟夫·沃尔特·宾汉、W. 安德希尔·莫尔、赫尔曼·欧丽梵、弗兰克、卢埃林、菲利克斯·S. 科恩。他认为以卢埃林、弗兰克、库克等人为领袖的（狭义）现实主义法学并不能涵盖实用工具主义法学的全部思想，并且实用工具主义法学也不包括极端的价值怀疑主义、强调司法过程中的非理性因素等极端的现实主义观点。参见［美］罗伯特·S. 萨默斯:《美国实用工具主义法学》，柯华庆译，中国法制出版社 2010 年版，第 2—23 页。

作”[①]，功能主义认为法律服务于法律职能（law-jobs），法律职能对于维续社会存在是必须的，法律职能的履行建立在“制度”这一功能性概念之上，制度为使用目的与价值进行具体量度提供了可能，制度运行产生的影响成为检验制度本身的量度标准。[②]将法律视为一种制度，是由规则、技术、意识形态和法律人的实践构成的有组织的活动，其功能是维续社会，这就陷入了功能主义陷阱：一方面忽略了在不同的社会各不相同的结构与权力维度；另一方面也无法说明法律制度维续社会的功能是其法哲学的逻辑结论，还是来自普通法体系的经验推断，他不过是事先假定各种功能，然后再寻找履行这些功能的法律制度。[③]

第二，揭示卢埃林有关法律科学之本质的自然主义与经验主义进路。既然法律作为社会工具，其存在是为了服务于目的，那么一条既定法规只有通过研究其如何运作才能确定其可能达到的效果，由此就需要一门关于人之行为的客观科

---

① [英] 雷蒙德·瓦克斯:《读懂法理学》，杨天江译，广西师范大学出版社 2016 年版，第 251 页。

② 参见刘剑:《卡尔·卢埃林法律职能理论研究》，吉林大学博士论文，2006 年，第 63—66 页。

③ See M.D.A Freeman, *Lloyd's Introduction to Jurisprudence* (7th edn.), Sweet & Maxwell Limited, 2001, p.806; Simon N. Verdun-Jones, The Jurisprudence of Karl Llewellyn, 1 *Dalhousie Law Journal*, 1974, p.452.

学，以得到如何使法律更好地服务于目的的客观知识。[①] 布赖恩·莱特（Brian Leiter）认为“自然主义转向”是卢埃林等法律现实主义者方法论的关键，通过对进行投入（事实和法律规则）和产出（法官判决）之间的因果关系进行描述性研究，提供了一种与社会科学中的经验研究相一致的审判理论：法官在审判案件的过程中首先要对事实作出反应。[②] 法律科学不是一门努力将给定的法律转变为规则体系的理性规范科学，而是以自然科学为楷模的经验科学，旨在通过观察行为预知法律的效果。卢埃林的目标在于建立这样一门有关法律的科学，即一种遵循经验法则的“自然的”或“社会的”科学，旨在通过描述性的法律科学观察与研究法律的生命。[③] 研究如何推进法律机构实际运作的社会科学应当暂时分离价值与事实，“法律应当是什么”的问题应该暂时放在一边，首先应对“法律实际是什么”有足够认识，努力搜集

---

① 参见［美］布赖恩·比克斯:《牛津法律理论词典》，邱昭继等译，法律出版社 2007 年版，第 4 页。

② 参见［美］布赖恩·莱特:《法律现实主义》，载［美］丹尼斯·帕特森编:《布莱克维尔法哲学和法律理论指南》，汪庆华等译，上海人民出版社 2013 年版，第 267—268 页。

③ See Michael Ansaldi, The German Llewellyn, 58 *Brooklyn Law Review*, 1992, p. 747. 另见王婧:《法律的确定性与不确定性》，载《清华法治论衡》2015 年第 2 期，第 336 页:“卢埃林彻底站在了社会科学的立场上，将法学视为社会科学的分支学科……工具主义……的面向被推向了极致。”

有关法律行为的实实在在的事实；[①] 并且，强调对法律实际是什么的经验描述并不否定其他规范性研究的价值，对经验描述之客观性的寻求也不应混同于对价值问题的漠视；[②] 建立价值无涉的法律科学并不必然意味着认为价值判断是不重要的；"是"与"应当"暂时分离，与其说是法实证主义教条意义上之"实然"与伦理意义上之"应然"的分离，毋宁说是行动法的实际状态（法院事实上做了什么）与白纸黑字的书本法规定的应然状态之间的分离，推动了事实与价值的调和在法律经验研究中的运用，勾画出了将事实与价值的对立结合为事实—价值这一社会哲学范式的萌芽并且试图以法官的自然法保证价值内在于被认知的事实当中。[③] 然而，一方面，卢埃林希望把法律科学限制在"可观察的"甚至是"有形的"事实之上，这混淆了实在（realities）与意义（meaning），因为虽然法律世界的实在是可观察的，但法律人关心的是这些可观察之现实的意义，而意义却不是可观察

---

① 参见［美］布赖恩·Z. 塔玛纳哈：《法律工具主义》，陈虎、杨洁译，北京大学出版社 2016 年版，第 99 页；［美］布赖恩·Z. 塔玛纳哈：《一般法理学》，郑海平译，中国政法大学出版社 2012 年版，第 59 页。

② See William Twining, *Karl Llewellyn and the Realist Movement*, University of Oklahoma Press, 1973, p.189; Wilfrid E. Rumble. The Paradox of American Legal Realism, 75 *Ethics*, 1965, p.169.

③ See Kenneth M. Casebeer, Escape from Liberalism: Fact and Value in Karl Llewellyn, 1977 *Duke Law Journal*, 1977, pp. 671—703.

的，更不是有形的；[①] 而且很可能最终陷于“行为主义的魔沼”[②] 之中；卢埃林夸大了法律现实主义的科学性质和方法性质，其对行为主义经验科学的过分强调，剥夺了我们享受现实主义政治遗产和智识遗产的权利。[③] 另一方面，法理学无法避免诉诸规范、价值或某种类似于宗教信仰的东西（只不过其中的上帝被置换成了理性、常识、永恒的道德法则等自明真理），因此即便暂时分离事实与价值、对习惯性实践或生活的内在法则等社会现实进行“客观的”经验描述后，仍需判断什么是“好的”效果、“合理的”结果或“正当的”理由；[④] 应然问题不可回避，通过排除价值问题来寻求研究的精确性，其研究的不过是对现实的幻想。[⑤]

第三，揭示卢埃林看待司法审判及其确定性与不确定性

---

① See Hermann Kantorowicz, Some Rationalism about Realism, 43 *The Yale Law Journal*, 1934, p. 1248, p.1249.

②［美］P.S. 阿蒂亚、［美］R.S. 萨默斯:《英美法中的形式与实质：法律推理、法律理论和法律制度的比较》，金敏等译，中国政法大学出版社2005年版，第222页。

③ See Morton J. Horwitz, *The Transformation of American Law 1870—1960: The Crisis of Legal Orthodoxy*, Oxford University Press, 1992, p. 172.

④ See David S. Caudill, On Realism's Own "Hangover" of Natural Law Philosophy: Llewellyn Avec Dooyeweerd, in Francis J. Mootz Ⅲ (ed.), *On Philosophy in American Law*, Cambridge University Press, 2009, pp. 21—22.

⑤ See Roscoe Pound, The Call for a Realist Jurisprudence, 44 *Harvard Law Review*, 1931, p. 703.

问题的现实主义视角。“法律现实主义运动的主要任务是展示实际的法律运作过程，扮演了《皇帝的新装》中那个说出真相的孩子的角色，揭露形式主义之下的法律确定性是一种幻象。”[①]卢埃林拥抱实践理性，拒绝声称从单独的统一价值或原则中演绎出系列规范性结论的基础主义，拒绝声称从现行规则集合中演绎出个案判决的法律形式主义，拒绝接受规则与先例自身就能决定审判的观点，断言制定法本身不会为法律争议提供“正确”答案。[②]他摒弃了对司法审判的机械论解释，认为难以科学客观地认识作为司法推理之小前提的案件事实，作为大前提的法律规则本身也是多变的，审判案件的过程中，法官的个性、经济力量、社会需要等“法律上不可预见”的因素也会起作用。[③]对法律渊源的解释和推理存在太多相互冲突但又具有同等合法性的解释方式，法院在援引先例时可以“严格”，也可以“松弛”：如果法官想要把不受欢迎的先例同手头案件区分开来，他就严格地宣称“任何法官都没有权力对没有提交到他面前的事实进行判决……把案件限制在特定的事实中”；如果先例并非不受欢迎，他就会宣

① 张娟：《弗兰克与卢埃林法律思想比较研究》，山东大学博士论文，2011年，第231页。

② See Daniel A. Farber, The Inevitability of Practical Reason: Statutes, Formalism, and the Rule of Law, 45 *Vanderbilt Law Review*, 1992, p.534.

③ See Michael Ansaldi, The German Llewellyn, 58 *Brooklyn Law Review*, 1992, pp. 724—732.

称“先前的法院已经判决了，而且是权威地判决了一个案件的所有方面……援引先例完全不必考虑案件事实本身”。在解释制定法方面，也“存在‘正确的’不容置疑的‘如何进行解释’的准则，而且这些准则所指的方向是彼此对立的”，面对同一条制定法规则，时而坚持制定法的解释“不得超出其文本”，时而又声称“为了实现目的，制定法的解释必须超出其文本”。此外，案件事实必须由法官依据它们的法律意义来加以定性，不同的法官可以用不同的方式对同一事实合法地加以定性。既然先例、成文法以及事实定性都不是唯一确定的，那么法官就不可能经由司法推理得出唯一确定的结果。这种局部的合理不确定性表明法律理由可以为不止一种结果提供正当化理由，必须寻找其他因素来了解法官为什么“选择”了某一种判决结果而放弃了其他判决结果。在此意义上，哈特与卢埃林等现实主义者的争论并不是概念分析上的，而是规则在审判中起到多大作用这一经验问题。卢埃林这位现实主义者并未从法律的“定义”中排除规则，他只是认为规则的真正“罪状”恰恰在于既无法描述法律实践又无法保障司法裁判的确定性，法官不可能依据纸面规则，依据三段论的形式逻辑获得手边个案的唯一正解；其纸面规则与现实规则的区分，是为了解构一般规则与司法审判之间的决定性关联。[①] 因此，卢埃林区分了司法判决的可预测性与作为预测基础之素材的可获得性，前者事关法律确定性问题，后者事关法律体系化问题，法律的体系化与法律的确定性之间并不存在（形式主义者们声称的）必然因果关系。他还区分了律师的确定性与法律外行的确定性，前者是司法判决的可预测性，后者是法律规则与生活规范的一致性，要想同时实现律师与外行的确定性，必须考量影响法官判决案件的“非法律”因素。[②] 作为规则怀疑论者，卢埃林既反对宣称法律概念、规则、原则有其预设内容、含义与逻辑联系的“概念形式主义”，也反对法官机械运用法律进行审判且规则应该约束法律工作者和法官这一“规则形式主义”的核心内容。他挑战的是概念形式主义与规则形式主义有关法律确定性本质和范围的观点，而不是实质上法律应该确定这一命题。[③] 卢埃林并非规则虚无主义者，他并不否认规则对法官的引导与约束，只是认为白纸黑字的纸面规则引导、约束司法审判的作用并非不

---

① 参见［美］布赖恩·莱特:《法律现实主义》，载［美］丹尼斯·帕特森编:《布莱克维尔法哲学和法律理论指南》，汪庆华等译，上海人民出版社 2013 年版，第 268—274 页；陆宇峰:《“规则怀疑论”究竟怀疑什么？》，载《华东政法大学学报》2014 年第 6 期，第 70—71 页。

② See L.L.Fuller, American Legal Realism, 76 *Proceedings of the American Philosophical Society*, 1936, pp. 194—201.

③ 参见［美］布赖恩·Z. 塔玛纳哈:《法律工具主义》，陈虎、杨洁译，北京大学出版社 2016 年版，第 102—103 页。

证自明，只是断言引导、约束法官的规则并不是以一般命题形式存在于制定法与先例当中的纸面规则，而是可以描绘实际司法审判过程的现实规则；尽管单单区分纸面规则与现实规则不能产生可靠的预测与确定性，但这却是产生现实确定性的必要条件：司法判决的恒常性主要并不建基于纸面规则，但现实规则的确在确定判决结果方面有重要意义。①虽然珀塞尔（Edward A. Purcell）批评说，法律规则和逻辑推理满足了现代社会大部分简单案件的需要和大多数对法律确定性的预期，一味否定法律的确定性可能会动摇现代民主社会制度的法律基础；②但卢埃林从来没有说法律是不确定的，相反，规则的不确定性并不必然导致司法结果的不确定性，他强调如果从现实主义的视角来理解司法审判，有关法律的争论后果的可预测程度简直让人吃惊，③其目标是更大的法律确定性，试图寻求除

① See Frederick Schauer, Editor's Introduction, in Karl Llewellyn, *The Theory of Rules*, Frederick Schauer(ed.), University of Chicago Press, 2011, pp.18—21; Wilfrid E. Rumble, American Legal Realism and the Reduction of Uncertainty, 13 *Journal of Public Law*, 1964, p. 65.

② See Edward A. Purcell, American Jurisprudence between the Wars: Legal Realism and the Crisis of Democratic Theory, 75 *The American Historical Review*, 1969, pp.424—446.

③ 参见［英］罗杰·科特瑞尔:《法理学的政治分析——法律哲学批判导论》，张笑宇译，北京大学出版社 2013 年版，第 201 页；“事实上卢埃林对确定性的态度颇为暧昧……卢埃林也并不完全排斥法律中的确定性。”房文翠、黄伟文:《法律的客观性与确定性》，载《法学方法论论丛》2014 年卷，第 160 页。.

传统规则中心论以外的其他更加准确地预测司法行为的方法，相信能够发现某些隐藏于纸面规则背后的、可描述司法行为中的统一性与恒常性的现实规则。[①] 但是也有评论者认为看待司法审判的现实主义视角从根本上混淆了“发现的过程”和“正当化的过程”，“发现的过程”描述的是法院如何在一个具体案件中得出结论，而“正当化的过程”描述的是法院如何使自己的结论正当化或合法化。由此，卢埃林的规则怀疑论尽管正确地揭示了法院的司法意见体现的规则并没有准确地描述他们如何得出自己的结论，但是他却错误地以为司法意见也没有准确地描述法官正当化自己结论的过程。[②]

第四，揭示卢埃林实现确定性的方法。根据特维宁的观点，法学方法（juristic method）是卢埃林法哲学中最富原创却最受低估的部分。法学方法不能混淆于法律方法（legal method），在通常的法律用语中，法律方法是一个范围更窄的范畴，局限于解释、论证法律问题的技能，通常指“像法律人那样思考”。法学方法内涵与外延都比“法律人的技艺”大，不仅包括法律人的个人技能，更指技艺传统、实践和固

① See David E.Ingersoll, Karl Llewellyn, American Legal Realism, and Contemporary Legal Behavioralism, 76 *Ethics*, 1966, p.256.

② 参见［美］斯蒂芬·M. 菲尔德曼：《从前现代主义到后现代主义的美国法律思想——一次思想航行》，李国庆译，中国政法大学出版社2005年版，第245—246页。

定的思维方式；它所指向的对象也不仅仅是法律人，而是法律行动中的所有参与者。法学方法是“方法的方法”，覆盖了法律制度机制的所有方面，包括但不限于技艺传统（比如法律人的个人技能等）、法律发明（比如信托、信用证、法律拟制等）、制度设计（比如不同的宪法模式、法典构造方式、程序体系模式等）以及其他履行法律职能的任何制度化的方式方法。[①] 法学方法包括“方式方法和人，以及有关方式方法和人的思想意识观念”，不仅强调制度化了法律技艺传统，更强调环境化了的法律人，法律人在制度化环境下形成的技艺传统，是产生法律确定性的因素，是社会公众预估司法判决的可靠依据。“在法学界普遍谴责丧失了对法律客观性的持续信仰的这段时期，卢埃林使人们相信职业技能是法律中的可预测性与稳定性的源泉。”[②] 普通法传统下共同的法律职业规训，公众希望法官公正地判决且类似案件类似处理，这使得不同的法官会利用制定法或先例的解释技巧来保证判决的恒常性。[③] 卢埃林认为尽管存在着偏离先例的空

① See William Twining, Centennial Tribute:The Idea of Juristic Method: A Tribute to Karl Llewellyn, 48 *University of Miami Law Review*, 1993, pp. 136—138.

② Morton J. Horwitz, *The Transformation of American Law 1870—1960: The Crisis of Legal Orthodoxy*, Oxford University Press, 1992, p. 250.

③ See Michael Ansaldi, The German Llewellyn, 58 *Brooklyn Law Review*, 1992, pp. 753—756.

间、学说的不确定性、无法排除人性和审判的主观性特征，但法官受“某种完美的司法技艺”指引，法官技艺传统和稳定化、指导性技艺的理念引导着法官的审判实践，使其工作趋于稳定。法官在特定情景下普遍司法行为的时代风格概念一方面融合了卢埃林有关司法审判的描述性理论（法官审判时实际上对案件事实作出反应）与规范性理论（法官应该采纳宏大风格判案），另一方面特定时代风格与制度环境提供的职业规训、法官经验、共享价值、法律官员的公共性特征、程序限制等稳定性因素一起促成了审判的一致性与可预测性。[①] 时代风格是对法官的一种驯服，构成约束法官裁判的外部标准。[②] 司法审判不是处理“具体当事人之间的具体争议”，而是适用解决问题的规则处理法庭面对的情景类型。宏大风格要求基于实践理性的情景感去体会事实的情景类型，而不是机械适用程式化规则。情景感虽看起来会导致司法主观性，但法律技艺与普通法传统具有引导法官审判的力量，会防止情景感变成法官的主观擅断。[③] 法官的情景感决定了具体个案的判决结果。法官基于社会生活的内在法则，

---

① 参见罗杰·科特瑞尔：《法理学的政治分析——法律哲学批判导论》，张笑宇译，北京大学出版社 2013 年版，第 201—206 页。

② See Julius Cohen, Llewellyn's Lea-Ways, 1962 *Washington University Law Quarterly*, 1962, pp. 64—65.

③ Daniel A. Farber, The Inevitability of Practical Reason: Statutes, Formalism, and the Rule of Law, 45 *Vanderbilt Law Review*, 1992, pp.534—537.

运用理性与情感可以辨识出个案事实所属的情景类型，从而公正地判决个案。然而，一方面，情景感既关涉对社会生活实际活动的客观描述，也关涉对原则、政策的价值判断，要求真正理解事实并准确地评价，这与其否认唯一正解的现实主义立场不相容；①另一方面，对社会生活内在法则的信赖或者掩盖法官个人的价值偏见，或者令法官逃避司法审判中实质性的价值选择。②此外，卢埃林也未能提供运用情景感的整体框架，宏大风格以对个案事实之性质的解释为基础，但是其宣称现实主义不是一种哲学，而是一种方法；如果没有哲学根基，法律对话就不可能发挥作用，因此其对时期风格的社会科学研究无法为司法判决提供客观基础。③

第五，揭示卢埃林制定美国《统一商法典》的立法实

---

① See William Twining, *Karl Llewellyn and the Realist Movement*, University of Oklahoma Press, 1973, p.223; M. D. A. Freeman(ed.), *Lloyd's Introduction to Jurisprudence* (7th edn.), Sweet & Maxwell, 2001, pp. 808—810.

② See Patrick J. Rohan, The Common Law Tradition: Situation Sense, Subjectivism or "Just-Result Jurisprudence" ?, 32 *Fordham Law Review*, 1963, pp. 54—66; Charles E. Clark & David M. Trubek, The Creative Role of the Judge: Restraint and Freedom in the Common Law Tradition, 71 *The Yale Law Journal*, 1961, p. 263.

③ See Harold Lasswell, Book Review, 61 *Columbia Law Review*, 1961, p. 944; Jan M. Broekman, Law in Life, Life in Law: Llewellyn's Legal Realism Revisited, in Francis J. Mootz Ⅲ (ed.), *On Philosophy in American Law*, Cambridge University Press, 2009, pp. 13—15.

践。虽然为了使各州尽快采纳,《统一商法典》是卢埃林及其起草委员会的同仁对第一草案作妥协修订后的结果,但这并不妨碍卢埃林对《统一商法典》的卓越影响,以至于人们称之为“卢埃林法典”。[①] 虽然卢埃林并不认为法典化本身能产生高度的法律确定性或减少法院的自由裁量权,断言建立全然封闭、确定、静止的体系只是一种乌托邦幻想,但他确实希望法典可以打破形式主义抽象的概念与分类,提供反映现实条件之多变性与复杂性的根本概念与原则框架,以实现法典效力范围内的法律标准化问题。[②] 在他看来,《统一商法典》只是专门设计来解决一系列具体问题的特定工具。工具主义的法律观使得卢埃林坚信法律应当反映社会现实,必须在根本上与社会习俗保持一致,反映主流的社会道德,因此当他参与制定《统一商法典》时,努力使法典的主要条款与主流的商事惯例相符合。[③]《统一商法典》基于商事交易

---

① See Zipporah Batshaw Wiseman, The Limits of Vision: Karl Llewellyn and the Merchant Rules, 100 *Harvard Law Review*, 1987, p.467; William Twining, *Karl Llewellyn and the Realist Movement*, University of Oklahoma Press, 1985, p. 271.

② See William Twining, *Karl Llewellyn and the Realist Movement*, University of Oklahoma Press, 1985, pp. 309—311; 另见罗杰·科特瑞尔:《法理学的政治分析——法律哲学批判导论》,张笑宇译,北京大学出版社2013年版,第206页。

③ 参见[美]布赖恩·Z.塔玛纳哈:《一般法理学》,郑海平译,中国政法大学出版社2012年版,第59页。

事实，使用“指导可行性决策之原则的目的性表述”，通过区分事实的“类型情景”(type-situation)，为商事交易提供简便的、现代的、明确的、易于理解的、灵活的、开放的法律规则。一方面，这些规则应提供内在于商事交易的共享性事实预设与规范预设，以容纳商人们所理解和需要的商事标准和实践，鼓励通过社会习俗、当事人的合意来扩展商事规则。[①] 另一方面，清楚地表达法典每一条款的规范目的，尽管这更像是证明判决合理的法官而非立法者的做法[②]。彰显的立法理由既能保证不同背景与使用不同法律技艺的法官在疑难案件中对法典作出统一的合理解释，也能减少巧舌如簧的律师歪曲或滥用法典语言的机会。这就要求法官不是只会遵守法典文字规定的形式主义者，必须在宏大风格引导下根据规则的规范目的和立法理由解释规则，回应法律规则言词表达的合理目的。[③] 总之，“好规则”的标准是：目的必须得以明确表达、范围尽可能与目的同延、范围由情景类型划定、适用边界以原则式的术语表达。这样的规则既给予法庭

---

① See Zipporah Batshaw Wiseman, The Limits of Vision: Karl Llewellyn and the Merchant Rules, 100 *Harvard Law Review*, 1987, pp.497—505.

② See Richard Danzig, A Comment on the Jurisprudence of the Uniform Commercial Code, 27 *Stanford Law Review*, 1975, p.632.

③ 参见孙新强:《法典的理性——美国〈统一商法典〉法理思想研究》，山东人民出版社 2006 年版，第 231—233 页；另见刘剑:《卡尔·卢埃林法律职能理论研究》，吉林大学博士论文，2006 年，第 114—115 页。

清晰明确的指导，又将具体情景的适用留待法庭自由裁量，容纳了因情景类型之变而内容各异的标准，极具灵活性。[①]《统一商法典》预设了特定的价值目标或意识形态吗？对此也有不同的看法。特维宁认为，卢埃林主要把商事法律视为促进特定经济活动的工具，在商事领域并没有特定的政治或意识形态偏好，并不旨在推动商业模式和结构的根本变革，也不旨在重塑商事生活的价值观念。[②]而艾伦·坎普（Allen R. Kamp）则认为，卢埃林有关现实主义者并无规范目标的宣称令人疑窦丛生，毕竟他支持罗斯福的最高法院“填塞计划”，希望通过一个宪法修正案“明确扩大国会的权力——最好是在公共福利条款之下”。1940—1941年开始起草的《统一商法典》，其社会科学预设是旧秩序崩塌后的现代化需要、社会秩序由群组或制度而不是由个体构成，法典的起草适应了新政时期的社会经济变革，它不仅仅是对已被遗忘之商事判例的法典化，更是一部激进的社会经济立法，卢埃林希望用它治愈经济大萧条的诸多弊病。[③]

---

① See William Twining, *Karl Llewellyn and the Realist Movement*, University of Oklahoma Press, 1985, p. 326.

② See William Twining, *Karl Llewellyn and the Realist Movement*, University of Oklahoma Press, 1985, p. 307.

③ See Allen R. Kamp, Between-the-Wars Social Thought: Karl Llewellyn, Legal Realism, and the Uniform Commercial Code in Context, 59 *Albany Law Review*, 1995, pp. 327—329.

（二）对既有研究的分析

综上，虽然诸多评论者就卢埃林与庞德的论战、卢埃林理解法律的行为中心进路、卢埃林对经验科学的强调、卢埃林对于实然与应然之关系、卢埃林对于法律方法与司法过程的探讨、卢埃林的情景感理论、卢埃林对法律人类学研究以及跨学科研究的贡献、卢埃林与美国《统一商法典》、卢埃林与美国法律中的哲学等问题进行了深入探讨，然而却存在两方面的问题：

其一，就将美国法律现实主义运动作为一个整体来进行剖析或处理而言，一方面，这有违卢埃林本人的"现实主义立场"。在他看来，并不存在一个整齐划一的现实主义学派，法律现实主义仅仅是一种运动，或者说，仅仅是一种以新的视角看待法律问题的技术，这一运动内部各成员的具体主张与具体方法存在诸多不同，他们仅仅是共享某些相似的出发点。[①] 另一方面，这种进路也忽略了或者是有意识地掩盖了这一运动内部各成员间的区别，混同了他们不同的理论主张与政治关切。这种混同处理既可能由于想要树立一个根本上不同于其他法律思想派别的法律现实主义形象而过滤掉现实

① See Karl Llewellyn, Some Realism about Realism: Responding to Dean Pound, 44 *Harvard Law Review*, 1931, pp. 1233—1235.

主义者（尤其是卢埃林）与其他思想派别之间的某些相近之处，也在很大程度上掩盖了卢埃林与其他现实主义者间（如弗兰克）的理论分歧。例如，将现实主义描绘为新政在法律领域的对应物，会忽视一个有争议的事实，卢埃林本身并不是新政的支持者，他认为新政的实践与观念都与现实主义者在法律分析领域的主要贡献基本无关，新政反倒阻碍了现实主义的发展；对他而言，现实主义是对早就先于新政出现的普通法危机的回应，绝不会随着新政的衰退就失去活力。[①]此外，这种混同化的处理方式还可能使得“法律现实主义”成为一个空洞的标签，淡化了这一运动本来所具有的理论意义和现实内涵。

其二，就关于卢埃林的专门研究而言，这其中的分析与批评虽然不乏深刻的理论洞识，但也存在一个共同的问题，那就是，没有认识到卢埃林现实主义法哲学的根本理论目标——对（法律）确定性的寻求。无法认识卢埃林寻求现实的确定性的这一根本目标，这一方面导致了对卢埃林某种

① 参见［英］罗杰·科特瑞尔:《法理学的政治分析——法律哲学批判导论》，张笑宇译，北京大学出版社 2013 年版，第 210 页；类似的观点亦见陆宇峰:《“规则怀疑论”究竟怀疑什么？》，载《华东政法大学学报》2014 年第 6 期，第 69 页。相反的观点，“随着新政的衰退现实主义也就失去了活力”，Posner, The sociology of the sociology of law: A view from economics, 2 *European Journal of Law & Economics*, 1995, p.269.

程度上的误读，比如，认为他没有正确理解法律的本质（哈特），认为他并没有一个一以贯之的核心关注，其晚期对于法律技艺和法律方法的强调，是对早期现实主义主张的撤退（霍维茨），比如认为他不关心应然与价值层面的问题（富勒）等等。另一方面，与上述混同化处理方式紧密相关，无视卢埃林这一根本目标，将会夸大卢埃林与法律形式主义的理论分歧，缩小卢埃林与其他现实主义者的理论争议，这既会把诸多学者将法律现实主义作为一个整体而进行的批判——比如，不重视判决理由与司法意见的作用——简单地对应于卢埃林，从而就可能无视卢埃林对理论传统的推进，也可能无视其他现实主义者对卢埃林有效的“现实主义”批评。这进一步可能会导致我们既看不到卢埃林站在前人肩膀上作出的贡献，也看不到其理论自身的局限性所在。换句话说，如果不能意识到卢埃林现实主义法哲学的根本目标，就无法看到卢埃林对法哲学的推进，也看不到其理论推进的独特性和局限所在。

三、本书的论证思路及结构安排

（一）论证思路

基于本书的写作主旨及上述对既有研究的考察，本书的基本思路定位于在既有讨论的基础上，从卢埃林理解法律的行为中心进路着手，探究他对法律之本性的认识，揭示其理解法律的行为中心进路的根本理论目标——寻求现实的确定性——及其方法——以情景感为核心的法律技艺，并进一步剖析其理论目标指向的社会伦理关怀。作为一项思想史研究，本书将首先力图厘清卢埃林现实主义法哲学的内部架构，明晰其法哲学建构的起点、本体论、方法论和价值论；然后，将在相关知识框架的参照下，以外部视角去分析与回应卢埃林法哲学遭受的批评，揭示卢埃林法哲学可能具有的理论贡献和实践意义。

卢埃林看似散乱的研究与实践都受到寻求一种“现实的确定性”的指引，他之所以批评规则中心的法律形式主义，是因为其在并不存在确定性的地方声称确定性；他之所以用行为取代规则作为理解法律的焦点，是因为在他看来，只有通过观察、研究行为，才能获得现实的因而真实的确定性。在《美国判例法体系》中，他已经阐释了何为“现实的确定性”，后来对法学方法与上诉法院的关注都是在寻找通往这种现实确定性的可能道路。更为重要的是，在寻求现实确定性的背后，隐藏着卢埃林对“社会如何可能”这一理论与现实问题的深切关怀。于他而言，理想的社会是民主的、有秩序的，这一理想社会之所以可能，乃在于其必须以法律作为社会各群体的黏合剂，而法律作为黏合剂的必要前提是，法律必须提供某种确定性的基础或者感觉。

卢埃林寻求现实的确定性及其指向的社会伦理关怀为引入目的—手段与应然—实然这两个参照框架提供了可能性。首先，目的—手段框架不仅解释了卢埃林为什么将理解法律的参照中心从规则转向行为，这是因为，在他看来，规则并不是实现现实的确定性这一根本目的的有效手段；也解释了为什么方法问题一直是卢埃林学术生涯的一个重要关注点，这是由于对他来说，实现目的的手段与目的本身同样重要。其次，卢埃林对现实确定性的寻求一方面受到了应然—实然框架的制约，另一方面他又对实然与应然的截然对立保有适度的怀疑与警惕。“实然与应然的暂时分离”与其说是作为事实的“是”与作为伦理、价值的“应当”的分离，不如说是指行动中的法的实际状态（法院就争端实际做了什么）与书本上的法（纸面规则）所规定的应然状态之间的分离。[①] 他试图在实然与应然的二元对立间找到第三条道路：纸面规则仍然是概念化的惯例，但是其意义和运用却源于生活中的共享习俗，而不再源于从过去发生的可能并不相似的事件中抽象出来的概念，也就是说，卢埃林的理想规则既包括实然，也包括应然。经由这种不同于实然 vs. 应然截然二

① See Kenneth M. Casebeer, Escape from Liberalism: Fact and Value in Karl Llewellyn, 1977 *Duke Law Journal*, 1977, p. 678.

分的认识论，他给出了一种规范性的建议——“法官的自然法”，一种既体现了法律人的工具理性与技艺传统，也涵盖了哲学家的伦理关怀的自然法。[①]

通过内在进路厘清卢埃林现实主义法哲学的内部架构，基于目的—手段、应然—实然的分析框架，我们可以看清楚为什么卢埃林批评法律形式主义确定性幻象的同时又寻求另一种确定性。在某种程度上，我们也可以更为有效（或坦然）地回应诸多后来论者对他的批判意见。

需要进一步说明和限定的是，首先，一个理论家的思想与理论一方面应当置于其所处的社会、文化和政治语境中进行解释；另一方面，理论家个人的心理细节、特殊经历也可能影响其理论关切与现实关切。因此，本书除了以目的—手段、应然—实然为参照框架考察卢埃林的根本理论目标外，也会适当关注当时发生的重大社会事件及其个人经历对其思想发展的型塑作用。

其次，虽然笔者赞同以现实主义进路分析司法审判的过程，也尝试探索卢埃林实现确定性的方法——基于情景感的法律方法与法律技艺——对我国提升司法公信力的借鉴意

① See Karl Llewellyn, One “Realist’s” View of Natural Law for Judges, in Karl Llewellyn, *Jurisprudence: Realism in Theory and Practice*, University of Chicago Press, 1962, pp. 111—115.

义，但本书既不试图将卢埃林的某个具体观点当作中国某些现实问题的解决方案，也无意将卢埃林的整体解决方案直接拿来当作根治中国当前法治实践中某类问题的灵丹妙药。

（二）结构安排

如前所述，本书力图论证，规则和行为间的不一致这一洞察构成卢埃林批评法律形式主义的一个基本前提，也是理解卢埃林的规则怀疑论、从而理解其行为进路的核心所在。卢埃林将理解法律的参照中心从规则转向行为，乃是受到“现实的确定性”这一目标的驱使，并且此一理论目标有着明确的价值指向。就此而论，对法律形式主义的反叛构成卢埃林现实主义法哲学的理论准备；从规则到行为的理论构建构成其理论核心，或者说本体论；对通往确定性的道路的探寻构成其方法论部分；现实确定性指向的社会伦理关怀则构成其价值论部分。由此，本书的整体结构共分为六个部分。

绪论部分交代论题的确立、研究目的、研究现状等基本问题。

第一章将集中考察卢埃林的理论准备——对法律形式主义的批判。考虑到卢埃林法哲学的批判性特征，其理论关切点是在对法律形式主义传统的批判与反动中确立起来的，因而笔者将首先考察作为卢埃林之批判对象的法律形式主义的表现形式及其确定性诉求，然后考察卢埃林对法律形式主义传统的反叛，分析卢埃林在反叛过程中体现出来的理论性情。

第二章将考察卢埃林法哲学的本体论部分——以行为为中心的工具主义法律观及其根本理论目标。本章将通过分析卢埃林的有限规则论和理解法律的行为中心进路，揭示出卢埃林的根本理论目标——现实的确定性，进一步明晰其现实确定性的两层内涵——判决结果的可估量性、判决与社会习俗的一致性。

第三章将考察卢埃林法哲学的方法论部分——在法律理论领域与司法实践领域实现现实确定性的方案。本章将首先考察卢埃林为法律理论研究推荐的社会科学方法以及他本人对于社会科学方法的运用；其次分析他为审判实践所推荐的宏大风格与情景感，并检审他推荐的方法对于实现现实确定性的意义。

第四章将考察卢埃林法哲学的价值论部分——寻求现实确定性指向的社会伦理关切。本章将首先通过分析卢埃林的法律教育目标及其对"萨柯—樊塞蒂"案件的直接参与来考察其社会关怀；然后通过考察卢埃林对秩序与正义的双重寻求来透视其伦理关怀，揭示出其对社会秩序问题的理论关切。

尾论部分从实践和理论两个维度审视卢埃林的法哲学，澄清对于卢埃林的误解，从而把握其理论的实践意义和理论贡献，展开理论追问。

第一章　理论准备：法律形式主义及其不足

如何理解和实现普通法体系的合法化、传承与推进普通法传统几乎是所有美国法学家共享的基本使命，在此意义上，进步主义与法律现实主义对法律形式主义的反叛可能仅仅是普通法传统内部的一场宫廷革命，都旨在以不同的方式保卫普通法这位国王。[①]19 世纪中叶令状制度废除后，联邦法院与各州法院的法官开始自由选择先例，从中抽取规则和原则，全美司法实践极度混乱，为了因应令状制度废除后的普通法程序变革，消除司法实践不统一的窘况，满足法律确定性需要，以兰代尔为核心的法律形式主义者们试图通过建立逻辑自洽的法律科学体系应对这一危机，实现普通法体系

---

① “这场革命可能仅仅是一场宫廷革命，顶多是更换了门前的卫兵。”[美] 格兰特·吉尔莫:《美国法的时代》，董春华译，潘汉典校，法律出版社 2009 年版，第 138 页。

的合法化。[①] 随着工业社会的发展，市场规则没有促进进步，反而产生了高度垄断和极端的贫富两极分化，法律形式主义僵化的司法使得保守的法官打着契约自由和保护财产权的旗号否定了诸多进步的社会立法，进步主义者反对司法的保守僵化，宣称司法不能诉诸“上帝只帮助自助的人”这种法律达尔文主义，为了实现经济与社会的平等、推动社会进步，需要将法律作为维护社会福利的工具、促进共同善，同时保存某些不可侵犯的共享价值和传统。[②] 但在现实主义者们眼中，形式主义裁剪多样性、从少量先例中抽取规则的僵化逻辑推理所造成的司法混乱与不确定的增长这一普通法危机并没有消除，他们旨在回应这一普通法传统的内部危机。[③]

---

① 参见［美］斯蒂芬·M. 菲尔德曼:《从前现代主义到后现代主义的美国法律思想——一次思想航行》，李国庆译，中国政法大学出版社2005年版，第166—193页。

② See G. Edward White, From Sociological Jurisprudence to Realism: Jurisprudence and Social Change in Early Twentieth-Century America, 58 *Virginia Law Review*, 1972, p. 1003.

③ 参见陆宇峰:《美国法律现实主义：内容、兴衰及其影响》，载《清华法学》2010年第6期，第92页。就实现法律确定性这一根本目标而言，也许现实主义者（尤其是卢埃林）与形式主义者的相似之处大于他们与其同仁进步主义者之间的共鸣:“法律现实主义者……也不提倡抛弃兰代尔派法学的基本原则……‘法律是一门科学的口号’就变成了‘法律是一种社会科学’”;“……应用兰代尔本人提供的东西做自己的主要武器：案例汇编中报告的案例是我们进行系统和科学研究的实验材料”。［美］格兰（转下页）

卢埃林所处的时代，正是这个反形式主义的时代[①]，法律形式主义构成了卢埃林以及其他法律现实主义者理论反思和理论阐发的起点。在这些反形式主义者们看来，“形式主义——认为各种社会争议可以经由从第一原则演绎推理得以解决，而这些第一原则是所有人都同意的，或者是从过去判决中的‘证据’归纳而来的——是十九世纪晚期美国法理学的公分母”[②]。但是，也有论者认为，法律形式主义“并不曾真正有过自己的独立身份：作为一种法律理论，它只是存在于霍姆斯、庞德、卢埃林、弗兰克等学者们的反思中”[③]。因

（接上页）特·吉尔莫：《美国法的时代》，董春华译，潘汉典校，法律出版社 2009 年版，第 139 页、第 125 页。不过，与兰代尔案例教学法精挑细选、人为裁剪案例从中提炼规则、整理逻辑自洽的体系不同，法律现实主义者的案例汇编材料旨在呈现司法过程的实际运作情况。卢埃林《买卖法判例与材料》（*Cases and Materials on the Law of Sales*）被视为这类教材的开山之作，内容不仅包括判决，而且包括对规则及其发展的历史分析，还分析了经济状况、商事惯例等可能影响买卖双方及中间人的行为与预期的法外因素；强调先例案件事实的意义大于先例所蕴含的规则的意义，认为案件事实是对各种商事情景的具体说明，是体会现实生活情景的良好素材。See William Twining, *Karl Llewellyn and the Realist Movement*, University of Oklahoma Press, 1985, p. 132.

① See Morton White, *Social Thought in America: The Revolt against Formalism*, Beacon Press, 1957, p. 11.

② Anthony J. Sebok, *Legal Positivism in American Jurisprudence*, Cambridge University Press, 1998, p. 82.

③ Anthony J. Sebok, *Legal Positivism in American Jurisprudence*, Cambridge University Press, 1998, p. 57.

此，在正式进入卢埃林的理论构建和理论核心之前，有必要首先考察他所反对的法律形式主义。

一、法律形式主义的基本主张

总体而论，形式主义认为特定领域的知识受相互关联的、可从逻辑上对之进行表述的基本科学原则的支配，信奉逻辑、抽象、演绎推理。法律形式主义具体表现为法律理论领域中的概念形式主义与审判实践中的规则形式主义[①]，其理论诉求是绝对的确定性。

（一）法律形式主义的两种表现形式

概念形式主义主张普通法是由法官通过运用理性而形成的概念一致、逻辑自洽的完备体系，并不存在漏洞。法官裁决具体案件时应机械地、演绎地将法律概念、原则、先例以及规则适用于具体的案件事实，法官运用理性从现存的原则中通过逻辑演绎出新的规则以适用于新的案件情形，通过三段论式的推理得出判决结果。规则形式主义认为法官严格遵循先例，其结果是法院审判中充斥着自由放任主义，作出了

① “概念形式主义”与“规则形式主义”的表达参考了塔玛纳哈对法律形式主义观念的概括，参见［美］布赖恩·Z. 塔玛纳哈:《法律工具主义》，陈虎、杨洁译，北京大学出版社 2016 年版，第 71 页。

许多否定社会立法的判决——卢埃林将这种做法称为“形式化风格”（formal style）。

1. 概念形式主义

概念形式主义通常被追溯到兰代尔（Christopher Columbus Langdell）的法律科学观。在兰代尔看来，“至少必须确立两种观念。首先，法律是一门科学；其次，法律这门科学所有可资利用的材料都包含在已印刷好的书本当中……图书馆对于我们所有人来讲，就像大学的实验室对化学家和物理学家、自然历史博物馆对动物学家、植物园对植物学家（一样重要）”①。依据兰代尔的法律科学观，法律由特定的基本原则或规则构成，法律科学家的任务就是将内含于书本中的这些基本原则辨识出来，并描绘出它们间的逻辑关系。它由三个相互关联的主张构成：其一，法律结论从法律原则中推导而来；其二，法律原则并不由道德或个人的主观期待确定；其三，法律原则只能通过比较和解释过去的法律判决才能发现，而这些判决已经存在于法律图书馆当中。兰代尔这位“‘法律神学家’相信法律原则已经永恒地刻写在了某个‘概念天国’当中”②。他深信“存在一种真实的法律原则等待发现，一旦它被发现将会持续，并永远不再

---

① Quoted in Anthony J. Sebok, *Legal Positivism in American Jurisprudence*, Cambridge University Press, 1998, p. 84.

② Anthony J. Sebok, *Legal Positivism in American Jurisprudence*, Cambridge University Press, 1998, p. 87.

变化”[①]。法律形式主义者信奉“一个规则和制度的科学体系，该科学体系是完整的，因为它为所有的案件提供了正确答案；它是形式的，因为正确答案可以从该体系中自动、逻辑地推演而来；它在概念上是有序的，因为低等级的规则可以从少数基本原则中推演而来；并且，它还具有社会可接受性，因为它产生了规范性的忠诚”[②]。

在更为根本的层面上，法律形式主义否定根据外在的目的来理解法律关系的一致性，要求从法律自身出发理解法律的合理性，认为法律作为一种内在融贯的秩序是可理解的，信奉“法律的内在可理解性”：“……法的特性是内在地可理解的，一个人可以毫无歪曲地抓住法的特性，就像一个人可以通过从内在视角出发解决几何难题从而理解几何学一样，我们也可以通过参与、渗透到法律所具有的思维结构中的思维活动来理解法律。”[③] 法律科学观对“法律的内在可理解性”的信奉进一步表现为“自主的概念主义”（autonomous conceptualism）。之所以是自主的，是因为根据法律形式主义，“法律有一种独立于外在利益（尤其是政治利益）的概

① [美] 格兰特·吉尔莫:《美国法的时代》，董春华译，潘汉典校，法律出版社 2009 年版，第 67 页。

② Richard H. Pildes, Forms of Formalism, 66 *The University of Chicago Law Review*, 1999, pp. 608—609.

③ Ernest J. Weinrib, Legal Formalism: On the Immanent Rationality of Law, 97 *The Yale Law Journal*, 1988, p. 962.

念性和规范性结构”[1]，法律问题的解答能够而且也应当立基于独特的法律素材，而非诉诸法律之外的其他渊源，尤其是不能诉诸社会科学。之所以是概念主义的，是由于法律形式主义追求概念的一致性、和谐性与融贯性，相信法律概念可以从判例法中归纳出来，具体的法律规则从这些概念中演绎而来，通过归纳得出概念，通过概念演绎出规则，结果就得到了像几何学一样自足的、内在一致的、系统化的和理性化的法律体系，并且，通过诉诸这一逻辑体系，可以找到关于任何问题的正确法律答案。[2]

2. 规则形式主义

规则形式主义“以法律是一个封闭的、逻辑的系统这样的假设为开端。法官并不创造法律：在柏拉图哲学的意义上，他们仅仅宣布已经存在的法律，司法的功能与对不断变化的环境适用法律原则毫无关系；它仅仅被限制为发现真正的法律原则是并且实际上已经是什么。这样可以窥探过去的错误，并以这种方式做出较小的纠正，但是一旦得出真理，它将是永恒和不可改变的。一般只能在立法上有所变化，即

---

① [美] 丹尼斯·帕特森:《法律与真理》，陈锐译，中国法制出版社2007年版，第33页。

② See Paul N. Cox, An Interpretation and (Partial) Defense of Legal Formalism, 36 *Indiana Law Review*, 2003, pp. 59—60.

使是立法上的变化也往往换来警惕的、敌对的不信任"[①]。规则形式主义立基于对规则之价值的信奉：规则使得预测主体行为的法律效果成为可能，并因此使得调整主体的行为成为可能；规则防止自由裁量，并使得人们可以声称自己是受法律的治理，而不是受人的统治；规则确保法律是前瞻性的而不是回溯性的。[②]法律由规则构成，遵守法律就是遵循规则，规则规定了具体的法律结论，因此必须得到严格的适用，法官不能自由地得出判决，即便该判决根据案件具体情景来看是最优的判决；即便遵循规则会产生邪恶的结果，法官也不能忽略规则的存在。规则形式主义容忍严格适用规则所可能产生的不正义结果，"只有当有关正义和便利的考虑因素被包含于大写的原则——那些与体系中的其他基本原则相一致的既抽象而又精准的规范——中，这些因素才是相关的"[③]，否则，实质性正义与规则的合理性互不相干。概言之，这种机械的审判理论认为规则可以机械地适用于案件事实，将规则适用于案件事实的过程不过是一种演绎推理程序：以规则

---

①［美］格兰特·吉尔莫：《美国法的时代》，董春华译，潘汉典校，法律出版社 2009 年版，第 94—95 页。

② See Paul N. Cox, An Interpretation and (Partial) Defense of Legal Formalism, 36 *Indiana Law Review*, 2003, p. 68.

③［美］托马斯·C. 格雷：《兰代尔的正统观念》，樊安译，载邓正来主编：《西方法律哲学家研究年刊》（总第 3 卷），北京大学出版社 2009 年版，第 34 页。

为大前提，以案件事实为小前提，共同产生了唯一正确的结果。法庭适用先例时也不过是先从过去的案例中归纳出规则，然后再通过演绎推理得出判决。判决意见不过是对以三段论方式得出的判决结果的正当化。

“……司法制度就好像一个巨大的三段论机器，由外部规定的法律规则提供大前提，先已存在的客观‘真实’的事实提供小前提。法官的工作就是像一个技艺高超且责任重大的机械师一样，去辨识出已被规定的‘正确’规则，他对规则的选择几乎没有合法的自由裁量权。陪审团的职责是尽其所能去发现‘真实’的事实并把这些事实注入这台机器中。作为一个逻辑问题，结论会自己跳出来的。”① 法律首先是确定的，因为法律理由可以证明法律争议有且仅有一种结果。其次，法律推理是自主的，因为只需法律理由就足以证明唯一结果的正当性，无需诉诸其他非法律理由。最后，审判是机械化的，法官在得出法律争议之结论时没有自由裁量权。他们“接受法律的确定性、审判的机械化性质以及法律推理的自动性”②。在他们看来，只要有确定的事实，就一定能确定应适用的法律，从而得出一个正确且唯一的判决，法官客

① Brain Leiter, Positivism, Formalism, Realism, 99 *Columbia Law Review*, 1999, p. 1145.

② Brain Leiter, Positivism, Formalism, Realism, 99 *Columbia Law Review*, 1999, p. 1146.

观地判案，他的判案过程仅仅是对一个明确的、连贯一致的法律规则体进行逻辑演绎得出正确解决方案的过程。法律推理是一个三段论过程：经由历史或逻辑清晰确立的规则或先例是大前提，特定的案件事实为小前提，最终得出的清晰判决是结论。在该过程中，法官的作用只是发现案件所关涉的适当规则和先例并适用它们。一旦法官做到了这一点，他就能确定、统一地判决案件。

法官的审判首先始于以对他们有益的方式来作出语词上的区分并界定概念，然后将这些概念宣布为公理性的，最后将这些公理适用于案件事实，于是得出必然的结果。在机械的审判中，概念通过人为的法律推理过程以逻辑的方式发展出来，其代价却是实际审判结果的丧失，[①] 先辈们得出判决的“合理方法被遗忘，而不合理的结论却被宣布为真理……一种科学的法理学变成了机械法理学……原则不再被用于使规则符合案件，规则变成了固定的、最终的形式，案件必须符合这些规则”[②]。法官过度沉溺于抽象的法律概念，脱离了这些概念适用的具体情景；对社会与个人的利益视而不见；认为将一个法律规则或概念的本质与法律后果相区分是可能的，从而应当脱离实际效用对概念进行抽象的思考；无视法

① See Roscoe Pound, Liberty of Contract, 18 *The Yale Law Journal*, 1909, p. 457.

② Roscoe Pound, Mechanical Jurisprudence, 8 *Columbia Law Review*, 1908, pp. 606—607.

律的目标和宗旨，拒绝追问“法律为什么是这样的”；将法律科学的概念和方法归入数学当中，所有的法律推理都成了纯粹的计算与逻辑推演问题。[①] 这样的机械审判典型地体现在 1905 年的洛克纳诉纽约州 [②] 一案当中。联邦最高法院判定纽约州的《面包坊法》违反联邦宪法第十四修正案的规定——任何州非经正当程序不得剥夺任何人的生命、自由和财产。佩克汉姆大法官（Justice Peckham）撰写的多数意见认为：“限制雇员在雇主的面包房中工作的工时数，这项立法必然干涉了雇主与雇员间的合同自由。签订与自己的生意有关的合同，这一基本权利是联邦宪法第十四修正案保护

① 参见［英］H. L. A. 哈特：《耶林的概念天国与现代分析法学》，载［英］H. L. A. 哈特：《法理学与哲学论文集》，支振锋译，法律出版社 2005 年版，第 280—281 页。

② Lochner V. New York, 198 U.S. 45(1905).1895 年，纽约州通过了《面包坊法》（*Bakeshop Act*），规定面包制作业必须为工人提供卫生的工作环境，并减少工时。受此法打击最沉重的是小面包业主，他们的雇员总数通常不超过 5 人。洛克纳正是纽约的一个小面包房主人，他认为，这个立法侵犯了他的“合同自由”。而合同自由的概念是从宪法第 14 修正案中的“同等保护”条款引申出来的，所以这个立法侵犯了他的宪法第 14 修正案权利。他被判罚款后上诉，在纽约州最高法院以 3 比 2 败诉，在联邦上诉法院以 4 比 3 败诉，最后在联邦最高法院以 5 比 4 胜诉。多数意见认为：合同自由就是买卖劳动力的自由，属于宪法第 14 修正案保护的自由的一部分。纽约州的法律是对“雇主在某种情况下允许工人在他的作坊里工作 10 小时以上的一项禁令”，这项法律也杜绝了工人“挣一些额外收入”的机会，所以这项法律侵犯了面包坊主洛克纳和他的雇工之间的合同自由。

的个人自由的一部分。……买卖劳动力的权利是第十四修正案保护的自由的一部分。"[①] 这一判决之所以是形式化的，不仅因为它的结果，也因为它的推理过程。在结果上，它奉行"上帝只帮助自助的人"的社会达尔文主义，尊崇自由放任主义，无视经济和社会的不平等，阻止通过社会立法扩大社会福利、保护弱小者，实际上损害了雇员的实质权利。"政府对经济的规制不仅是不可欲的，也是不必要的，因为合同自由本身就确保了在所有个体之间都存在一种讨价还价的平等权利。在一个体现最小强制和干预的经济制度中，每个人都平等地享有不受限制地参与或拒绝参与经济交易的权利。"[②] 在推理过程上，它将判决结果描绘为逻辑上必需的唯一选择，"合同自由这一概念构成了逻辑推演的基础。法院并没有去探究当把合同自由这一概念运用到具体情形中，这一逻辑推演会产生何种实际后果"[③]。

可见，法院审判中的形式化风格与法学院中流行的概念形式主义并没有什么不同，它们强调的都是逻辑演绎推理，审判本质上是一种逻辑演绎，认为判决意见就是运用纯粹的

---

① Lochner V. New York, 198 U.S. 53(1905).

② Neil Duxbury, *Patterns of American Jurisprudence*, Oxford University Press, 1995, p. 27.

③ Roscoe Pound, Mechanical Jurisprudence, 8 *Columbia Law Review*, 1908, p. 616.

司法推理形成一个不可避免的结论，“法律规则决定案件，政策是立法的事情，而不是法院的事情，发生在普通法上的变革也是立法的事情。判决意见以演绎推理的形式写就并且具有单向必然的基调和表达方式。‘原则’是可以产生秩序的一种一般概括，它能够而且也应当用来去除那些不符合（整体秩序）的异常规则和案件……”①。在形式化的审判中，结构完整、概念与规则和谐、逻辑清晰成了美学目标，法律所应具有的功能性的美——对政策的考量、对技术之准确度的把握、对待审案件的正义、对未来的正确指引以及适宜的判决意见通通被遗忘，唯有权威、形式与逻辑本身受到法官的重视。“权威就是权威；逻辑就是逻辑；确定性就是确定性；法官的情感和智慧在法律工作中并没有一席之地；美学追求的是冷冰冰的明晰性。这种冷冰冰的明晰性并不是通过发展先例的意义来实现的，而是通过削减那些（本有利于法律之成长却）不利于结构之明晰的因素实现的。”②

---

① Karl Llewellyn, *The Common Law Tradition: Deciding Appeals*, Little Brown and Company, 1960, p. 38. 本书写作中，涉及该书的引文参考了陈绪纲诸君的译本（[美] 卡尔·N. 卢埃林:《普通法传统》，陈绪纲等译，中国政法大学出版社 2002 年版），在此表示感谢。

② Karl Llewellyn, On the Good, the True, the Beautiful in Law, in Karl Llewellyn, *Jurisprudence: Realism in Theory and Practice*, University of Chicago Press, 1962, pp. 183—184.

（二）法律形式主义的确定性诉求

法律形式主义追求绝对的确定性。“法律这个概念，蕴含了统一性、规则性和可预测性诸理念。依照法律展开的司法活动，是受法律规范尤其是规则支配的。……具体案件的需要，必须服从法律规范之一般性和确定性的需要，也必须服从规范适用之统一性和平等性的需要。”① 在卢埃林看来，这是一种对基础的渴望：“在圣经考证与达尔文、斯宾塞的‘战火’中，那些坐在审判席上的年长的法官们在另一个最为稳固的基础上找到了安慰，他们喜欢权威甚于喜欢扩张解释，他们喜欢能带来明晰性和体系化的法律方法，哪怕代价是要砍掉利于法律发展的枝叶。”② 这种对基础的渴望乃是对某种“必然之事”的信奉与寻求。这种“必然之事”具有伦理与道德上的中立性，它为人之行为（包括法官的审判行为）设定了条件和限制，据法司法就是在法官的偏离权限受到严格限制的既定体系中根据确定的法律进行审判。③ 这种

---

① ［美］罗斯科·庞德：《法律与道德》，陈林林译，中国政法大学出版社 2003 年版，第 114—115 页。

② Karl Llewellyn, On the Good, the True, the Beautiful in Law, in Karl Llewellyn, *Jurisprudence: Realism in Theory and Practice*, University of Chicago Press, 1962, p. 184.

③ See Karl Llewellyn, On the Good, the True, the Beautiful in Law, in Karl Llewellyn, *Jurisprudence: Realism in Theory and Practice*, University of Chicago Press, 1962, p. 197.

“必然之事”根源于教条主义的确定性幻觉，坚信“法律是正确的，正确的就是永恒的，在一个特定的情形中，只可能存在一个正确的答案”。[①]认为“应当有、必然有、也只能有一个唯一的正确答案，如果有多种答案，那就是错误的，是违反本质的。如果运用到法律治理当中，在实践上就会是颠覆性的”[②]。

因此，“法律推理应该仅仅根据客观事实、明确的规则以及逻辑去决定一切为法律所要求的具体行为。假如法律能如此运作，那么无论谁作裁决，法律推理都会导出同样的裁决。审判就不会因为人的个性差异而变化。法律和法律推理将足以使律师有信心地去预测政府官员的行为。法官就可以无需判断力而裁决案件。评论者也可以有信心说，司法判决是依法作出的”[③]。只要建立一套完整、精密和恒定的原则和规则体系，就能确保法律普遍、稳定和永久地存续下去，规则能够助长案件的可预测性和确定性，规则预先规定了案件结果：“……法律确定性，是以演绎推理为基础对一个诉讼

---

① Karl Llewellyn, Frank's Law and the Modern Mind, in Karl Llewellyn, *Jurisprudence: Realism in Theory and Practice*, University of Chicago Press, 1962, p. 108.

② Karl Llewellyn, *The Common Law Tradition: Deciding Appeals*, Little Brown and Company, 1960, p. 213.

③［美］史蒂文·J. 伯顿：《法律和法律推理导论》，张志铭、解兴权译，中国政法大学出版社 1998 年版，第 3—4 页。

案件结果的预测，而演绎推理则以内容已经确定的法律规则为前提。”[①] 法官们具体通过遵循先例原则来保证这种“唯一正解”式的法律确定性，“……遵循先例原则赋予了已决案件对其他后来案件的权威性力量，而不论此已决案件后来是否会被认为在判决过程中没有适当地依据原则。……和‘原则’不相一致的那么一两个判决可能会被当成‘不好的权威’而被搁置起来，在其被推翻之前却从来不会完全不被考虑。然而一系列既定先例，尽管起初与‘原则’并不相一致，却成了具有约束力的法律，并且这个无缝的原则之网也必须被重新布置以容纳此一系列先例”[②]，以确保先例及其体现的规则与原则整体上看起来具有一致性、连贯性和确定性。

总之，法律形式主义“把理想的然而就其性质而言是暂时的和纯粹主观的概念视为一种具有永久性的客观实体……结果是把整个实在法体系——一种先验的东西——限定在数量有限的逻辑范畴之中，而这些逻辑范畴本质上又是预先确定的、基础上不可动摇的，受毫无灵活性的教条支配，并因

---

① Karl Llewellyn, *The Case Law System in America*, Paul Gewirtz(ed.), Michael Ansaldi(trans.), University of Chicago Press, 1989, p. 76.

②［美］托马斯·C. 格雷:《兰代尔的正统观念》，樊安译，载邓正来主编:《西方法律哲学家研究年刊》(总第 3 卷)，北京大学出版社 2009 年版，第 42—43 页。

此无法使自身顺应生活中永远变化且正在变化的事件”[①]。它为法律体系所设定的标准是全面性、完整性、形式性、概念序列和可接受性，主张“一批由精准客观的（形式性的）术语所表述的最低等级规则——它们之中只有一者可以适用于某一事实情形——产生出了这些唯一正确的判决，这些判决是为了法律体系可以实现完整而需要的。这些规则可以从一些最高等级的基本原则推理而来，而这些原则自身又是依据科学标准从众多的先前判决中归纳出来的。这些原则必须要相对少量且相互一致（有概念序列），有独立的吸引力（可以接受）并且还必须要协调大多数已决案件（遵循先例）。当一种无现存规则可供适用的情形发生了，适当的规则必须是从现存原则——经由抽象表述，它们毫无遗漏地、明确地涉及所有潜在案件——推论而来的。在审判一个全新的个案时或者制定出一条最低等级规则去处理它时，对可接受性的直接诉诸受到了概念序列这一要件——它对确保体系的完整性又是必需的——的排除。理想状态是，每个判决都是遵循‘原则’的；即决定此判决的规则是通过逻辑推理从一些抽象规范——它们本身就内在于体系的现存判例之中——中

① [美]本杰明·卡多佐:《司法过程的性质》，苏力译，商务印书馆1998年版，第27页。

得出的"[①]。它"满足于通过逃往观念领域这种形而上学替代物来满足确定性的寻求"[②]；以为"逻辑是在法律发展中发挥作用的唯一力量……逻辑的方法和形式满足了植根于每个人心中的对确定性与和谐的寻求"[③]。它在法律理论中坚持概念主义，在审判实践中坚持规则形式主义，无视案件的具体情景，从抽象概念中演绎推理出案件结果，严格遵循先例，变动中的社会需要不在法官判案的考量范围内——好像司法程序是一个自动售货机一样，将作为大前提的法律规则和作为小前提的案件事实放进去，就会自动售出作为结论的案件裁决。

---

① [美] 托马斯 · C. 格雷:《兰代尔的正统观念》，樊安译，载邓正来主编:《西方法律哲学家研究年刊》(总第 3 卷)，北京大学出版社 2009 年版，第 55 页。

② [德] 尤根 · 哈贝马斯:《论杜威的〈确定性的寻求〉》，童世骏译，载 [美] 约翰 · 杜威:《确定性的寻求——关于知行关系的研究》，傅统先译，上海人民出版社 2005 年版，第 3—4 页。

③ Oliver Wendell Holmes, The Path of the Law, in Oliver Wendell Holmes, *Collected Legal Papers*, Peter Smith, 1952, pp. 180—181.

二、卢埃林对法律形式主义的反叛

（一）对法律形式主义的批判

根据卢埃林的看法，法律形式主义是概念主义的、规则中心的、无视先例原理的两面性、忽略法官裁决案件的实质理由。卢埃林对概念主义和法律规则所引起的种种混淆的批判是从概念和法律规则的内部结构进行的理论批判；他对美国判例法体系下遵循先例学说与忽视实质理由的批判则是对行为与规则在具体司法实践中发生分离的检审。

1. 概念主义

卢埃林对法律形式主义的概念主义提出了三点批判意见。第一，无视“定义”与“概念”自身的局限性，“一项定义既有所排除，又有所囊括。它标示出一个领域；它使得一些事项落入该领域；使得一些事项被排除在外。而且这种排除几乎总是相当专断的。我不想从法律事项中排除任何东西”[①]。并且，“范畴和概念一旦被确切表述和进入思维过程，就倾向于呈现出稳固性、真实性以及没有经验基础的内在价

① Karl Llewellyn, A Realistic Jurisprudence—The Next Step, 30 *Columbia Law Review*, 1930, p. 432.

值等表象”[①]。

第二，将逻辑与概念当成了目的本身，强调形式上与概念上的一致性，不考虑适用这些概念的具体情景。例如，在诸多合宪性审查案件中，“合同自由”概念最初设想的法律关系主体社会经济地位大致平等这一具体情景已经发生改变，用人为的一般化标准去审查概念的合宪性，妨碍对案件事实的有效考察，导致对具体案件之特定事实的歪曲或忽视。“问题的重心并不在于事实。对法院判案而言，它必须依据某些在一切时空条件下都有效的普遍命题作出裁决。……在涉及合宪性的普通案件中，法院并没有一个获得事实的机制。它必须以一般性的知识和统一适用的公认原则为基础作出判决。”[②]法律形式主义倾向于把逻辑、形式等人造物视为法律的目的，反而忘记了法律所服务的目的；根据是否符合某一封闭的法律体系来评判原则与规则，而不是根据这些规则和原则引致的结果来评判它们，法律形式主义所犯的错误在于，“拒绝使规则和先例服从于能满足社会需要的结果”[③]，在概念与逻辑外衣的掩盖下，法律形式主义反倒

---

① Karl Llewellyn, A Realistic Jurisprudence—The Next Step, 30 *Columbia Law Review*, 1930, p. 453.

② Roscoe Pound, Liberty of Contract, 18 *The Yale Law Journal*, 1909, p. 469.

③ Anthony J. Sebok, *Legal Positivism in American Jurisprudence*, Cambridge University Press, 1998, p. 106.

可以推行某种经济偏见，例如上文提及的洛克纳诉纽约州一案，法院就通过对合同自由这一概念的形式主义解释，奉行自由放任的经济理论。

第三，错把三段论的形式逻辑当做逻辑的唯一模型，忽略了逻辑的另一种模型——试验性逻辑。[①] 形式逻辑旨在成为一种严格证明，强调固定形式的逻辑，是既有概念间的抽象关系，而不是在具体情形下实现明智判决的方法，也不是为公共利益或长远利益而调整争议问题的方法。形式逻辑崇尚三段论：首先必须要有一个固定的一般原则作为大前提，然后必须有一个本质上可以涵摄于大前提之下的事实作为小前提，最后结论自然而然就出现了。例如，在“所有的人都会死，苏格拉底是人，所以苏格拉底会死”这一命题中，“所有的人都会死”是大前提，“苏格拉底是人”是小前提，结论就是“苏格拉底会死”。根据形式逻辑，任何一个恰当的逻辑结论都将一个特殊命题涵摄于一个普遍命题之下。这意味着，对于每一个潜在的案件而言，都存在一个可用的先前规则，通过直接调查简单明确的案件事实，总是能裁决案件。事实上，形式逻辑本身并没有什么过失，关于苏格拉底与人的表述并没有什么错，说苏格拉底会死也确定无疑。错

---

① See John Dewey, Logical Method and Law, in William W. Fisher Ⅲ, Morton J. Horwitz & Thomas A.Reed(eds.), *American Legal Realism*, Oxford University Press, 1993, pp. 188—191.

就错在法律形式主义在运用逻辑方法时把它视为"至高无上而且是终极性的"①，使之失去了与现实生活和案件事实的关联，使得结论与思维的具体运作过程并没有什么关联：苏格拉底有一天当然会死，但苏格拉底会在哪一天、以哪种方式死亡并不能从大前提与小前提中推论出来。试验性逻辑强调的不是形式、概念的和谐一致，而是作为大前提的一般概念或原则与作为小前提的具体事实的互动关联。"大前提陈述的'一般原则'并不先于或外在于具体案件，它也不是从许多案件中归纳出来的某种集合。它暗示了一种为某种目的或结果而处理多种多样的案件的方法。其意义与价值只能在调查与审视发生了什么、产生了什么结果、它何时被用作一种方法时才能得以显现。"②人们的思考通常并不始于大前提，而是始于对某一结论的模糊预期，然后寻找支持该结论的原则与数据。形式逻辑与试验性逻辑分别对应着解释说明的逻辑与调查研究的逻辑。对调查研究而言，情况总是会有疑点、不确定或有成问题的地方，所有事实在结论得出之前都可能具有两面性；而对于解释说明来说，则已经找到了确

① [美] 本杰明·卡多佐：《司法过程的性质》，苏力译，商务印书馆1998年版，第26页。

② John Dewey, Logical Method and Law, in William W. Fisher Ⅲ, Morton J. Horwitz & Thomas A.Reed(eds.), *American Legal Realism*, Oxford University Press, 1993, p. 190.

定无疑的答案。在卢埃林看来，这一点对于司法审判尤其重要：法院的实际推理与裁决过程运用的是调查研究的试验性逻辑，先有某个模糊的结论，然后再寻找相关的事实和规则去佐证这个预先猜想的结论；而法院解释说明裁决过程的司法意见书则通常以形式逻辑的方式写就，以看起来唯一确定的方式证明判决的正当性。“判决意见根本不被视为一个论证合理的正当化论证，而‘纯粹是一个理性化过程’，……它通常意味着：（1）错误的；（2）骗人的；（3）就像一张任何人无须任何证据就能填充的空白表格一样，可以为任何可想到的最肮脏的潜藏动机做掩饰。”① 法律形式主义错把形式逻辑当做逻辑的全部，混淆了法官实际作出判决的过程与法官证明其判决正当的过程，混淆了“法官实际做了什么”与“法官实际说了什么”，无法透视到法官可能通过判决意见的方式掩盖其不正当的目的。

2. 规则中心主义

卢埃林认为规则中心主义的弊端并不在于规则本身的无能，② 而是由于以规则为中心理解法律会引致诸多混淆：“把

---

① Karl Llewellyn, *The Common Law Tradition: Deciding Appeals*, Little Brown and Company, 1960, p. 12.

② 相反的观点参见 L.L.Fuller, American Legal Realism, 76 *Proceedings of the American Philosophical Society*, 1936, pp. 209—210. 在富勒看来，卢埃林对规则的不信任“与其说是源于他坚信规则不可能完成人们施加于其上的使命，不如说是源于他坚信规则在本质上就是无能的”。

律令或规则，或者作为规则之逻辑对应物的权利——总而言之，语词——用作思考法律的参照中心这一做法阻碍了对法律问题的明晰思考。”[①] 关于规则中心论的弊端，他进一步提出了三点具体批评。

第一，以规则为中心的法律观使得对法律规则的讨论远离对事实本身的审查，使得各种事实被模糊化。那些想要推销其改革方案的理论家常常借助这种模糊事实的方法来达到其目的。[②]

第二，规则概念本身具有多重模糊性。一条规则本身可以是规定性的，也可以是描述性的，或者既是规定性的又是描述性的。理论家们讨论规则的时候，很少意识到规则不同层面的含义，不知不觉地从一层含义跳到另一层含义。此外，“无论是描述性的还是规定性的，极少有人去厘清被规定或被描述的是谁的行为和什么行为”[③]。比如，说某项规则规定了一种行为，这是意味着“法院实际上在根据该规则推进诉讼”还是意味着“法院总是在某种情形下重申该项规则”？是意味着“人们在根据该规则引导自己的行为”还是

---

① Karl Llewellyn, A Realistic Jurisprudence—The Next Step, 30 *Columbia Law Review*, 1930, p. 442.

② See Karl Llewellyn, A Realistic Jurisprudence—The Next Step, 30 *Columbia Law Review*, 1930, p. 438.

③ Karl Llewellyn, A Realistic Jurisprudence—The Next Step, 30 *Columbia Law Review*, 1930, p. 439.

意味着“人们依规则暗示他们应当去做的那样引导自己的行为”？

第三，与上述情况相关联的是，规则经由权利、利益的包装，无法反映现实生活中的现实行为。在各种法律规则相互冲突的情况下，权利及其秘密引进的正当观念支持一些规则而拒斥另一些规则，从而掩盖了纸面规则之间的不一致。此外，以规则为中心的利益—权利—救济的分析模式将语词作为中心，假定表达法律规则的语词准确和有效地影响着人们的行为，促使人们遵守这些语词表达出来的法律规则。①也就是说，规则中心论既包含了描述层面的假定，也包含了规范层面的假定，这意味着，如果一项规则是对已经被接受的行为的正确描述，那么将来的行为也应当是如此的。它不仅陈述了曾经的行为，还规定了将来的行为。②这就混淆了应然和实然间的关系：一方面，它假定法院、法官的行为符合书面规则所规定的应然状态；另一方面，它还假定书面规则所规定的应然状态制约着有利害关系的法律外行人的实践活动，支配着人们的行为。这一应然和实然的混淆致使人们不再追究法院、法官以及法律外行的行为是否真的符合法律

① See Karl Llewellyn, A Realistic Jurisprudence—The Next Step, 30 *Columbia Law Review*, 1930, pp. 443—444.

② See Karl Llewellyn, *The Bramble Bush:On Our Law and Its Study*, Oceana Publications, 1960, p. 71.

的要求，是否真的与法律规则所规定的应然状态相一致。而更为重要的是，这种混淆会致使人们不再追究规则本身是否真的描述了实际行为，也不再追究规则所规定的应然是否正当。由此，卢埃林经由揭示概念主义与规则中心论所信奉的纸面规则引起的种种混淆，揭示出了行为与规则发生分离的可能性，进而追问："被接受为权威的规则和审判实践是如何、是在多大程度上以及是在什么方向上分离的，在每个案件中又是如何、在多大程度上分离的？"①

3. 无视先例原理的两面性

遵循先例原理的核心假设是：法官的判决意见书中载明的判决理由就是决定该案的法律规则，一条业已确立的法律规则具有控制性（controlling）的性质，法律规则在理论上提供了作为任何法律体系之先决条件的稳定性和连续性，因而，律师与法律外行（社会公众）一般而言都能相当准确地预测关于某一特定问题的未来司法行为。② 在卢埃林看来，恰恰与此相反，先例所确立的规则与法官的实际行为发生了分离，根据判决意见载明的规则并不能准确地预测未来的司法行为，它并没有为律师或法律外行提供据以预测法院就某

---

① Karl Llewellyn, A Realistic Jurisprudence—The Next Step, 30 *Columbia Law Review*, 1930, p. 444.

② See David E.Ingersoll, Karl Llewellyn, American Legal Realism, and Contemporary Legal Behavioralism, 76 *Ethics*, 1966, p. 255.

一特定问题将会如何行为的准确指引，它也没有提供所承诺的确定性。[①] 卢埃林认为遵循先例原理具有两个方面的欠缺。

其一，与规则本身包含的实然与应然假设相一致，传统先例原理也包含着描述层面和规范层面的假定。“有一个伦理因素已经进入了这一图景中。法院（以及其他公职人员）不仅行为，而且应当继续他们以前的行为。……一个人一直以来的行为，变成了‘应当’的东西；也就是说，某种一直以来的行为已经不仅仅是那些被期待的东西，而且这些事情的发生将是受欢迎的，不发生则是会受到埋怨的。”[②] 严格遵循先例的法官就像《猎鲨记》中的那位敲钟人一样，相信凡事说过（或做过）三遍就一定是正确的。[③] 如此而来，一方面，在描述的层面，它假设一项法律规则准确地描述了法官在过去案件中的实际行为。这一假定本身是可争辩的，一个

---

① 需要注意的是，卢埃林在这里把规则规制的主体主要限定为法官。这是由于卢埃林认为，在判例法体系中，通过观察法官的行为可以了解律师、法律外行的行为：“除了与人们将如何根据法院的行为行事有关之外，法院将要做什么并没有其他的意义。因为，现实生活中法律的意义和律师实践的意义并不在于其对于法院而言的意义，而在于其对法律外行人而言的意义。” Karl Llewellyn, *The Bramble Bush: On Our Law and Its Study*, Oceana Publications, 1960, p. 24.

② Karl Llewellyn, *The Bramble Bush: On Our Law and Its Study*, Oceana Publications, 1960, p. 65.

③ 参见［美］费利克斯·S. 柯恩：《荒唐的先验与功能主义进路》，周望译，载冯玉军选编：《美国法律思想经典》，法律出版社 2008 年版，第 54 页。（转下页）

显而易见的事实是，法官并不会严格根据三段论模式思维，况且，即便照规则行事，规则的形式逻辑也并不能确保案件结果的准确性，因为对大前提（也即对该案有约束力的规则）的选择取决于不同法官的主动性。① 另一方面，即使可以假设“书本上的法律”准确地描述了司法行为，先例原理所包含的规范层面的假定也是站不住脚的。在规范层面上，传统先例原理假定过去的司法行为应当是未来案件之判决的规范性规定。这不仅意味着，当前案件的案件事实必须与先例中的案件事实具有充分的相似性，而且意味着，先例中的法官对案件事实的处置行为是正确的。然而，作为法院判决

（接上页）《猎鲨记》（*The Hunting of the Snark*）是《爱丽丝梦游仙境》的作者刘易斯·卡罗（Lewis Carroll）1874 年创作的打油诗，1876 年由麦克米伦出版社首次出版。

“鲨鱼就是出现在这里！敲钟人喊道，
他将船员们小心地送到岸上；
祝福着潮头的水手，
他将头发缠绕在指头。
鲨鱼就是出现在这里！我已经说了两遍了：
应该已经足够激励船员了。
鲨鱼就是出现在这里！我已经说了三遍了：
我说过三遍的东西都是正确的。”

① 法官们对法律规则“要么充耳不闻——宣称它们是纯粹的纸面规定、失效的法令或者过时的案例；要么部分听信——但只是口头上遵循规则，而实际上却以另一种方式行事；要么完全听信——宣称规则十分准确地符合了官方实践”。Karl Llewellyn, A Realistic Jurisprudence—The Next Step, 30 *Columbia Law Review*, 1930, p. 449.

之基础的案件事实并非是发生在争端当事人间的原初事实，而是被筛选、被染色后的事实，它先后经过初审律师、初审法院、上诉律师以及上诉法院的筛选。在这种筛选过程中，法官的个性、法律上不可预见的诸多因素、各种经济力量和社会力量都会起作用。这就引发了关于根据一系列假定的事实制定的法律规则与法院对法律规则形成前之事实的解释方式之间的区分。逻辑上是先有对事实的解释和确认，而后适用一个与之相符的规则。实际情况却与此相反，当前案件的法官常常根据其选定的规则和心中的判决结果去解释和塑造案件事实。① 而就先例中法院的行为（法院的判决）是否一定正确而言，美国判例法体系中偏离原则的存在已经表明先例不一定都是正确的。

其二，先例原理本身具有两面性。在先例的司法意见书中表达的判决理由、先例法院的法官们自己关于案件规则的观点以及为当前案件的法院所支持的真实的案件规则之间是存在区别的。② 由于法官拥有偏离先例的权限，从而能通过解释来重新限定先前案件中的判决和附带意见，事实上，这种偏离使得法官重写了先前案件判决所确立的法律规则。后

---

① See Karl Llewellyn, *The Bramble Bush: On Our Law and Its Study*, Oceana Publications, 1960, p. 61.

② See Karl Llewellyn, *The Bramble Bush: On Our Law and Its Study*, Oceana Publications, 1960, p. 52.

来的法官总会发现之前的先例判决既有能适用于当前待决案件的合法规则，也能从另外的先例判决中发现与之相反的合法规则。因而，后来的法官总是面临着这样一个不确定的两难困境：他必须在这些相互竞争和冲突的规则中做出选择以判决当前的待决案件，然而，尽管所有的先例都暗示了一组可适用的规则，但是，在任何案件中都存在相互冲突的规则会引致相反的结果。[①] 此外，在这些不相容的规则中，哪一个或哪一些规则将决定案件结果，在普通法制度中是不确定的。这是由于，普通法传统中解释先例原理的原则也是双重的：就先例的判决与判决意见是否均能对后来的待决案件具有约束力而言，它既支持宽松的遵循先例原理，也支持严格的遵循先例原理。[②] 具体说来，宽松的先例原理认为过去的判决意见的所有言辞都是法律（不论是判决还是判决的附带意见），或者，认为判决意见中“法官选择来用以决定案件的要点，以及法官经由合理论证而选择放弃的要点”是法律。宽松的先例原理是一种利用能支持待决案件之先例的技巧。[③] 严格的先例原理是用来削减不能支持待决案件之先例

① See Karl Llewellyn, Some Realism about Realism: Respounding to Dean Pound, 44 *Harvard Law Review*, 1931, p. 1252.

② See Karl Llewellyn, *The Bramble Bush: On Our Law and Its Study*, Oceana Publications, 1960, pp. 61—69.

③ See Karl Llewellyn, *The Bramble Bush: On Our Law and Its Study*, Oceana Publications, 1960, pp. 67—68.

的约束力的技巧，也就是将待决案件与先例区别开来的技术。这种严格的先例原理认为附带意见对后来的待决案件没有约束力，先例所创立的规则只能适用于具有精准相关性的案件事实。从而，在每一个事实情景中，法官通过援引宽松的或严格的先例原理，都可以对相关先例所创立的规则进行至少两种不同的解释，适用不同的解释会产生不同的结果，且这些结果之间是彼此矛盾的。因此，先例原理有两个头，它是杰纳斯的脸，它“并非是一个原理，也不是一条原理的路线，而是两个原理，这两条路线同时适用于相同的先例，但是这两个原理又是彼此冲突的。一个原理是要清除那些被认为是棘手的、麻烦的先例，而另一个原理则是要利用那些看起来有助益的先例。只有你看到这个学说的双面性，你才会具体感受到，你能够预测到的、仅仅从规则中获得的东西是多么的少；你才会感受到，为了预测的目的，你必须在多么大的程度上转向考察法官为了应对事实以及应对围绕在法官周围的生活而采取的行为”①。卢埃林打破了一直以来在遵循先例原理与法律的确定性之间虚幻的必然联系，“认为先例产生了……确定性……的人们并不了解他们生活于其中的

① Karl Llewellyn, *The Bramble Bush: On Our Law and Its Study*, Oceana Publications, 1960, p. 68.

先例制度”[①]。

4. 忽略法官裁决案件的实质理由

在普通法传统中，证明判决合理性具有两种力量来源。一种力量来源于遵循先例学说的一般理由在待决案件中的运用，这些一般理由通常源出于对形式正义——主要是类似案件类似处理——的要求，“形式正义的要求，至少构成了遵循相关先例的一个前提性理由。形式正义不但要求判决与先例相一致（回顾性要求），还在作判决时考虑到对未来类似案件的影响（前瞻性要求）。……法官在处理手头的私人纠纷时，理应慎重对待其所负的责任，最起码的责任，就是遵照与当下案件的要点相同或相近的先例进行裁判。至少，形式正义要求法官裁断当下案件的理由与实质上与之相同的其他案件不能有太大的出入”[②]。另一种力量来源于被遵循的特定先例蕴含的良好的实质性理由，包括良好的社会目标、与正义的社会道德规范相一致等。法官在案件中给出的实质理由是普通法传统的一个合理要求，这意味着现在判决某一案件所采用的理由可能也为将来遇到的同样案件所采用。这两种力量来源都看重裁决案件所依赖的理由。“我们必须意识

① Karl Llewellyn, *The Bramble Bush: On Our Law and Its Study*, Oceana Publications, 1960, p. 69.

②［英］尼尔·麦考密克:《法律推理与法律理论》，姜峰译，法律出版社 2005 年版，第 71 页。

到，［法院的］判决意见通常仅仅是事后的正当化证明，仅仅使得判决对于法律听众而言看起来是合理的，而事实上，判决在书写判决意见之前就已经形成，而真正的判决理由却可能从来不为我们所知。另一方面，我们也必须记住，在任何案件中，判决意见都可能揭示了真正的裁决过程，无论如何，它都是影响将来的相似案件与其他法院的一个有力因素。”① 也就是说，先例只有同时满足如下两个条件才能为当前待决案件提供清晰的指引：其一，先例陈述关于处理案件事实的一般规则时，必须表明清晰的实质理由，而不能仅仅说存在处理该事实的规则；其二，先例陈述的理由是有意义的。“如果法官能有意识地解释，为什么他们认为一个或一组特定的先例以他们在当前案件中塑造该先例的方式进行解释（或区分、遵循）是重要的……那么，就能加速制定出能指引和控制我们的更好的规则。”②

然而，在司法的形式化风格中，一个判决的合理性来源于“遵循先例”这一行为，就一个类似案件而言，只要后来的法院遵循了已决案件（先例）所确立的原则或规则，那

① Quoted in N. E. H. Hull, *Roscoe Pound and Karl Llewellyn: Searching for an American Jurisprudence*, University of Chicago Press, 1997, p. 178.

② Karl Llewellyn, Impressions of the Conference on Precedent, in Karl Llewellyn, *Jurisprudence: Realism in Theory and Practice*, University of Chicago Press, 1962, p. 126.

么，该判决就是合理的；该先例自身蕴含的良好的实质性理由并不在考量范围之内。一方面，裁判的前瞻性要求被忽略，只求在过去的裁判中寻得支持当前待决案件的规则和原则，却无视当前的待决案件一旦作出裁决，也是在为将来的类似案件确立先例："对于将来的问题，它始终保持缄默。"① 另一方面，法官把遵循先例仅仅视为屈服于权威，无视先例中蕴含的实质性理由，当就待决案件出现相互冲突的先例时，他们不去甄别支持每一个先例的那些实质理由，而是去寻找先例与当前待决案件形式上的相似性。"对尚无先例的新的案件，唯权威是从的法官可能会真正感到如履薄冰。对他们来说，法律纯粹由权威组成，而这些情况下权威却了无踪影。他们宁愿把裁判建立在没有真正拘束力的先例之上，也不愿在可利用的实质理由基础上创造出一个新的先例"②。

概言之，在卢埃林看来，法律形式主义本质上是一种自我欺骗，幻想每一个新出现的案件都应当从业已存在的法律规则中演绎推论出判决。③ 法律形式主义高度的抽象化与一体化只不过是空洞的、外强中干的堡垒，其哲学上的整体化

① Herman Oliphant, A Return to Srare Decisis, 14 *American Bar Association Journal*, 1928, p. 75.

② [美] 罗伯特 · S. 萨默斯:《美国实用工具主义法学》，柯华庆译，中国法制出版社 2010 年版，第 172—173 页。

③ See Karl Llewellyn, *The Case Law System in America*, Paul Gewirtz(ed.), Michael Ansaldi(trans.), University of Chicago Press, 1989, p. 48.

与早期古典自由主义奉行的自由放任主义联姻，共同成为维护现行财富与权力分配的工具，其形式化的“真理”倾覆了变动不居的生活现实所具有的丰富性。规则中心主义与形式化风格关注的是官方的权威与规则，混淆了实然与应然，将重心放在法律规则规定的应然状态，而不是去观察法院实际上的判决结果；总是试图诉诸某一终极权威所提供的确定性与稳定性，而无视规则、法律以及社会自身的流变性。形式化风格倚重的三段论推理不过是一种伪推理，它无视先例原理的两面性，假定倘若存在一条法律规则，就一定会得出一个确定的结论。[①] 形式化风格隐蔽了法官必要的创造性活动，表面上提供了明晰性和确定性，实际上产生了混乱和不确定，在并不存在确定性的地方鼓吹确定性，纸面规则尽管旨在通过描绘过去的司法行为从而提供预测未来司法行为的基础，但实际的预测过程仍会因司法操控的存在而极端困难。在实际的审判过程中，逻辑事实上并不是决定性的因素，法官可以在形式规则的掩盖下明目张胆地促成他个人的政策偏好。其结果是，形式化的司法不仅产生了法律上的无序（不可预测性），而且还可能产生司法上的不公和不义。这就意味着，对律师与法律外行而言，法律总是不确定的。这原本

---

① See Karl Llewellyn, Legal Tradition and Socail Science Method—A Realist Critique, in Karl Llewellyn, *Jurisprudence: Realism in Theory and Practice*, University of Chicago Press, 1962, pp. 88—91.

并不是规则自身有什么不对，法律规则确实为法官的判决提供了一部分有效的指引，但并未达到规则中心论者所声称的那种程度。他致力于揭示出法律规则之运用的不确定性以及“唯一真理”的不可能性，关注行动中的法——包括诉讼案件的结果、法律规则处理纠纷或指引法律外行之行为的作用、先前的规范性原则和各种社会态度对法律行为的影响。一句话，他以行为代替规则，寻求一种现实的确定性。

（二）反叛所体现出来的理论性情

卢埃林虽然批判法律形式主义所奉行的概念主义、规则中心论以及司法实践中的形式化风格，但是，从根本上，他并不反对法律形式主义的根本目标——确定性。[①] 在他看来，“法律确定性这一词语在大多数法律人的头脑中，似乎会产生这样一种印象——这所要求的是仅仅能够演绎性地适用一个已经存在的法律规则。我们已经习惯了这样思考问题，尤其是司法意见书和法律话语总是必须以这种方式被装扮起来，以便能够获得社会性的接受。但是，我的主张却并

---

① 庞德作为进步主义者，秉承功利原则，视法律为社会变革的工具，旨在回应的是普通法的外部危机——社会公平的丧失；而现实主义者卢埃林，却在法律发展道路上坚持渐进改良主义，主张法律与社会实践中的非正式规范相一致，旨在回应普通法的内部危机——不确定性的增长。参见陆宇峰：《美国法律现实主义：内容、兴衰及其影响》，载《清华法学》2010 年第 6 期，第 94—95 页。

非如此，我认为这一类的法律确定性从来都没有存在过，而且也不会存在；我认为，为了实现这种确定性而努力仅仅是浪费时间；我认为真正的法律确定性是由一些相当不同的东西组成的；一旦我们理解了那些构成法律确定性的东西，则那些因法官是否受到法律规则拘束，或者法官在审判案件时是否是自由的而产生的争论自己就会消失"[①]。卢埃林的上述主张，需要进一步澄清。他并非主张实体法律规则是不重要的，也不是要求将实体权利、实体规则排除在法律之外，更不是主张利益—权利、规则—救济分析对思考法律问题无所助益。他事实上是在主张，第一，实体法律规则并没有法律形式主义声称的那样具有排他的地位；第二，以规则为理解法律的焦点会继续使人将关注点置于表达规则的语词之上，忽略这些语词可能具有的多层含义；第三，只有将理解法律的焦点从规则转向行为，才能避免以规则为中心产生的种种混淆，理解法律的实际运作过程。[②]

可以说，卢埃林在对法律形式主义的反叛中表现出来的是一种温和的怀疑论，他坚持的是一种"建设性的规则论现

① Karl Llewellyn, *The Case Law System in America*, Paul Gewirtz(ed.), Michael Ansaldi(trans.), University of Chicago Press, 1989, p. 73.

② See Karl Llewellyn, A Realistic Jurisprudence—The Next Step, 30 *Columbia Law Review*, 1930, pp. 442—443.

实主义”[①]（constructive doctrinal realism）或“有关审判的折中现实主义”[②]（balanced realism about judging），既有怀疑的面向，也有接受规则的约束的面向。

首先，怀疑的面向。卢埃林所怀疑的是“审判体现了对法律规则和原则的逻辑运用”这一形式主义观念。这种怀疑要求充分意识到法律、法律规则的局限性与开放性，意识到抽象命题并不决定具体个案，法官判案并不仅仅遵从三段论的逻辑推理，也不仅仅是僵化地遵循先例，他们具有创造性司法的权力和自由，他们必须做出选择，而这种选择无法避免其所持的政治道德观点甚至受个人偏见的影响。

其次，受规则约束的面向。尽管法官判案时能根据具体案情解释法律规则和原则，但是他们的创造性司法并不是随心所欲的，法官职位的责任、法官所处的技艺传统以及其他与司法实践相关的社会的、制度化的因素制约着法官的裁判行为，法官通常能在规则的指引下作出有法律依据的、可预测的判决。卢埃林对纸面规则的批评并没有否认规则本身的重要性，“我认为，当把焦点转至行为时，抛弃对规则、概念、意识形态和意识形态的模式或形式的强调是不明智

---

① Roger Cotterrell, *The Politics of Jurisprudence: A Critical Introduction to Legal Philosophy*(2nd edn.), Butterworths LexisNexis UK, 2003, p. 186.

② Brian Z. Tamanaha, Understanding Legal Realism, 87 *Texas Law Review*, 2009, p.732.

的。……确定无疑的是，实际发生作用的并不是法理学中的律令这一思想意识，而是实践行为——［到目前为止］法理学只反映了实践行为的一部分。但为了科学进步，社会学研究应当做的一件事是，教育新洞识的拥护者们不再整体地弃绝他们所反叛的旧洞识。反叛表明了旧事物的不当之处，它并不表明旧事物没有多少坚实的基础。旧事物存在、能够存在并持久存在，这一事实足以证明它有坚实的基础。如果我们能够检讨它拥有的基础并将之引入新的整合，那么我们将在消减从夸大到夸大这一著名的钟摆运动方面大有作为”①。

总之，卢埃林怀疑的是法律形式主义对规则与逻辑的误解和误用，并不怀疑理想规则本身对人的行为以及法官判案的指引作用，他不满的只是，现实中的规则是如此糟糕以至于不能有效地发挥其应有的指导作用；他并不否定概念分析对于理解法律的性质以及法律现实的重要意义，只是怀疑此种不考虑行为因素的所谓理解对于法院判决以及其他决定而言具有的作用和意义；他也不否认规则和先例在具体司法实践中确实在发挥作用，相信美国法官共享着一个核心信念：“公平地运用法律，而不是偏爱一方；当法律有争议时，努力

① Karl Llewellyn, A Realistic Jurisprudence—The Next Step, 30 *Columbia Law Review*, 1930, p. 462.

寻求一个最强的法律答案；随心所欲的审判是不合时宜的。”①

卢埃林对法律形式主义的批判表明，规则中心论以及司法的形式化风格使得规则与行为发生了分离，法律概念与规则的抽象性远离社会现实，对于解释或描述具有重大社会意义的法律无甚助益；司法的形式化风格使得判决意见载明的裁判理由可能并不是法官作出该判决的真正理由，判决意见中载明的规则与法官的实际裁判行为也可能发生了分离。这样的做法对预测行为——尤其是预测法官的裁判行为——只有有限的作用，仅有概念和先例并不能确保法院审判中的确定性和可预测性。他不相信传统的法律规则和概念准确地描述了法院或人们的实际行为，也不相信法官仅根据规则就能作出裁决。规则中心论和传统先例原理的失败在于其在并不存在确定性的地方鼓吹确定性，以规则为中心并不能准确地预测将来的司法行为，因而法律形式主义并不能为律师、公众提供可据以预测法院行为的准确指引。②这就意味着，对律师与法律外行而言，法律总是不确定的。在卢埃林看来，如果说相对的可预测性与确定性是可能的，也不能从纸面规则中寻找，而是应当从法律公职人员的行为中去寻找。法律

① Brian Z. Tamanaha, *Beyond the Formalist-Realist Divide: The Role of Politics in Judging*, Princeton University Press, 2010, p. 198.

② See David E. Ingersoll, Karl Llewellyn, American Legal Realism, and Contemporary Legal Behavioralism, 76 *Ethics*, 1966, p. 255.

公职人员的行为是可客观观察的，也是可较为准确地进行经验上的一般化描述的，这种一般化描述在有限规则论的补充下，可以使得预测更准确，从而也使得法律对于律师和法律外行而言更具确定性。由此，卢埃林将理解法律的参照中心从规则转移到了行为。“法律从其核心上就必定体现为各类公职人员的行为，各种规则只有在其可以帮助人们预测公职人员将要做什么时，或者在其可以帮助人们促使公职人员做某些事情时，才能在生活中体现出其意义。”①

然而，理解法律的参照中心从规则转到行为，并不意味着规则在理解法律这一事业与具体的司法实践中就不具有一席之地。恰恰相反，探究司法审判与法律规则间的关系，一直是卢埃林的一个基本理论关注。“他所强调的重点，是要对规则公式进行以预测为目的的检验：如同规则是对法院将要如何进行判决的审慎预测。这一洞识并不意味着不存在法律确定性，而只是意味着法律确定性的基础不仅仅在于某一或某些规则存在这一事实。”②因此，卢埃林的法律观同时包含了规则与行为两个维度，有效处理这二者间的关系构成其寻求现实确定性的基石。

---

① Karl Llewellyn, *The Bramble Bush: On Our Law and Its Study*, Oceana Publications, 1960, p. 75.

② Neil MacCormick & Zipporah Batshaw Wiseman, Book Review: Llewellyn Revisited, 70 *Texas Law Review*, 1992, p. 776.

第二章　理论核心：理解法律的行为中心进路

卢埃林对法律形式主义的批判表明，规则中心论和传统先例原理寻求确定性的方式是失败的，以规则为中心并不能准确地预测将来的司法行为，因而法律形式主义并不能为律师、公众提供可据以预测法院行为的准确指引。这意味着，对于寻求现实的确定性这一根本目标来说，以规则为中心并不是实现现实确定性的有效手段。这就涉及支撑卢埃林法哲学的“目的—手段”这一理论框架，目的—手段框架解释了为什么他要将理解法律的参照中心从规则转向行为。由此，本章将首先简要分析卢埃林法哲学中的目的—手段框架，然后讨论卢埃林理解法律的行为中心进路，最后揭示行为中心进路的根本目标或者说根本诉求——寻求现实的确定性。

一、目的—手段框架

根据杜威（John Dewey）的实用工具主义，“知识与实践之间经常地和有效地相互作用……，当动作受着知识的指导时，它是一种方法和手段而不是一个目的。目标和目的就是利用主动控制对象的手段在经验中体现出来的更为可靠、更为自由，更为大家所广泛共享的价值，而对于对象的主动控制则只有借助知识才是可能的”[①]。对卢埃林而言，法律是而且仅仅是实现目的的工具，“法律是实现社会目的的手段，而不是目的本身，因此，法律的任何组成部分都需要受到目的与效果的检视，应当根据目的、效果以及目的与效果的相互关系来评判法律”[②]；应当“坚持根据实现的效果来评价法律的任何组成部分，并且坚持认为找出法律的效果是值得的”[③]。在

---

①［美］约翰·杜威：《确定性的寻求——关于知行关系的研究》，傅统先译，上海人民出版社 2005 年版，第 26 页。“实用主义的工具主义的实质是要把知识与实践两者都视为在经验存在中获得善果（即各种优越的结果）的手段。”

② Karl Llewellyn, Some Realism about Realism, in Karl Llewellyn, *Jurisprudence: Realism in Theory and Practice*, University of Chicago Press, 1962, p. 55.

③ Karl Llewellyn, Some Realism about Realism, in Karl Llewellyn, *Jurisprudence: Realism in Theory and Practice*, University of Chicago Press, 1962, p. 57.

目的—手段框架中，“法律规范从来都不可能是自我证明正当性，相反，永远都有必要进行调查来确认是否（将要）通过正当和稳妥的方法使得目前的需求和利益最大化”[①]。说一项立法或一部法典被看成是鼓励、不鼓励或促进特定行为的工具——作为实现特定效果的手段，就是指首先应当努力发现该部法律事实上所产生的效果。也就是说，工具主义者关注的是效果和结果问题——法律对于实现其旨在实现的目的是否有效，以及法律是否事实上实现了其目的（欲求的结果）？用杜威的话来讲，就是“……在关于所追求的目的的判断与关于达到这些目的的手段的知识之间如何相互作用……”[②]。

目的—手段框架清晰地体现在卢埃林的法律职能理论当中。对卢埃林而言，一种不断运转的制度必定有其要完成的职能，其功能就在于有效而妥当地实现这些职能，这就提供了“目的之线”和价值衡量尺度。一种不断运转的制度在现实生活中也会产生结果，因而必须根据这些结果来检验该制度，并且，这些结果本身是能够调查得到的。因此，该制度的衡量尺度就是，其产生的结果事实上如何根据其实际履行

① [美] 罗伯特·S. 萨默斯:《美国实用工具主义法学》，柯华庆译，中国法制出版社 2010 年版，第 50 页。

② [美] 约翰·杜威:《确定性的寻求——关于知行关系的研究》，傅统先译，上海人民出版社 2005 年版，第 26—27 页。

职能的情况受到检验的尺度。[1]具体而言，法律制度的基本目的是确保社会成员在秩序内行事，设法处理不同的主张，以保证社会的维续。法律制度的职能包括：（1）处理纠纷；（2）预先疏导公众彼此间的行为及其预期；（3）预先分配权威并设置使合法化的行为具有权威性的程序；（4）将群体或社会网络化地组织为一个整体以提供凝聚力、引导和激励；（5）法学方法，既旨在保证个体主张与社会秩序的平衡，也旨在确保法律官员与法律素材满足所有法律职能的需求。这些职能所指向的核心目的是维续社会的存在，此外，它们也旨在追求效率、实现人们的抱负。[2]

目的—手段框架在卢埃林主持起草的美国《统一商法典》中得到了有效的运用。在卢埃林看来，商法典主要是促进某些商事活动的工具，在“促进商事活动”这一基本目标之下，美国《统一商法典》旨在实现如下具体目标：第一，简约化、现代化，使规制商事交易的法律规则更精准和确定；第二，保持灵活性，鼓励通过商事习惯、当事人的约定来扩展商事实践；第三，统一不同司法辖区间的商事法

① See Karl Llewellyn, My Philosophy of Law, in M. D. A. Freeman, *Lloyd's Introduction to Jurisprudence* (7th edn.), Sweet & Maxwell, 2001, p. 835.

② See Karl Llewellyn, My Philosophy of Law, in M. D. A. Freeman, *Lloyd's Introduction to Jurisprudence* (7th edn.), Sweet & Maxwell, 2001, p. 836. 关于卢埃林的法律职能理论及其在美国《统一商法典》中的体现，参见刘剑：《卡尔·卢埃林法律职能理论研究》，吉林大学博士学位论文，2006年。

律。[①] 此外，每一个具体条款还会有自己更具体的目的，为了实现该目的，应尽可能使被挑选出来的手段与该目的同延，换言之，“起草人应尽最大努力清晰地表明目的与手段，鼓励解释者根据目的来解释手段”[②]。由此，卢埃林为一条好的商事规则所设定的标准就是：目的必须得以明确表达、范围尽可能与目的同延、范围由情景类型划定、适用边界以原则式的术语表达。[③] 在卢埃林看来，这样的规则不仅给法院提供了清晰明确的指引，而且，在适用具体情形方面又给法院留有自由裁量的余地。

总之，卢埃林“视规则、法律为实现目的的手段，而且只是实现目的的手段；认为规则、法律只有作为实现目的的手段，它们才具有意义”[④]。法律的任何具体形式从整体上看都是一种手段与目的的复合体，“一项法律规则的简单形式是，为了促进某一目的，在某种类型情景下，规定某种法

---

① See William Twining, *Karl Llewellyn and the Realist Movement*, University of Oklahoma Press, 1985, p. 303.

② William Twining, *Karl Llewellyn and the Realist Movement*, University of Oklahoma Press, 1985, p. 331.

③ See William Twining, *Karl Llewellyn and the Realist Movement*, University of Oklahoma Press, 1985, p. 326.

④ Karl Llewellyn, Some Realism about Realism, in Karl Llewellyn, *Jurisprudence: Realism in Theory and Practice*, University of Chicago Press, 1962, p. 43.

律后果”[①]。换言之，在卢埃林的目的—手段框架中，手段与目的存在相互交织的互动关系。在构想可行手段时，目的起到定向和引导分析的作用；但是，如果脱离了用以实现目的的手段，也几乎不可能对社会目的做有意义的限定。目的规定了手段，而手段也有可能致使重新调整目的。在法律的创设与实施过程中，价值评估的对象并不是孤立的目的或者单独的手段，而是具体的手段与目的的组合，对目的之有效性的考察与具体化和对手段之有效性的分析必须一起进行。因此，对手段的考察也不会单单是技术或事实问题，而是不可避免地涉及价值判断。[②]也就是说，在卢埃林的目的—手段框架中，并不存在独立于目的之外的工具性行为，具体目的本身的合理性也首先要受到审查——必须合于社会（或一个群体）得以维续这一目的。维续社会的存在，在卢埃林的法律理论中，就是要通过判决与社会习俗的契合来满足社会公众的确定感，从而实现社会秩序。在这个意义上讲，构成法

---

① William Twining, *Karl Llewellyn and the Realist Movement*, University of Oklahoma Press, 1985, p. 490.

② See Brian Z. Tamanaha, On the Instrumental View of Law in American Legal Culture, in Francis J. Mootz Ⅲ (ed.), *On Philosophy in American Law*, Cambridge University Press, 2009, p. 29. 该文进一步讨论了卢埃林的目的—手段框架遭到后世的误用与滥用：“法律是一种为社会善服务的工具”这一论断中的“社会善”这一目标成分被抹去，仅仅坚持工具本身，手段得以继续，目的本身的正当与否却不被追问。

律的规则与行为都是实现确定性的手段，只不过，以规则为中心并不足以实现这一目标，因而要从规则转向行为。

二、从规则到行为

（一）有限规则论

纸面规则（书本上的法）与现实规则（行动中的法）的区分是卢埃林有限规则论的核心命题。“纸面规则”（paper rule）指传统上被视作法律规则的事物——特定时空下被接受为权威的、写在纸面上的准则，亦即当时的教科书称作“法律”的东西。现实的规则（real rule）指实际“发挥功用的规则”（working rule），体现在法院的审判实践中，意味着一个可被观察到的行为过程。[①]

1. 纸面规则与现实规则的分离

早在 1910 年，庞德就已经发现了“书本上的法”（law in books）与“行动中的法”（law in action）之间的区别。在庞德看来，“如果我们仔细研究，就会发现书本上的法与行动中的法——也就是旨在规制人与人间关系的规则与实际上

① See Karl Llewellyn, A Realistic Jurisprudence—The Next Step, 30 *Columbia Law Review*, 1930, p. 448.

规制人与人间关系的规则——之间存在区别”[①]。其结果是，“理论上，法官要受到那些硬性规则的严格限制，自由裁量权受到严格限定，被控制到最低限度。……法律上要求，法官的内心和良知要排除，他要想方设法把案件置于书本上的法所提供的文本范围之内。而实际上，血肉之躯并不会屈从于这样的理论，法律的脸面虽然为各种精巧的程式所挽救，但实际上却是人而非规则在控制司法”[②]。法律人要做的事就是直面行为本身，“不是通过徒劳地怒斥那些不遵守法律的行为，也不是通过雄辩地敦促人们遵守文字法律去使行动中的法与书本上的法保持一致，而是通过使书本上的法与行动中的法保持一致的状态，从而为实际适用提供一种快捷、便宜和有效的法律模式”[③]。

就反对法律形式主义的抽象概念体系而言，庞德“书本上的法”与“行动中的法”的区分与卢埃林“纸面规则”与“现实规则”的区分异曲同工，他们共享一种实用主义的、工具主

---

① Roscoe Pound, Law in Books and Law in Action, in William W. Fisher Ⅲ, Morton J. Horwitz & Thomas A.Reed(eds.), *American Legal Realism*, Oxford University Press, 1993, p. 39.

② Roscoe Pound, Law in Books and Law in Action, in William W. Fisher Ⅲ, Morton J. Horwitz & Thomas A.Reed(eds.), *American Legal Realism*, Oxford University Press, 1993, p. 41.

③ Roscoe Pound, Law in Books and Law in Action, in William W. Fisher Ⅲ, Morton J. Horwitz & Thomas A.Reed(eds.), *American Legal Realism*, Oxford University Press, 1993, p. 44.

义的法律观，都是从社会现实的角度来批判法律形式主义背后诉求某种抽象的、绝对存在的第一原理这种预设，批判形式主义司法所带来的审判结果与社会需求和社会变化相背离。但二者至少存在两个方面的理论分歧：其一，庞德认为“书本上的法”的主要缺陷在于教条僵化，无法在变迁中实现良好的社会控制，攻击的是“形式法构成自足完整的静态封闭体系”这一概念形式主义教条；而卢埃林“纸面规则”攻击的则是“形式法可以借助三段论的逻辑演绎为个案提供唯一正解”这一规则形式主义教条。[①] 其二，尽管庞德意识到了书本上的法与行动中的法之间存在对立，但是他的讨论依然是以律令为中心的，而律令不过是规则、原则的同义词，倾向于将特定现状理想化，庞德“主要地参照律令来看待行为、通过将行为视作律令的一个方面来贬低行为的重要性，而这些律令仅仅是用语言表述的论式”[②]，他坚持理想性的一般化，不关心现实行为，不愿意“从一般化的天堂回到地面的现实生活当中”[③]。

法律规则是有关某类行为应当如何的规定，其一般命

① 参见陆宇峰：《“规则怀疑论”究竟怀疑什么？》，载《华东政法大学学报》2014年第6期，第71页。

② Karl Llewellyn, A Realistic Jurisprudence—The Next Step, 30 *Columbia Law Review*, 1930, p. 434.

③ N. E. H. Hull, *Roscoe Pound and Karl Llewellyn: Searching for an American Jurisprudence*, University of Chicago Press, 1997, p. 183. 对规则与律令之地位的不同看法是卢埃林与庞德的一个主要争论点。

题形式为“指明一般性的事实情景，规定属于该类一般事实情景之具体情景的特定法律后果”，通常具有相互联系的形式属性与功能属性：（1）形式上，具有源自立法颁布或法院认可的教义地位必然具有的权威性，以及以规则要求遵守与规则实际被遵守的程度、类型和范围来检验的实定性（positivity）。（2）功能上，有效运转的法律机制由诸多法律主体操作，具有由相应法律制度之主体的行为方式与思维模式确定的语言含义，其功能是通过语言沟通实现控制。任何未能实现控制作用的规则都不具有实定性。由此，理想的规则应该是，表达规则的语言足够明确地指示规则涵盖了何种原始事实，以便于可以通过合理的法律技艺从中获得类似的指引方向。若非如此，无论一项规则被多么广泛地承认，都不具有必要的功能属性，根本不是规则，而是“伪法律规则”。[①] 规则的身份资格取决于其功能属性，而非取决于承认规则。然而，一项规则的陈述是一回事，规则实际上做了什么又是另一回事，因规则根本上需要通过语言沟通来实现社会控制功能，实践中的现实规则总是或在起草时，或在解释时，或在执行时遭受各种病变，出现了规则表达与规则实践的分离。由此，为了找到现实的规则，我们必须越过陈述

---

① Karl Llewellyn, *The Theory of Rules*, Frederick Schauer(ed.), University of Chicago Press, 2011, p. 67, pp.72—74. 这似乎是对哈特批评其理解法律的行为中心进路失之于内在观点与内在陈述，误会了法律的本质的一个回应。

规则的一般命题去观察法律实践中相关法律主体行为与法律制度的实际运作过程。

卢埃林有限规则论的重心在行为，“我反复强调，就司法行为是否事实上是纸面规则旨在（默示地）陈述的东西而言，人们应保持谨慎和怀疑。人们通过研究案件事实上如何审结来寻求关于该主题的现实实践。人们力图去确定纸面上的规则在多大程度上是现实的，在多大程度上仅仅是纸面上的。在规则与实践的比较中，人们寻求一种对实际司法行为的理解；人们也遵循法官们和讼务律师们在论辩中对纸面规则的使用及其对判决的显见影响。人们力图确定，什么时候它被陈述却被忽略了；什么时候它被陈述且被奉行了；什么时候以及为什么它被明示地限定、扩张、修正以致一项新的纸面规则被创设出来”[①]。但是，对行为的强调并没有排除借由言辞表达出来的概念与规则的重要性，以行为为中心理解法律强调的，只是概念与规则并不具有法律形式主义主张的那种排他性的重要性。

2. 规则在司法审判中的作用

纸面规则与现实规则的区分并不旨在抛弃规则，而在于“检验审判及其所依赖的规则的正当性，并为未来的审判

---

① Karl Llewellyn, A Realistic Jurisprudence—The Next Step, 30 *Columbia Law Review*, 1930, p. 450.

设定应当且也会被适用的规则"[1]。由此，理想规则的重点就在于附着于规则的理由，而不是表述规则的言辞。卢埃林将理想的规则形象地称为"会唱歌的规则"（the singing rule）。这种规则类型提供可辨识的理性标准，但是也具有灵活性，为法官的合理裁决留有足够的自由裁量权，因而具有指向未来的最大程度的稳定性和可估量性。理想的规则是根据灵活、合理且可参照的标准来表述的，而不是用干巴巴的限制某种行为的禁令语言来表达的，必须同时陈述理由，且理由尽可能与规则所要实现的目的同延："法律规则是手段，是要根据它们的目的被判断的手段。……一项法律规则的简单形式是，为了促进某一目的，在某种类型情景下，规定某种法律后果。"[2] 在这一规则模型中，既规定了一般性的类型情景，也规定了属于该类型情景的具体事实，并且还规定了具有明确特征的法律后果，它"具有正在发挥作用的理性，既有正确的情景理由，又有清晰的范围和标准，会同时产生恒常性、可估量性和公正。这样的规则对于律师和法官而言，

---

① Charles D. Breitel, Review of The Common Law Tradition—Deciding Appeals, 61 *Columbia Law Review*, 1961, p. 933.

② William Twining, *Karl Llewellyn and the Realist Movement*, University of Oklahoma Press, 1985, p. 490. 卢埃林主导起草的《统一商法典》即以此种规则模型为蓝本。

都是好帮手”[①]。

若非如此，规则就不能为法律主体提供良好的指引。律师的基本需要是准确地预测，即预测“法院将采用何种‘正确’的技术”裁决一个案件；法官基本的需要在于应当如何裁决一个案件。附有理由的规则能同时满足律师与法官的要求，是因为规则（主要是通过先例型塑的规则）的权威立基于构成案件基础的事实情景，规则对判决的指引则取决于情景类型与规则表达间的互动：规则指引但并非控制性地支配判决，法院在裁决案件时总是会根据类型情景引入理性、常识、公平感等情景感因素，如果规则与情景感相容，则其通常能得以顺利适用。倘若规则与情景感不相容，则需要诉诸法官可被感知的对法律和正义的双重职责来判案。具体而言，首先，即使法官们放弃了其依据法律正义司法的职责，对过去司法行为的准确描述也能辨别出法官是如何裁决案件的，况且，法官并不会完全无视司法正义。其次，如果存在清晰的、睿智的且可适用的规则，该规则就会为法院遵守，律师也能根据规则准确地预测到法院的行为。[②]

概言之，卢埃林有限规则论的核心要点是，其一，规

---

① Karl Llewellyn, *The Common Law Tradition: Deciding Appeals*, Little Brown and Company, 1960, p. 183.

② See William Twining, *Karl Llewellyn and the Realist Movement*, University of Oklahoma Press, 1985, pp. 494—495.

则本身包含着下述预设——规则是对法官实际所为的陈述以及对法官将如何审判的预测，这恰恰是规则最具误导性的地方，因为对于规则的规定，法官在其实际的行为中，除了在某些情况下认真地遵守以外，部分地遵守、甚至完全不予理睬也是普遍地、现实地存在的问题。因而不能根据司法意见书的言辞来判定一条规则是否被遵循，更不能仅根据纸面规则与司法意见书来预测待审案件。其二，规则本身不是目的，要根据规则旨在实现的目的来评判规则。规则的一个基本目的是促进对人之行为的连续组织与规制，"最终实现某一目的要根据行动即行为，言辞表述要成为一种有效的工具必须要产生所欲求的行为"[①]，因此，需要把理解法律的参照中心从规则转向行为，考察法官在审理案件的过程中实际上做了什么。

（二）以行为为中心理解法律

对卢埃林而言，规则本身只是反映了特定时空下的法律制度中流行的特定行为模式，并没有表达出全部的法律生活，甚至都没有表达出法律生活最基本的组成元素。因而，以规则为中心理解法律就误解了法律的性质。"即使规则在语言表达上是清晰明了的，除非一个人具体分析那些在其中

① Karl Llewellyn, A Realistic Jurisprudence—The Next Step, 30 *Columbia Law Review*, 1930, p. 452.

就规则产生了争议的案件，否则他依然不了解法律体系。因而，一个人只有反复检验规则在实际行为中多大程度上被遵守、它们被如何遵守，以及除了遵守规则之外还发生了什么事情，才能确定他所掌握的材料是什么。”①

规则中心论将法律视为“由国家制定的、各种外部力量强制施行的、通过告诉人们做什么和不做什么来规制人们外部行为的一系列规则的集合”②。这作为对纸面规则的描述，本身并没有什么错，但却没有看到现实规则与纸面规则的分离，没有看到规则实践与规则表达的背离。在卢埃林看来，之所以存在法律事务，是因为社会中存在大量纠纷，法律事务即是与纠纷解决相关的合理行为，负责解决纠纷的人，无论是法官、行政司法长官、监狱看守、办事员还是律师，都是法律官员：“这些法律官员关于纠纷所为之事，在我看来，即为法律本身。”③ 卢埃林理解法律的行为中心进路有三个关键词：纠纷、合理与行为。

1. 纠纷

秩序是使群体生活成为可能，进而使社会成为可能的

---

① Karl Llewellyn & E. Adamson Hoebel, *The Cheyenne Way: Conflict and Case Law in Primitive Jurisprudence*, University of Oklahoma Press, 1941, p. 26.

② Karl Llewellyn, *The Bramble Bush: On Our Law and Its Study*, Oceana Publications, 1960, pp. 12—13.

③ Karl Llewellyn, *The Bramble Bush: On Our Law and Its Study*, Oceana Publications, 1960, p. 12.

基本条件。“人类群体如果要作为一个团体而存续，就有一些需求必须被满足，而且为了人类群体能够实现其存在的目标，这些需求也必须被满足。……这些需求源出于人性的一个基本方面，那就是，人都具有某种欲望动机、是有愿望和利益需求的，这些愿望和利益需求可能彼此互不兼容。这些‘分立的需求’是产生实际纠纷或潜在冲突的原因。而纠纷与冲突不利于群体的存续这一共同目的。预防纠纷和解决纠纷对于群体的存续及其有效性而言，是一个必备的基本条件。”[①] 法律作为一种社会控制手段，其基本的职能就是要“通过安排和调整人们的行为，从而使得社会（或群体）成为一个社会（或一个群体）……”[②]。但是，法律并不创造秩序，只是通过解决纠纷来恢复和维持秩序。“实际的纠纷要求某些人做点什么，以便于既恢复纠纷当事人间的和平，也恢复受到纠纷扰乱的人们的和平。”[③]

2. 合理

一个社会要想得以维续，社会中存在的纠纷不仅应当得到调整和解决，而且解决的方式应当是合理的，必须“至少

---

① William Twining, Two Works of Karl Llewellyn— Ⅱ, 31 *Modern Law Review*, 1968, p. 175.

② Karl Llewellyn, The Normative, the Legal, and the Law-Jobs: The Problem of Juristic Method, 49 *The Yale Law Journal*, 1940, p. 1373.

③ Karl Llewellyn, *The Bramble Bush: On Our Law and Its Study*, Oceana Publications, 1960, p. 12.

在大多数情况下对当事人而言是可容忍的，对其他旁观者而言不是令人厌恶的”[①]。法律作为一种社会控制手段，对纠纷的解决主要通过诉讼实现，因此，法官在审理一个具体案件时，就担负着法律与正义的双重职责，其裁决不仅要大致符合调整该行为的非正式规范，而且还要大致满足公众的正义感。也就是说，旨在维持秩序的法律规则与行动的内容与目的必须被相关的群体感受到是为了合理有效地为该群体［的整体利益］服务，解决某一具体纠纷的方式“本身应当是一个合理适当的制度的恰当组成部分，而且，对直接的利害关系人或第三人来说，解决纠纷的方式也必须是可理解的”[②]。

3. 行为

法律官员调整与解决纠纷的实际行为才是卢埃林所理解的法律。行为不仅仅指法律系统内部的官员行为，而且还指法律系统外部的社会行为。法律的整体图景呈现为一个圆环（如下图所示）：处于中心地位的是法官的行为；第二圈是其他政府官员的行为与法官试图遵循的公认的权威表达程式；第三圈是人们关于法律是什么的各种不同观点，以及人们关于法律应当实现何种目的的观点，换句话说，是官方行

① Karl Llewellyn, *The Bramble Bush: On Our Law and Its Study*, Oceana Publications, 1960, p. 12.

② Karl Llewellyn, The Normative, the Legal, and the Law-Jobs: The Problem of Juristic Method, 49 *The Yale Law Journal*, 1940, p. 1370.

为直接对之产生影响且反过来又直接型塑着官方行为的社会结构；第四圈是法律哲学和社会哲学。[①] 尽管法官的司法行为处于法律的中心地位，但是法律外行的行为也尤其重要，因为法律的效力并不取决于公职人员在多大程度上依据规则行事，而是取决于公职人员依循规则进行的行为与公众的惯常行为模式一致。

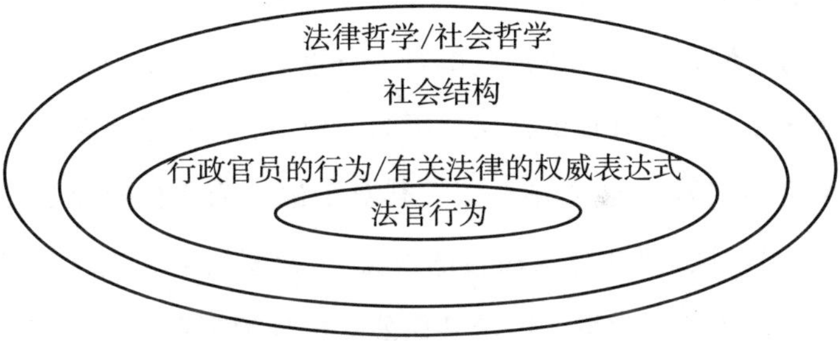

作为理解法律之中心的行为

尽管卢埃林意识到作为法律参照中心的行为不仅仅是法官的司法行为，但是在他的主要著述（尤其是后期著述）中主要讨论的仍旧是法官的司法行为，因此有论者认为"卢埃林法律现实主义的主要主体（事实上在法律话语中的

① See Karl Llewellyn, A Realistic Jurisprudence—The Next Step, 30 *Columbia Law Review*, 1930, pp. 464—465.

唯一主体）是普通法的法官”[①]。甚至有人指责卢埃林（及其他法律现实主义者）的“学术研究逐渐集中在司法过程，只是偶尔才涉及非司法官员的工作，几乎不涉及官方行为与社会行为间的联系领域”[②]。尽管不能说这样的批评完全不合理，但依循卢埃林的文本，我们还是能够找到其后期几乎完全关注司法过程的部分原因——在判例法体系中，通过观察法官的行为可以了解律师、法律外行的行为：“除了与人们将如何根据法院的行为行事有关之外，法院将要做什么并没有其他的意义。因为，现实生活中法律的意义和律师实践的意义并不在于其对于法院而言的意义，而在于其对法律外行人而言的意义。”[③]事实上，当出现纠纷时，律师、当事人以及其他公众也是围绕着法院的实际行为进行考量的：（1）对纠纷所涉及的特定交易及其结果，法院可能持有什么看法？（2）交易中的哪些因素将被法院认为是相关的、重要的因素？（3）法院过去是如何处理类似交易的，也就是说，法院在这些类似交易中所认定

---

① Jan M. Broekman, Law in Life, Life in Law: Llewellyn's Legal Realism Revisited, in Francis J. Mootz Ⅲ (ed.), *On Philosophy in American Law*, Cambridge University Press, 2009, p. 16.

② Simon N. Verdun-Jones, The Jurisprudence of Karl Llewellyn, 1 *Dalhousie Law Journal*, 1974, p. 454.

③ Karl Llewellyn, *The Bramble Bush: On Our Law and Its Study*, Oceana Publications, 1960, p. 24.

的重要因素是一致的吗？（4）什么力量有助于促使法院遵守相关的先例（如惯性、保守主义、对过去的认知、法官个人智慧、对前人的尊重、律师或公众既定的习惯等），以及这些力量各自发挥作用的程度有多大？（5）什么因素将促使法院偏离先例，对目前的纠纷作出新的裁决（如改变公众的看法、法官的个人癖好或偏见、新的法律、社会或经济理论、案件社会背景的重大变化等）？①

总之，以行为为参照中心理解的法律"不是一套规则体系，不是一种应然，而是实际的现实，是某些人的行为，尤其是法律公职人员的行为，特别是通过裁判造法的法官的行为……"②。卢埃林赞同卡多佐，"根本一点是提升法官的所作所为而非法官的所言所语……行动胜于言辞……法律并不能在法官的判决表达中发现，只有在法官的行为，也仅仅在其行为中才能找到法律"③。

---

① 参见［美］菲利克斯·S. 柯恩：《荒唐的先验与功能主义进路》，周望译，载冯玉军选编：《美国法律思想经典》，法律出版社 2008 年版，第 69—70 页。

② Hermann Kantorowicz, Some Rationalism about Realism, 43 *The Yale Law Journal*, 1934, p. 1243.

③［美］本杰明·N. 卡多佐：《演讲录 法律与文学》，董炯、彭冰译，中国法制出版社 2005 年版，第 17 页。

（三）统合规则与行为的制度

如前所述，以行为为中心并不意味着规则就是不重要的，也不是要全盘否定规则中心论的意义，而是要“挽救规则论的面子，使其既能继续发挥自己的理论意义和优势，也能避免其不足”[①]，既对法院的实际行为（判决及实际后果），又对法官通过法律规则与原则使其行为理性化的方式保有敏感，这可以使得研究者更加谨慎地也更具批判性地去审视法律规则和原则。[②] 换言之，用行为取代规则，并不是要彻底隔绝规则与行为，而是要在规则与行为间架起一座桥梁，“制度”（institution）就是将规则与行为统合起来的核心概念。

1. 制度及其构成

卢埃林认为，真正有生命力的东西并不是规则或者由规则组成的法典，而是一套活动着的制度。“一种制度首先是一套生活方式和行为方式。它首先并不是一个语词或规则问题。一种制度的存在始终在于如下事实——人们确实根据特定的模式 A、B 或 C 行为，而不是根据其他可想象的模式 D 或 W 行为。一种制度存续的可能性暗含于人们将继续根据

---

① Karl Llewellyn, The Constitution as an Institution, 34 *Columbia Law Review*, 1934, p. 6.

② 参见［英］罗杰·科特瑞尔：《法理学的政治分析——法律哲学批判导论》，张笑宇译，北京大学出版社 2013 年版，第 199 页。

上述模式 A、B 或 C 行为的可能性。”①

制度的主要构成要素包括人们的具体行为及其看待其行为根据——规则——的态度。“有些制度——例如我们的宪法——视语词与规则为其助产士甚或先祖；但是，基本上，首先出现的是行为，随后才有关于该行为的认知，然后才是关于该行为的理性化，最后是对已被认知和理性化的行为的规范化。”② 在卢埃林看来，只有一种方法能了解书面规则——比如美国 1789 年宪法——是否还在发挥作用，那就是观察人们的实际行为以及人们对宪法纸面规定的感受。如果他们的行为与感受与宪法的纸面规定大致相同，那就表明纸面规则事实上仍在发挥作用。如果不是，则说明表达宪法纸面规定的语言已经过时了。但是，“无论如何，正是行为与态度赋予了纸面规则以意义”③。由行为与态度构成的制度“检验由语词构成的规则是否还有力量、有多大的力量，以及该力量是什么。正是制度使得由语词构成的规则有效，而不是由语词构成的规则使得制度有效”④。具体而言，以制度统合规则与行为，就是认为法律作为一个整体，是在社会中

① Karl Llewellyn, The Constitution as an Institution, 34 *Columbia Law Review*, 1934, p. 17.

② Karl Llewellyn, The Constitution as an Institution, 34 *Columbia Law Review*, 1934, p. 17.

③ Karl Llewellyn, The Constitution as an Institution, 34 *Columbia Law Review*, 1934, p. 15.

④ Karl Llewellyn, The Constitution as an Institution, 34 *Columbia Law Review*, 1934, p. 17.

必不可少的、不断运转的一种制度。作为一种制度，法律由如下元素构成：第一，由概念、原则、先例等组成的规则体；第二，意识形态与理想；第三，实践行为与行为方式；第四，人，人不仅是作为一个整体的法律制度的不可或缺的组成部分，而且，也不仅仅是简单地服从“外在于”自身的法律，换言之，人是以内在观点来看待法律的。①

2. 制度统合规则与行为

卢埃林以当时美国通行的宪法理论为例具体阐明了制度如何统合规则与行为。他认为当时的正统宪法理论由五个命题构成：第一，宪法的主要渊源包括 1789 年的《宪法》及其修正案，也就是说，宪法仅仅指成文宪法；第二，联邦最高法院的裁决只是解释与适用宪法；由此，第三，联邦最高法院的裁决也是宪法的另一重要渊源；第四，宪法的修正仅仅指成文的修正案；第五，成文宪法与不成文宪法之间存在本质的区别。②这种通行的正统理论不过是“皇帝的新装”，不仅误述了关于宪法生活的事实，也不能实现宪法的目标——指引行为。真实的情况是，“任何真正行之有效的宪法在本质上都不是一个或一系列书面文件，而首先是围绕

---

① See Karl Llewellyn, My Philosophy of Law, in M. D. A. Freeman, *Lloyd's Introduction to Jurisprudence* (7th edn.), Sweet & Maxwell, 2001, p. 835.

② See Karl Llewellyn, The Constitution as an Institution, 34 *Columbia Law Review*, 1934, pp. 3—4.

一个具体文件建立起来的活的制度”[①]。宪法作为一种制度，涉及具体的宪法性文件（规则）、关于这些文件的态度以及根据这些文件行为的方式，“它涵摄了深深嵌入这些人中的行为方式——不仅涉及行为方式，而且也涉及与之相伴的人们的情感模式与思维模式，也即人们对于‘宪法’的象征意义的态度，和对于那些攻击宪法之人的态度。……它包含了共同体中的不同群体和阶层的相互联结的方式和态度——不同群体和阶层的不同方式和态度，但又被联结为一个有效组织的整体”[②]。

具体而言，除了成文的宪法性文件——1789 年《宪法》及其修正案——之外，宪法作为一种制度，还包括如下三个要素：第一，人员要素。构成宪法制度的人员主要分为三类——专家、利益团体和一般公众。所谓专家，是指其职责总体上是“统治或治理”的人，包括立法者、行政长官、行政职员、法官。利益团体，主要是指为某种利益而组织在一起的人，通常为了他们自己的利益向专家或公众施压。一般公众的地位则类似于剧院的观众，区别于作者、演员与监制

① Karl Llewellyn, The Constitution as an Institution, 34 *Columbia Law Review*, 1934, p. 3.

② Karl Llewellyn, The Constitution as an Institution, 34 *Columbia Law Review*, 1934, p. 18.

等专业人士，却能最终评判甚至决定一幕剧的成功与否。[①] 第二，行为方式。一种实践或行为要想成为宪法实践，必须满足两个基本条件：一是实践的连续性存在及其被感知到的重要性；二是要具有某些宪法功能。首先，关于实践与行为的连续存在要求行为发生的规律性，比如每四年进行一次总统选举；它要涵括所有政府公职人员（专家）的行为方式，即是说，必须是一种官方行为，且对统治与治理具有重要意义；行为者必须感受到，除非出现紧急情况，否则该制度不会被废止或者被进行实质性的变更。其次，就其具有的功能属性而言，该实践行为必须构成宪法基本框架的组成部分，比如，构成公职人员的履职程序、任命程序，或者为将共同体的行为组织为一个整体而提供一种基础等。[②] 第三，观念与态度。"一种方式的出现并不是一个'是或否'的问题，而是一个'多多少少'的程度问题。只要某个特定人群在特定环境下的行为存在显著的规律性与统一性，就可以说那些人的行为存在一种方式（模式）。"[③] 但是，一种行为方式总有其边缘地带，因为一种新的方式取得其支配地位的过程是缓

---

① See Karl Llewellyn, The Constitution as an Institution, 34 *Columbia Law Review*, 1934, p. 19.

② See Karl Llewellyn, The Constitution as an Institution, 34 *Columbia Law Review*, 1934, pp. 28—30.

③ Karl Llewellyn, The Constitution as an Institution, 34 *Columbia Law Review*, 1934, p. 20.

慢渐进的，因此，在关于事实的意见（实际的行为是什么），关于规范的意见（规范允许的例外情况是什么、何时允许例外、例外如何发生）以及应对方法的意见（在处理具体问题时如何调和事实与规范）这三者间必然存在差异。“宪法的边缘地带中既有实践行为确定性、一致性之程度的差异，也有共享这些实践行为个体之范围的差异；既有关于何时会因压力而与该实践分离之态度不同，也有关于新事实情景之明晰性与确定性——无论是行为中的还是规范中的——的程度不同。”[①] 进一步地，这些观点之间的差别有可能会演变成利益的冲突。此外，由于边缘地带的界限在本质上是不明确的，关于这一领域的描述就会包含一种理想化成分。由此，没有一种制度是完全确定的，寻求一种制度的明确界限也无甚意义。对于旨在指引行为的宪法及宪法理论而言，需要的“不仅是一种理想化的描述，而且是一种关于该制度应当如何的理想。……描述——现行实践的发展趋势与案件的具体需要、性质——为构建一个行之有效的、健康的、具有合理限制又具有一致性的理想提供了基础”[②]。

总之，对卢埃林而言，将理解法律的参照中心从规则转

---

① Karl Llewellyn, The Constitution as an Institution, 34 *Columbia Law Review*, 1934, p. 28.

② Karl Llewellyn, The Constitution as an Institution, 34 *Columbia Law Review*, 1934, p. 28.

到行为，用制度统合规则与行为，是“一条通往更深刻、更明确、更有效的指引方式以及更真实的确定性的道路”①。

三、现实的确定性

卢埃林将理解法律的参照中心从规则转向行为，不单单是因为规则中心论存在诸多混淆和弊端，也并不是因为行为本身的价值，而是因为以规则为中心并不能有效地实现法律所具有的工具性价值——实现确定性。规则中心论假设法律规则在理论上提供了作为任何法律体系之先决条件的稳定性和连续性，认为答案经由演绎推理而获得，答案必须唯一正确，律师与公众一般而言都能相当准确地预测关于某一特定问题的未来司法行为。在卢埃林看来，这种确定性观念是虚幻的，“不仅混淆了作出判决的过程与证明一个判决正当的模式，而且夸大了演绎逻辑影响、证明实际判决的作用”②。案例教科书、司法意见书中所载明的法律与实际运行中的法律很可能是完全不同的两件事，权威材料中所陈述的法律根本不是法律，那些信赖法官之言语的人误解了司法过程的实

① Karl Llewellyn, My Philosophy of Law, in M. D. A. Freeman, *Lloyd's Introduction to Jurisprudence* (7th edn.), Sweet & Maxwell, 2001, p. 835.

② William Twining, *Karl Llewellyn and the Realist Movement*, University of Oklahoma Press, 1985, p. 205.

际运行，这种对言辞［而非法官实际行为］的信赖恰恰产生了先例原理原本试图阻止的“法律中的不确定性”这一问题。[①] 正如弗兰克所言，卢埃林的规则怀疑论致力于更大的法律确定性，即认为在书面规则的背后可以发现一些描述实际司法行为一致性与恒常性的真实规则，并且那些真实规则将被用作更可靠的预测工具，对未来诉讼结果产生大量行之有效的可预测性，因此律师应该能够在大多数还未开始的诉讼中向当事人预测判决。[②]

（一）现实确定性的两层内涵

卢埃林寻求的确定性并不是法律形式主义主张的绝对确定性，而是与社会现实相符的确定性：“［这里所讨论的］确定性是那种只要律师和普通人一看到正当结果——无论其实现过程多么困难——就会承认的确定性。并且人们会觉得该结果几乎是不可避免的……结果的确定性是法律工作能实现的最真实的确定性，它并不是通过演绎推理实现的，而是通过满足人的需要这一动力来实现的，符合法律与文化的历史

---

① See David E. Ingersoll, Karl Llewellyn, American Legal Realism, and Contemporary Legal Behavioralism, 76 *Ethics*, 1966, pp. 254—255.

② 参见［美］杰罗姆·弗兰克：《〈法与现代心智〉第六次印刷序言》，于晓艺译，载邓正来主编：《西方法律哲学家研究年刊》（总第1卷），北京大学出版社2006年版，第309页。

发展路线；因此，确定性并不是来源于一个静态的普遍概念的逻辑结论，而是法律与生活适当互动而产生的合理恒常性。”① 现实的确定性不是形式主义者坚持的“融贯论”的确定性，不是法律规则内涵与外延的稳定性，不是法律作为内部自洽、逻辑融贯的命题体系具有的确定性；而是“符合论”的确定性，是法律规则与社会现实的符合性，强调法律作为符合客观事实的命题具有确定性。② 这种确定性有两层内涵：一是对律师和案件当事人而言的确定性，这意味着司法行为的可预测性，亦即判决结果的可估量性（reckonability）。二是对法律外行而言的确定性。对法律外行而言，确定性并不是对一个法律案件之判决结果的预测，而是各种法律规则与现实生活中的行为方式（也即社会习俗等非正式规范）之间的和谐一致性；由于规定人们现实行为方式的各种社会规范是不断变化的，所以只能通过不断重塑和改变法律规则使之与人们的现实行为方式和谐一致才能获得这种确定性。③

---

① Karl Llewellyn, *The Common Law Tradition: Deciding Appeals*, Little Brown and Company, 1960, pp. 185—186.

② 参见陆宇峰：《美国法律现实主义：内容、兴衰及其影响》，载《清华法学》2010 年第 6 期，第 92 页。

③ 如果法律规则与人们现实中的行为方式存在巨大差异，任何法律规则在现实生活中的执行和遵守都势必会涉及具体个人的行为方式的改变，因而，法律规则要想获得公众（法律外行）的接受和认可，就必须不断被重塑。See Simon N.Verdun-Jones, The Jurisprudence of Karl Llewellyn, 1 *Dalhousie Law Journal*, 1974, p. 460.

1. 对律师与案件当事人而言的确定性

对律师和案件当事人来说，绝对的确定性只是一种幻象，他们所面临的问题始终是：在法院的实际审判中何时流行稳定性趋势，何时稳定性不受欢迎，如果稳定性趋势并不存在，将向何种方向发展？根据对法院审判风格的把握，律师及其当事人才可以预测具体个案的判决结果。[①] 对他们来说，唯一真实的确定性是判决结果（主要是上诉案件）的可估量性，“真正存在的法律确定性，只能从受过训练的律师或有一定生活经验的法官，对关于某一事实情形的最终处理应当是什么的可预测的反应中发现”[②]。

在卢埃林看来，试图通过规则的演绎推理来实现确定性的规则中心论恰恰是导致事实上的法律不确定性的主要原因。如果律师们相信规则中心论的基本假设——演绎推理的判决必定遵循清晰明确的法律规则进行，那么，下述不确定的情形就会发生：一方律师坚信他能从过去的法律规则中推导出案件的判决结果；另一方律师也坚信他能从过去的法律

---

① 在早期作品《美国判例法体系》（*The Case Law System in America*, 1933 年德文版）中，卢埃林使用“趋势”（tendency）来描述法院某一时期通行的审判方式，直到 1942 年，在《论法律中的真善美》（On the Good, the True, the Beautiful, in Law）一文中，他才首次使用“时期风格”（period-style）一词。

② Karl Llewellyn, *The Case Law System in America*, Paul Gewirtz(ed.), Michael Ansaldi(trans.), University of Chicago Press, 1989, p. 80.

规则中推导出案件的结果，只不过，他可能已经无意识地根据案件事实重新解释了这同一条法律规则。其结果是，对于双方律师而言，判决结果都是不确定的，他们各有 50% 的胜诉可能，因为判决的最终结果取决于法院对当前案件事实的理解程度，以及法院是否根据当前案件事实重新解释法律规则。如果律师能够意识到这一点，那么，他就能获得更大的确定性，因为他能调整自己的预测以及对法律规则的理解和解释。如果他能预测法官对案件事实的理解与对先例的洞识，他就能预见到某种可能的——也许实际上不会发生——后果。如果他能将关于该案件应当如何处理才合理的应然层面，与对于类似案件法官实际上通常是如何判决的实然层面有效地结合，他就能获得更大的确定性。[1]

由此可知，对律师和当事人来说，确定性主要指司法行为与判决结果的可估量性。可估量性至少包含如下三层含义。首先，判决结果的可预测性，表达的只是一种可能性，而不是必然性，因而可估量性表征的确定性并没有法律形式主义从大前提、小前提到结论的逻辑必然性，它并不是百分之百的确定性。“我拒绝将……百分之百的确定性与绝对的‘不确定性’对立起来。我在法律生活的任何方面都看

① See Karl Llewellyn, *The Case Law System in America*, Paul Gewirtz(ed.), Michael Ansaldi(trans.), University of Chicago Press, 1989, pp. 82—83.

不到结果的绝对确定性，而且我认为没有人认为绝对的确定性会发生，甚至没有人认为绝对的确定性值得严肃考虑。相反，我看到的是不同程度的减少不确定性的努力：从观察者、参与者纯粹的投机、到一种富有经验的猜测，从胜算微乎其微到希望一个技艺精湛的律师大幅提高胜算的概率、从商事投机到希望获得一个相对安全的结果等。这些无不是试图推进可估量性，当然也包括具体上诉案件结果的可估量性……。”①

其次，可估量性是一种合理的恒常性（reasonable regularity），强调法院判决的连续性。在卢埃林看来，律师与当事人的法律确定性意味着追问“是什么东西使得法官尽管使用了不同的分析方式，却能得出大致相同的结论”②。他的回答是，法律规则、法律方法与司法直觉保证了法院判决的连续性。法律规则虽然并不决定具体个案的结果，但为法官裁决案件提供了指导框架。法律方法即法官处理法律规则的方式，源自法官的社会身份以及所受的法律训练，受到文化传统的规约。通过各种法律方法，法官从法律规则中获得指引，得出与法律的目的和精神相和谐的判决。司法直觉即

---

① Karl Llewellyn, *The Common Law Tradition: Deciding Appeals*, Little Brown and Company, 1960, p. 17.

② Karl Llewellyn, *The Case Law System in America*, Paul Gewirtz(ed.), Michael Ansaldi(trans.), University of Chicago Press, 1989, p. 56.

卢埃林后期所指的情景感，主要是指法官的经验、对事实类型的敏感度以及法官对个案的正义感。这三种操作性技术共同保证了司法判决的连续性。①

最后，为了避免抽象讨论法律确定性问题存在的麻烦，卢埃林选取了上诉审作为对司法审判进行社会科学研究的分析个案，试图从上诉案件的可估量性窥见所有案件的可估量性。其结论为：其一，上诉审的可估量性远远超过了解决纠纷的其他机制；其二，上诉审的可估量性足以使技艺精湛的律师对可能出现的各种情形作出有用的判断；其三，上诉审的可估量性足以使对上诉案件的处理符合有效的法律技艺的要求。②

2. 对法律外行而言的确定性

对法律外行而言，“法律确定性并不在于律师预测某一案件的判决结果或某一行为之法律后果的能力。这样的可预测性对法律外行没有多大的意义，而只是意味着关于特定诉讼的法律确定性。对他而言，更为重要的法律确定性在于，了解他的交易行为——如果进入诉讼的话——将会受到一个

---

① See Karl Llewellyn, *The Case Law System in America*, Paul Gewirtz(ed.), Michael Ansaldi(trans.), University of Chicago Press, 1989, pp. 77—80.

② See Karl Llewellyn, *The Common Law Tradition: Deciding Appeals*, Little Brown and Company, 1960, p. 4.

理性人（即一个同等情景下理性的法律外行）所预期的对待……”[①]。一个理性外行人的预期依据的并不是现行法律规则，而是社会中的非正式规范，非正式规范调整法律外行的行为。非正式规范通常与法律规范非常相似，但很少完全与法律规范相重合，因为非正式规范不会由于法律人制定了法律规则就停止自生自发的变革过程。由此，在现实生活中，法律外行的确定性问题就取决于法官是否根据通行的非正式规范来解释现行的法律规则。“在那些利益受到法律影响的人们的事务中，一旦进入诉讼，如果根据法律规则产生的结果与现实生活规范相一致，那么，法律规则就提供了确定性。因此，对那些其利益受到法律影响的人们而言，最为重要的法律确定性依赖于法官是否能够使得法律规则的语义变化的方向与程度跟得上现实生活情景中的相应变化。……如果法官作出的语义革新成功地跟上了社会变迁的步伐……法律确定性就出现了。只有通过不断地革新与重塑，法律确定性才能实现。”[②]

法律外行的确定性事实上是对自生自发的社会秩序与社会规范的尊重，是对各种法律规则和概念存在其中的现实

---

① Karl Llewellyn, *The Case Law System in America*, Paul Gewirtz(ed.), Michael Ansaldi(trans.), University of Chicago Press, 1989, p. 82.

② Karl Llewellyn, *The Case Law System in America*, Paul Gewirtz(ed.), Michael Ansaldi(trans.), University of Chicago Press, 1989, p. 83.

生活背景的强调。在卢埃林看来，如果离开现实生活背景关系，规则与概念既无法得以描述，也没有意义。因为由规则与概念组成的法律，其基本目的是服务于现实生活，恢复与维持因纠纷而被打破的社会秩序，由现实生活构成的社会规范与秩序构成了人们实践行为的条件，也是法官司法裁决的条件。但是这些条件并不是固定的，总是变化无常，社会秩序与社会规范的自发发展需要一个渐进的过程才能最终确定，且会发生进一步的革新，法律纠纷与诉讼往往产生于这种社会变迁当中。虽说在这类诉讼中，并没有什么方法可以预测其结果，可“如果案件的结果是基于偶然的因素而得出，或者是由于法官并未洞察到业已发生变化的社会条件而继续依据现存法律规则得出，那么，裁决最终会变成错误的。但是，倘若法官最大程度地洞察到了发展中的社会规范，并根据社会规范来重新解释现存规则，判决结果就很有可能是正确的”[①]。

可见，卢埃林以行为为中心理解法律，其主要目标是摧毁法律形式主义虚假的确定性，主张一种基础更加牢靠的、现实的确定性，他自己从来没有丢失过这一最终目标，

① Karl Llewellyn, *The Case Law System in America*, Paul Gewirtz(ed.), Michael Ansaldi(trans.), University of Chicago Press, 1989, p. 84.

寻求现实的确定性，贯穿于卢埃林的学术生涯。[1]他“想贬抑的，或主要想贬抑的，是有关秩序、确定性与一致性的幻象，这种幻象坚持那些表面上的而非实质上的一致性”[2]。对律师和当事人而言，他们从对法律公职人员解决具体纠纷之行为的预测中获得确定性。对于法律外行而言，法律公职人员对纠纷的合理解决所型塑的法律规则与其惯常的行为方式相一致，现实的生活和社会秩序并没有被打破，他们在这种规则与非正式规范的一致中获得了确定性。第一种确定性涉及司法审判实践中的秩序，也就是说，先例是否得到有效的遵循，先例所创立的规则是否保持一定程度的连续性和稳定性，法院的行为是否有一定程度的恒常性。第二种确定性则涉及人们的社会生活秩序，法院的裁决是否合理、正当，从而不会让作为法律外行的普通公众感到厌恶，法院通过个案所型塑的规则是否与人们惯常的行为方式相一致，等等。换句话说，对律师、案件当事人而言的确定性关涉先例制度自身的演化和发展，对法律外行人而言的确定性则关涉社会本身的发展进程，这其中至为关键的问题都是行为方式，无论

① See Charles E. Clark & David M. Trubek, The Creative Role of the Judge: Restraint and Freedom in the Common Law Tradition, 71 *The Yale Law Journal*, 1961, p. 267.

②［美］本杰明·N. 卡多佐:《法理学》，载［美］本杰明·N. 卡多佐:《演讲录 法律与文学》，董炯、彭冰译，中国法制出版社 2005 年版，第 20 页。

是法律公职人员（尤其是法官）的行为方式，还是现实生活中具体个人的行为方式。

（二）行为中心进路对现实确定性的意义

在明晰了卢埃林理解法律的行为中心进路及其寻求的现实确定性之所指后，在卢埃林的目的—手段框架之下，一个需要追问的问题是：如果采纳了卢埃林所推荐的这种行为中心进路，将会对现实确定性产生什么可能的影响呢？与确定性的两层内涵相对应，这里也将在这两个层面上展开讨论。

1. 有助于实现律师及其当事人的确定性

律师在预测一个个案的可能判决结果时，通常是以如下方式设问的：法官将采取一种“技术”视角，还是他将屈服于各种“非技术”的考量？[①] 规则形式主义用一系列法律规则和法律概念武装法官，并让法官确信：“这些规则和概念就是你得出判决的素材。我们注意到你在得出你判决的过程中一直受到许多与这些规则和概念无关的因素的影响。我们乐于对此睁一只眼闭一只眼。但是，我们坚持一个条件：当你开始实际的遣词造句时，你必须限制在这些规则和概念的

① See L.L.Fuller, American Legal Realism, 76 *Proceedings of the American Philosophical Society*, 1936, p. 201.

范围内。”[①] 可见，规则形式主义虚伪矫饰，允许法官先根据各种非法律技术性的考量作出判断，再通过拟制、类比、理论等法律技术在言辞上证明自己的判决是正当的。这就导致两方面的后果：其一，无法预测何时法官会打破法律素材施加的限制，非技术、非法律的各种考量得以公开讨论的可能性被封闭了，进而对之进行理性化和系统化的可能性也就被封闭了，这恰恰构成了律师、当事人感到判决结果不可预测、司法过程充满不确定性的根源。其二，尽管法官知道他们导致了某种法律不确定性，但是他们却无从意识到这是由于他们所遵循的法律规则在其先辈的实践中已经被粉饰过了。

行为中心进路不仅意识到了规则在适用过程中与现实生活的调和，旨在通过公开讨论那些被规则进路排除的非技术性和非法律等非法律素材，承认这些与法律无关的考量对法官判案的影响，从而消除这种不确定的来源，增强司法行为的可预测性和判决结果的可估量性。在他看来，与其把法官放入一个狭小却不宜预测其将会在何处打破界限的场域，不如把他放在一个更大的场域，以合理确保他能满足该场域的限制，并且能够通过观察他在该场域内的活动来发现其行为

---

① L.L.Fuller, American Legal Realism, 76 *Proceedings of the American Philosophical Society*, 1936, p. 198.

的恒常性。[①] 通过扩大法官可自由活动的场域，承认那些所谓非法律、非技术性的考量可以作为判决赖以为凭的基础，法官不会再运用他们在规则形式主义传统中不得不诉诸的那些不确定的方式，从而使得其判决结果更为可预测和估量。不仅如此，如果承认这些非法律的考量，我们就可以对这些考量进行理性的、批判性的评判，经由这种理性和批判性的评判，将可能实现更大的确定性，对当事人而言，也可能实现更大的正义。[②]

2. 有助于促进法律外行的确定性

卢埃林强调法律的主要功能在于维持秩序而非创造秩序，从而通过个案塑造的规则就大体上与人们现实生活中的行为方式相一致，人们在这种法律规则与规制人们行为方式的社会规范的一致性间寻得了生活中的确定性："在严格的意义上，法律和法律官员并不创造社会中的秩序。对他们而言，社会是给定的，由于社会是给定的，因而秩序也是给定的……法律，亦即法律官员对纠纷的介入，只是作为处理其他方式无法处理的纠纷的手段而出现。与其说它是在创设秩

---

① See L.L.Fuller, American Legal Realism, 76 *Proceedings of the American Philosophical Society*, 1936, pp. 202—203.

② 至于到底如何预测和估量，如何使得法院的行为更可能与律师、当事人的期望相符，卢埃林在其后期著作《普通法传统》中做了详尽的分析和总结。

序，不如说它是在秩序遭到破坏时维持秩序”[①]。因此，就法院在社会变革中的作用而言，卢埃林趋于克制与保守，主张“社会之于法院的力量”，而不是“法院之于社会的力量”，坚持“是社会而不是法院首先产生了、塑造了正在出现的制度，正是社会促使法院采取行动”。[②]在他看来，在通常的案件中，法院都会在正常的社会行为模式中找到判案的根据，法院型塑的规则与社会规范总是和谐一致，法律外行（社会公众）便在这种和谐一致间求得确定性。

卢埃林在这里假设了法律不仅应当一般性地遵从型塑人们生活方式的非正式规范，而且，这些社会生活方式还为司法判决提供了实质基础。那么，可以进一步追问的是，法院所型塑的法律规则必须与之相和谐一致的社会规范、行为

---

① Karl Llewellyn, *The Bramble Bush: On Our Law and Its Study*, Oceana Publications, 1960, p. 21.

② 当然，卢埃林并非没有意识到法院对于社会的力量，他承认法院在某些案件中的判决会对某些正在形成的制度发生影响，可能会塑造、限制甚至会阻断该制度的进一步发展。如果将来的法院也支持了该判决，那么，它就不仅形塑了法律的进一步发展，而且塑造了共同体 / 社会的进一步行为。See Karl Llewellyn, *The Bramble Bush: On Our Law and Its Study*, Oceana Publications, 1960, p. 59. 不过，在他看来，法院在社会变革中发挥作用的理想模式是，通过个案为立法积累经验、创造条件，最终通过立法推动社会变革。See Karl Llewellyn, *The Case Law System in America*, Paul Gewirtz(ed.), Michael Ansaldi(trans.), University of Chicago Press, 1989, p. 84. 法官面对社会变革，应当保持最大限度的克制，这一点也是卢埃林与那些旨在通过法院的力量促进社会改革的新政主义者保持距离的地方。

方式是否就是明晰的、不证自明的？又由谁来断定法律与人们的现实行为方式是否和谐一致？对这两个问题的回答，一方面需要对卢埃林实现现实确定性的方法与手段进行更为细致的理论分析；另一方面也需要对其分析法律与社会之关系的社会哲学进行进一步的分梳与拷问：在这种对社会的过分偏爱中，理想的社会蓝图是什么？他是如何处理社会正义问题的？他是否也预先假定了一个终极的权威？[①] 这些问题都提供了进一步审视卢埃林之行为中心进路的不同向度。接下来，本书第三章将分析卢埃林实现现实确定性的方案，第四章将考察卢埃林的社会伦理关切，以期更全面地把握卢埃林的现实主义法哲学。

---

① See C. J. Friedrich, Karl Llewellyn's Legal Realism in Retrospect, 74 *Ethics*, 1964, pp. 202—204; George W. Liebmann, *The Common Law Tradition: A Collective Portrait of Five Legal Scholars*, Transaction Publishers, 2005, pp. 158—159.

第三章　理论方法：通往现实确定性的道路

在卢埃林看来，法律现实主义并不是一种哲学，而只是一种方法和技术。“现实主义过去是，现在也是一种方法，而不是什么别的东西。现实主义所涉及的唯一信条是，现实主义方法是一种好的方法。”① 虽然根据霍维茨的观点，对方法和技艺的倚重是晚年卢埃林对其早期法律现实主义的背叛与“公开赎罪”②，然而卢埃林并非晚期才转向方法的领域，方法问题一直是其思考的主题，是理解其法哲学的一个关键，“对于‘方法问题’的着迷是贯穿卢埃林一生的一个不变主题，并且在他的思想中，强调传统与技能作为稳定

---

① Karl Llewellyn, *The Common Law Tradition: Deciding Appeals*, Little Brown and Company, 1960, p. 510.

② Morton J. Horwitz, *The Transformation of American Law 1870—1960: The Crisis of Legal Orthodoxy*, Oxford University Press, 1992, p. 250.

性因素具有一种本质的连续性”[①]。在他看来，“知道要去哪里，以及发现如何到达那里，对我们所有人而言，都是根本问题”[②]。通过批评法律形式主义追求虚幻的确定性，揭示出应当寻求现实的确定性，只是表明了“知道要去哪里”这一目标，还没有“发现如何到达那里”的途径。探寻实现现实确定性的方法和技艺，构成贯穿卢埃林学术生涯的一个基本关切，他不同意法律形式主义用以实现法律确定性的手段，“并不是在鼓吹法律的不确定性，而是强调如何才能实现判例法中以前未曾实现的充分程度的可预测性与确定性，在面对不确定的、相互冲突的法律规则的情形下，努力辨识出法律确定性的源泉”[③]。

如前所述，现实的确定性具有两层内涵：一是判决结果的可估量性，事关审判秩序的实现；二是对法律外行的确定性，事关判决结果是否符合社会公众的正当观念。与此相应，实现确定性的方法就是追问:（1）如何得出个案裁判结

---

① William Twining, Karl Llewellyn’s Unfinished Agenda: Law in Society and the Job of Juristic Method, in William Twining, *The Great Juristic Bazaar: Jurists’ Texts and Lawyers’ Stories*, Ashgate Publishing Co., 2002, p. 156.

② Karl Llewellyn, Law and the Social Science—Especial Sociology, in Karl Llewellyn, *Jurisprudence: Realism in Theory and Practice*, University of Chicago Press, 1962, p. 352.

③ Karl Llewellyn, *The Case Law System in America*, Paul Gewirtz(ed.), Michael Ansaldi(trans.), University of Chicago Press, 1989, p. xvii.

果，以实现审判秩序？（2）如何保证经个案累积的普通法满足正义？[①] 针对概念形式主义的法律理论，卢埃林诉诸社会科学方法，试图创立一种新的、“现实的”经验法律科学，对稳定审判之因素进行社会科学考察。[②] 针对规则形式主义的审判实践，卢埃林主张回到法律技艺传统改革裁判方式，探寻法学方法、宏大风格与情景感等具体的操作性技术。

一、社会科学方法

对法律的工具主义理解使得社会科学在卢埃林实现确定性的事业中具有中心地位：如果法律的目的是实现社会目

① See William C. Heffernan, The Dual Problems of Legal Justification: A Key to the Unity of Karl Llewellyn's Jurisprudence, 45 *The University of Chicago Law Review*, 1978, p. 678.

② 布赖恩·莱特认为卢埃林等法律现实主义者诉诸社会科学方法，为法理学中的自然主义转向奠定了基础。在莱特看来，法律现实主义者对法理学的贡献在于将哲学中的自然主义和实用主义引进法理学：通过引进自然主义，他们提供了一种与社会科学中的经验研究相一致的审判理论；通过引进实用主义，他们提供了一种使律师能够预测法院将要做什么的审判理论。See Brian Leiter, Rethinking Legal Realism: Toward a Naturalized Jurisprudence, 76 *Texas Law Review*, 1997, pp. 285—286. 而在默顿·霍维茨看来，卢埃林夸大了法律现实主义的科学性质和方法性质，他认为卢埃林对行为主义的经验科学的过分强调，“剥夺了我们享受现实主义的政治遗产和智识遗产的权利”。Morton J. Horwitz, *The Transformation of American Law 1870—1960: The Crisis of Legal Orthodoxy*, Oxford University Press, 1992, p. 172.

标，首先就需要确定具体的社会目标是什么，这就需要通过客观的社会科学研究获取关于作为一种社会制度之法律的科学知识，以及关于不同的法律工具产生可欲社会结果之有效性的科学知识。这即其“实然与应然暂时分离”命题的题中之义，必须“从政治抽象的王国转向经验上可证实的世界，我们必须努力去确定那些法律条款实际上产生了什么影响和效果”[①]。

（一）法律科学作为一门社会科学

对卢埃林而言，法律规则并不能决定一个具体案件，因为理性的、心智正常的不同法官根据现成的法律渊源和素材，不会得出同一个结果；并且，法律规则本身可能是相互矛盾的，这意味着必须诉诸某些“法外因素”来解释案件结果。可是这些“法外因素”会在多大程度上影响判决结果，是一个需要加以经验研究的问题。[②]这就需要对法律规则和原则产生的实际社会效果进行经验性的研究，将研究焦点集中于特定时空下行动中的法，并尽可能诚实与清晰地描绘出所观察到的东西；要求透析现实规则与纸面规则之间的差

---

① David M. Trubek, Where the Action Is: Critical Legal Studies and Empiricism, 36 *Stanford Law Review*, 1984, p. 618.

② See Thomas J. Miles and Cass R.Sunstein, The New Legal Realism, 75 *The University of Chicago Law Review*, 2008, p. 832.

距，关注争议案件中法律公职人员和公众的实际行为，将法律理论和经验研究有效地勾连在一起从而为理解法律和形成法律决策提供坚实的基础。[①] 由此，法律科学首先是一门观察科学——也即一门社会科学。[②]

1. 作为社会科学的法律科学研究行为

一旦将法律科学视为一门社会科学，研究者就必须将思考的重心放在行为之上，放在法律公职人员行为与法律外行行为彼此间的互动关系之上。以行为为中心连接了法律科学与其他社会科学研究，因为“法律研究涉及的行为与经济学家、心理学家或社会学家所分析的行为是相同的”[③]。法律科

① 参见范愉：《新法律现实主义的勃兴与当代中国法学反思》，载《中国法学》2006 年第 4 期，第 38—39 页。

② 这里需要说明的是，作为一门社会科学的法律科学只是法律理论的一个组成部分（法律理论的另外两个组成部分是法律哲学与法律技术），因而，强调经验研究的法律科学并不否认其他研究活动的意义，强调法律科学研究中实然与应然的暂时分离也不是对法律理论中的价值问题漠不关心。从一个法律科学家的视角出发，研究中心在于行为，规则的意义只在于解释和预测行为。一旦走出法律科学领域而进入法律理论的其他分支，规则就还具有其他的作用，例如，使法官的判决正当化。因此，实际上，卢埃林理解法律的行为中心进路是以观察者的视角使一种法律科学进路具体化。这种行为视角对于并不预测自己行为的法官并不适用。See Michael Martin, *Legal Realism: American and Scandinavian*, Peter Lang Publishing, Inc., 1997, pp. 35—36.

③ Karl Llewellyn, The Theory of Legal “Science”, 20 *North Carolina Law Review*, 1941, p. 7.

学与其他社会科学共同关注的行为主要有两种。

第一种是解决纠纷的司法行为，即通过具有一定恒常性的官方行为解决以其他方式无法解决的纠纷。纠纷是法律的核心，正是通过解决纠纷，法律才凸显出其首要的社会价值：清理纠纷，恢复秩序。一旦纠纷发生，会有很多种解决办法，法律是解决纠纷的最后一道屏障，通常只有在其他手段都无法解决时才发挥作用。作为解决纠纷的最终手段，官方司法行为以国家政权为后盾。法律科学所关注的行为并不是偶然的一次性行为，而是反复发生的、或多或少可以预测的、具有恒常性的行为。

第二种是指导人们行动的立法行为与行政行为，即运用官方力量使人们以某种方式（或不以某种方式）为某种行为（或不为某种行为）。官方的力量意味着存在一套一般性的法律制度保障秩序；恒常性意味着立法与行政命令得以规律性地适用。

法律科学以行为为中心的关键点在于官方的语词与官方的实际行为的区别，"关注的重心不是纸面上规定了什么，而是实际上发生了什么。主要的关注点并不是法律规则的目的，也不是官方行为的目的，而是行为本身的类型"[①]。当

① Karl Llewellyn, Legal Tradition and Social Science Method—A Realistic Critique, in Karl Llewellyn, *Jurisprudence: Realism in Theory and Practice*, University of Chicago Press, 1962, pp. 80—81.

然，这并不是否认规则与行为之目的的重要性，也不是否认规则本身的重要性，而是希望“通过现实主义的经验研究方法改善法律规则实现其目的的有效性”①。

2. 暂时分离实然与应然

法律科学的经验研究要求暂时分离实然与应然：“为了研究的目的，暂时区分实然与应然。我这样说的意思是，尽管为了确定研究的目的，必定会诉诸价值判断。然而，在研究实然本身——也即观察、描述与确立被描述的那些东西间的关系——时，应当尽可能不受观察者的欲求、不受他希望如何或他认为在伦理上应当如何的影响。更为具体地说，在研究法院实际在做什么的时候，并不考虑他们应当做什么的问题。当然，实然与应然之间的区分只是暂时的。”②

卢埃林实然与应然的暂时区分受到诸多诟病。根据庞德价值评判是不可逃脱的，“除非我们已经穷尽了整个社会规范的迷宫，否则，‘价值判断’应当被搁置本身就是一个价值判断”③。事实和价值不可能完全分离，“当他们确定研究

① Wouter de Been, *Legal Realism Regained: Saving Realism from Critical Acclaim*, Stanford University Press, 2008, p. 81.

② Karl Llewellyn, Some Realism about Realism, in Karl Llewellyn, *Jurisprudence: Realism in Theory and Practice*, University of Chicago Press, 1962, pp. 55—56.

③ L. L. Fuller, American Legal Realism, 76 *Proceedings of the American Philosophical Society*, 1936, p. 220.

者的纯粹法律事实时，前见会偷偷潜入，并将决定对纯粹事实的选择。对于‘什么是重要的，因而在法律上是必须的’这一问题，法律现实主义者们有其前见，他们多数人仅仅用‘心理上的必须’取代了‘伦理上 / 政治上 / 历史上的必须’”[①]。根据富勒，实然与应然暂时分离这一假设从根本上就是错的：首先，现实主义者们假定是与应当之间的严格分离是可能的，假定研究者可以脱离法律的伦理背景来研究法律；其次，他们假设是与应当的这种分离具有显而易见的可欲性，因而不必花费精力去证明；最后，假设除非实然已经被科学地彻底查明，否则，任何关于应然的讨论都是没有意义的。[②]“在对事件的解释——这种解释把所观察到的事件看作是有目的的——中，事实和价值合为一体了。在此种情形下，那种认为价值是与纯粹的事实描述无关的某种东西——即认为价值是由观察者投射到被观察到的事情之上的某种东西——的观点将根本经不起推敲”[③]。此外，分离实然与应然、事实与价值在很大程度上会导致“放弃以严格的方式确

---

① Roscoe Pound, The Call for a Realist Jurisprudence, 44 *Harvard Law Review*, 1931, p. 700.

② See L. L. Fuller, *The Law in Quest of Itself*, The Foundation Press, 1940, pp. 60—61.

③ L. L. Fuller, Human Purpose and Natural Law, 53 *The Journal of Philosophy*, 1956, p. 698.

定法律制度的正确结构和裁判依据之标准的责任”[①]。因此，实然与应然的区分使得卢埃林（以及所有的现实主义者）陷入一个严重的窘境，因为他们“并不确定是要迫使生活遵循一套更为审慎地得出的规则，还是要让这些规则让位于生活。……他们也不清楚，他们之所以反对‘概念主义’，是因为概念主义未能准确地阐释其原则，还是因为概念主义从根本上就是在假装依原则行事”[②]。

鉴于卢埃林实然与应然暂时分离只是方法论意义上的分离，庞德、富勒并没有与卢埃林形成真正意义上的交锋，因为这些意见都是卢埃林的题中之义。首先，对卢埃林而言，所谓实然与应然的暂时分离只是分析性的，而不是规定性的，与其说是实际的“是”与伦理上的“应当”的分离，不如说是指现实规则的实际状态（法院事实上做了什么）与纸面规则所规定的应然状态之间的分离，亦即法的实际效力与法的规范效力之间的区分。[③]

其次，暂时分离实然与应然并不表明卢埃林没有价值关怀。他说“现实主义尚无规范性的计划”，并不是说现实

① Kenneth M. Casebeer, Escape from Liberalism: Fact and Value in Karl Llewellyn, 1977 *Duke Law Journal*, 1977, p. 677.

② L. L. Fuller, American Legal Realism, 76 *Proceedings of the American Philosophical Society*, 1936, p. 235.

③ See Kenneth M. Casebeer, Escape from Liberalism: Fact and Value in Karl Llewellyn, 1977 *Duke Law Journal*, 1977, p. 678.

主义者不关心法律中的道德与价值问题，而是说促进与改善法律的方式取决于是否充分了解法律的实际运行。“法院实际上如何裁决个案”涉及实然层面的实效性或有效性，即有效地解决个体纠纷，实现判决的可预测性，通过司法判决恢复因个体纠纷而受到破坏的秩序；“法院应当如何裁决个案”涉及应然层面的规范性，要求为法官提供正确的指引，将法院与司法活动（以及法律世界的其他组成元素）视为制度——即视为关于行为运行的一系列稳定的模式和结构，这其中包含各种规范性的期待，例如，履行裁决职能的正确方式、组织法庭与听证会的正确方式、理解先例的正确方式、得出判决与正当化判决的正确方式等。①

最后，实然与应然的暂时分离是为了研究的需要，是分离研究事实与伦理、规范承诺，而不是要使法律科学成为价值在其中无一席之地的纯粹经验科学。“应然”对确立研究目标非常重要，但关于“实然”的经验研究对型塑“应然”更是必不可少。“为了确立研究目标，必定会诉诸价值判断。……但是，如果不尽可能客观地了解法律现在实际上是什么样子，就不可能判断法律将来应当是什么样子。现实主义者们相信，经验已经表明，‘应然’对事实

① 参见［英］罗杰·科特瑞尔:《法理学的政治分析——法律哲学批判导论》，张笑宇译，北京大学出版社 2013 年版，第 201 页。关于卢埃林的价值关怀，将在第四章详论。

研究过程的侵入使得难以看清法律现在实际上是什么样子的。”[①] 换句话说，实然与应然的暂时分离只是要求价值判断应在充分经验研究的基础上得出：在研究的初始阶段，价值判断型塑与规定了研究议程；在研究行将结束之时，对事实的经验研究所获得的数据材料形成了关于应当如何的价值判断的基础；而在研究的过程中，“应当尽可能不受观察者的欲求、不受他希望如何或他认为在伦理上应当如何的影响”[②]。

“尽可能”这一限定词说明实然与应然的暂时分离强调的客观性并不是一个已经实现的目标，而只是一个试图实现的理想目标。卢埃林承认，由于研究者型构的问题、选择的研究视角与利用的研究概念决定了所观察、研究的事实对于研究者的意义，因而，即便是在研究过程中，客观性也不是完全可能的，他意识到了事实是通过理论与概念框架构建起来的，“在确立问题的过程中，主观性仍然存在”[③]。但价值

① Karl Llewellyn, Some Realism about Realism, in Karl Llewellyn, *Jurisprudence: Realism in Theory and Practice*, University of Chicago Press, 1962, p. 56.

② Karl Llewellyn, Some Realism about Realism, in Karl Llewellyn, *Jurisprudence: Realism in Theory and Practice*, University of Chicago Press, 1962, pp. 55—56.

③ Karl Llewellyn, Legal Tradition and Social Science Method—A Realistic Critique, in Karl Llewellyn, *Jurisprudence: Realism in Theory and Practice*, University of Chicago Press, 1962, p. 96.

问题对研究过程的渗透并不意味着研究者在研究过程中不应努力接近中立，他也并未将信念与理论排除在经验研究的检验之外。“实然与应然的暂时分离”与其说已经是一种成熟可用的科学技术，不如说是一种研究伦理——希望研究者对自己的前提假设保有适度的怀疑。对他而言，社会科学的经验研究最终可以达到类似于自然科学中的客观性标准，这是可想象的，但目前只是迈出了第一步；“客观性”是一个程度问题，即便是印象性观察也胜过完全的无知；暂时分离实然与应然只是一种常识性的研究策略，只是为了排除前进路上的现实障碍。[①]

对卢埃林而言，即便是从纯粹描述科学的角度，应然问题也具有重要意义：“人们认为法律应当是什么，与人们认为法律是什么同样重要。……并且正如态度和期望必须与公开的行为一道得到考虑，目的和目的趋向的理想蓝图也必须被考虑。”[②]然而，倘若已经弄清楚了“将要去哪里”这一理想，转而寻求实现这一理想的方法时，就应当区分作为现实的“实然”与作为理想的“应然”，“一旦某人从表述理想转向实现理想，这里揭示的进路就对他的前进至关重要。只有根据一种健康的描述

① 参见孙新强：《法典的理性——美国〈统一商法典〉法理思想研究》，山东人民出版社2006年版，第83页。

② Karl Llewellyn, A Realistic Jurisprudence—The Next Step, 30 *Columbia Law Review*, 1930, p. 463.

性法律科学，理想才不会仅仅停留在梦想的阶段”①。由此，暂时分离实然与应然，并不是要抛弃“应然”问题。但是，“如果没有描述科学，我们就不能取得进步；如果不在描述科学中暂时搁置理想，我们就不能获得客观的描述科学”②。描述性的法律科学客观中立地描述被观察者的实际行为及其有关应当如何行为的通行观念。观察者的任务首先是考察关于应当如何行为的通行观念与实际的通行行为在多大程度上是一致的，然后才是对被观察者关于应当如何的观念加以自己的价值判断，不仅评判被观察者的实际行为，也评判其伦理观念。一旦开始根据观察者自身的应然理想去评判被观察者的行为与伦理，“我们就离开了观察的领域进入了个人理想与主观性的领域”③。实然与应然暂时分离要求的仅仅是，社会科学家在其写作与思考中，“必须说明其科学观察止于何处，其本人的伦理慎思又始于何时”④，切不能将个人判断伪装成客观观察冒充科学真理。

---

① Karl Llewellyn, A Realistic Jurisprudence—The Next Step, 30 *Columbia Law Review*, 1930, pp. 463—464.

② Karl Llewellyn, Legal Tradition and Social Science Method—A Realistic Critique, in Karl Llewellyn, *Jurisprudence: Realism in Theory and Practice*, University of Chicago Press, 1962, p. 85.

③ Karl Llewellyn, Legal Tradition and Social Science Method—A Realistic Critique, in Karl Llewellyn, *Jurisprudence: Realism in Theory and Practice*, University of Chicago Press, 1962, p. 86.

④ Karl Llewellyn, Legal Tradition and Social Science Method—A （转下页）

"现代法理学家必须采取一种中立观察者的立场，严格根据功能论的观点看待法律，其目标是理解而不是促进社会进程。通过将法律视为一种不断运转的制度，他希望超越'参与者'的立场"①。实然与应然的暂时分离只是扫清"急速前进中的障碍"、增强法律科学基本方法论的一种手段。对他而言，急速前进所遭遇的障碍主要是法律形式主义。创立经验法律科学要扫清的障碍是概念形式主义预设的规则体系自身的含混性，这首先要求区分描述性的规则与规定性的规则，经验性地研究法律的实际运行。规定性的规则是指"应当是什么，在这样的案件中法官应当如何做"，描述性的规则是指"实际上是什么，法官在这样的案件中实际上是如何做的"。②不能混淆"应当如何"与"实际上如何"，尽管单单区分二者不能产生可靠的预测与确定性，但这却是产生现实确定性的必要条件。③其次要求事实——即法院的实际行为——证实描述性规则，事实必须是"客观上可证实的，而

（接上页）Realistic Critique, in Karl Llewellyn, *Jurisprudence: Realism in Theory and Practice*, University of Chicago Press, 1962, p. 86.

① Simon N. Verdun-Jones, The Jurisprudence of Karl Llewellyn, 1 *The Dalhousie Law Journal*, 1974, p. 446.

② See Karl Llewellyn, A Realistic Jurisprudence—The Next Step, 30 *Columbia Law Review*, 1930, p. 439.

③ See Wilfrid E. Rumble, American Legal Realism and the Reduction of Uncertainty, 13 *Journal of Public Law*, 1964, p. 65.

非诉诸个人直觉或神启”[①]。最后，还要求将其他社会科学的概念与方法运用到法律科学研究中来。法律不单单是法律规则与原则，而且还是对其他社会力量的反映，因而确定性的获得还依赖于对这些法外因素的考量与把握，这就需要充分利用其他社会科学关于行为的洞识与方法，利用已为社会学、经济学和政治科学所推进的方法。

总之，通过与其他社会科学的联结，卢埃林的目标是建立一种遵循现代经验原则的“自然的”或“社会的”描述性法律科学，要求在更为宽广的“社会”这一语境下观察与研究“法律的生命”。描述性法律科学的使命并不在于一个法律规则如何规定，也不是一个哲学上正当的规则如何规定，而是一条已经如此规定的法律规则对于现实生活中的人而言意味着什么，并且，对于“法律规则在现实生活中意味着什么”的实然描述之所以值得追求，不仅是因为它满足了“价值无涉”这一研究伦理对客观性的要求，也是因为它是有效回答“现实生活中的法律应当是什么”这类应然问题的一个必要前提。[②] 换言之，卢埃林倡导的经验性法律科学既有规范性的维度，也有描述性的维度。在描述的层面，坚持关注被适用

---

① Karl Llewellyn, The Theory of Legal “Science”, 20 *North Carolina Law Review*, 1941, p. 21.

② See Michael Ansaldi, The German Llewellyn, 58 *Brooklyn Law Review*, 1992, p. 749.

的法律（law as applied）而非被书写的法律（law as written），要求研究源自政治过程和解释过程的法律——亦即实际上影响着公众的法律，其主要目标是研究被书写的法律转换成行动中的法律的方式。在规范的层面，法律现实主义的规范工程以对法律目的的承认为基础，这就意味着必须首先根据法律实际上能实现什么，然后才能根据它是否能比其他可供选择的社会控制机制实现得更好来评判法律。①

（二）稳定上诉审之制度性因素的社会科学研究

卢埃林以制度分析方法作为方向定位，对稳定上诉审的制度性因素进行了社会学分析。

1. 以制度分析为方向定位

制度分析促进了法律科学家与社会科学家的合作，“我们所能做的就是从社会学中借用一个概念——制度”②。卢埃林对待制度的进路是功能性的，任何有资格成为“社会”的群体都有许多制度，这些制度的一个特殊功能是要维持一个社会的继续存在，即维持社会秩序。“一项制度首先围绕一

① See John Hasnas, Back to the Future: From Critical Legal Studies Forward to Legal Realism, or How Not to Miss the Point of the Indeterminacy Argument, 45 *Duke Law Journal*, 1995, pp. 114—115.

② Karl Llewellyn, Law and the Social Science—Especial Sociology, in Karl Llewellyn, *Jurisprudence: Realism in Theory and Practice*, University of Chicago Press, 1962, p. 355.

项职能或一组职能进行组织化活动，一项基本制度的职能是维续社会（群体）的存在。”[①] 将法律视为一种不断运转的制度，可以将法律规则、概念以及理想都置入各种制度实践的背景当中，正是这些制度实践赋予规则、概念以意义和生命力。制度分析要求将法律现象置于更宽泛的社会背景下考察。通过引入制度概念，他把关于法律现象的研究放入了以行为为导向的社会科学观念的范围内。在他看来，如果能发现衡量制度与司法行为产生的后果之关系的某些方法论工具，那么，法律人就会利用这些方法论工具去实现法律的目的。制度分析对法律科学研究的意义在于，“它开启了一个新的维度，促使思想、观察与行为放弃欧几里得定理，进入一个被多重透视的领域”[②]。法律形式主义信奉“唯一正确原则或规则”，对一个法律问题的回答只能是“是”或“否”，而制度分析要求对规则或原则作出政策判断，并且承认权威机构的判断或行为必须被遵守，从而回避了非此即彼的答案。这里以法律理论中的两个经典问题为例。

第一，关于法官是发现法律还是制定法律。如果以“唯

---

① William Twining, *Karl Llewellyn and the Realist Movement*, University of Oklahoma Press, 1985, p. 177.

② Karl Llewellyn, Law and the Social Science—Especial Sociology, in Karl Llewellyn, *Jurisprudence: Realism in Theory and Practice*, University of Chicago Press, 1962, p. 360.

一正确答案”的思路来考量这一问题，这将是一个永无止境的争论，倘若采取制度性的进路，这一争论就无甚意义：为了履行法律职能，法官事实上既在发现法律，也在制定法律。当出现一个现行法律（包括先例与制定法）无法应对的“疑难案件”时，法官就会制定新法。然而，法官造法并非随心所欲，他们总是受到各种制度性因素和具体事实情景的限制，因此，法官的判决既是发现、承认法律，也是制定法律。

第二，关于规则与自由裁量、规则与权威间的关系。法律形式主义“法治而非人治”这一社会治理方式的经典表达往往忽略了“人”的因素，实际的情形是，法律对社会的规制最终由根据规则行动并受到技艺传统限制的人实际执行。制度分析强调的恰恰是人的因素。在法律形式主义的观点中，“法律”通常被夸大为行为的规律性，而“治理”则被夸大为特定情形下的个人判断。根据制度进路，分离的法律与治理连结为“法律—治理”，在任何官方行为中，行为的规律性与具体情景都同时得到考量，“法律规则被赋予了某种职能，对具体情景的个人判断总是受到寻求合理性与恒常性的驱动”①。因此，自由裁量不是随心所欲，而是寻求正当

① Karl Llewellyn, Law and the Social Science—Especial Sociology, in Karl Llewellyn, *Jurisprudence: Realism in Theory and Practice*, University of Chicago Press, 1962, p. 362.

的、睿智的、在相似情形下可重复发生的行为。

在《夏安人的方式》中，卢埃林与其合作者霍贝尔将制度分析具体化为“疑难案件方法”，深入分析与审查一个纠纷从产生到解决涉及的整个复杂的制度过程。“通过研究实际案例，人们可以有效且充分地理解规范相互竞争或冲突的现象；可以克服信息提供者（被研究者）拒绝或无力清楚表达规范的困难；可以检审明确表达的规范与纠纷解决过程产生的结果间的吻合或背离程度；可以表明既定规范事实上是如何被应用的，这比对形式的空洞陈述更具启发性；可以显现出一个群体的‘法律’与该群体中每个小群体的‘次法律素材’间的关系；可以看清楚文化在危机中所起到的作用；而且疑难案件本身就是一种重要现象。”[①] 他们将夏安人的法律规范与部落成员不断改变的行为模式关联起来，将焦点集中于夏安人解决法律纠纷的方式具有的连续性上，断言夏安人解决纠纷的方式成功地调整了法律规范，使之能够适应事实情景的微妙变化。正是对制度分析的引入与对夏安人解决疑难案件所涉法律技艺的分析，激发了卢埃林晚年关注司法认知在法官行为中的作用，将研究的焦点集中于影响上诉法院审判的制度性因素和法律技艺传统。

---

① William Twining, *Karl Llewellyn and the Realist Movement*, University of Oklahoma Press, 1985, pp. 160—161.

2. 稳定上诉审之制度性因素的社会学分析

《普通法传统》[①] 的一个主要目标是，证明当时对上诉法院的信任危机是不合理的，旨在“表明美国当时的上诉判决在很大程度上是理性的、法官造法并不仅仅存在于非比寻常的重大案件当中，而且也存在于普通案件当中，此种创造不仅与合理的可估量性相容，也与正义和适应社会变迁的需要相容”[②]。据其观察，上诉法院的司法判决之所以具有恒常性从而可估量，是由于存在稳定上诉审的制度性因素。这些制度性因素包括受过法律训练的官员、司法原则、公认的原则性技巧、法官的职责、单一正确的答案、法院的单一意见、来自下级法院的事实冻结记录、预先限制、突出和拟定措辞的审理、律师的对抗性辩论、集体判决、司法保障与诚实、

---

① 在《普通法传统》中，卢埃林运用社会科学的样本分析方法，分析了大量的实际判决，但其样本却并不源于他本人的实际经验调查，而是书面的司法意见书。正如一位评论者所言，尽管他诉求的是以经验为基础的法律社会学，但却偏爱对材料进行抽象的规则分析，因而，他是一位“纸上谈兵的法律社会学家”。See Michael Rustad, Karl Llewellyn's Social Vision of Case Law, 25 *Suffolk University Law Review*, 1991, p. 141. 相同的意见也参见［美］斯图尔特·麦考利:《新老法律现实主义:“今非昔比”》，范愉译，载《政法论坛》2006 年第 4 期，第 59 页注。“在原则上，他们确信应对法律进行社会科学研究，但只是嘴上说说并为其鼓吹，实际上却很少或完全没有付诸实践。”本书主要关注的并非卢埃林的分析样本，而是其对制度性因素的分析。

② William Twining, *Karl Llewellyn and the Realist Movement*, University of Oklahoma Press, 1985, pp. 205—206.

公众可知晓的法庭、时期风格、专业司法职位。① 这些制度性因素的存在表明法官的社会化、角色认知、心理认知结构以及态度等对法官判案具有约束作用。

第一，法官的社会化。人的社会化主要是个人选择性地习得通行于某一群体社会中的技能、知识、态度、价值以及动机等，通过这种习得，个人成为该群体社会的一员。社会化涉及个体行为模式的确立及其对自身在该社会中制度化角色的认同。在稳定上诉法院审判的各种制度性因素中，受过训练的法律官员、司法原则、公认的原则性技巧、预先限制、突出与拟定措辞的审理以及律师的对抗性辩论，都旨在表明法官通过其所接受的法律训练及其作为一位“法律人”具备的经验，已经被社会化了。通过审理不同的案件，法官过去所受的训练——技艺娴熟地处理法律问题——不断得到增强，尽管这并不是决定案件的唯一因素，“法官作为一个已经被高度社会化的人，其法律社会化只提供了有限的可预测性”②，但其多年的法律训练与经验无疑会影响其对个案的处理。

第二，法官的社会化与其对自身职位的角色认知紧密相

① See Karl Llewellyn, *The Common Law Tradition: Deciding Appeals*, Little Brown and Company, 1960, pp. 19—51.

② Karl Llewellyn, *The Case Law System in America*, Paul Gewirtz(ed.), Michael Ansaldi(trans.), University of Chicago Press, 1989, p. 12.

关。角色描述的是对特定行为以及担任具体社会、政治职位的人应具品性的规范性期待，角色理论断言制度框架设定了对特定行为的规范性要求，允许根据个体行为发生于其中的制度框架来评价行为，个体对角色的认知主要是对制度所施加的规范性要求的认知，只有符合规范性期待的行为才是角色行为。[①] 在卢埃林看来，“专业司法职位”之所以是最重要的稳定因素，是因为专业的司法职位本身具有某种规范模式可以衡量法官的行为，这种规范模式通常源于法官个人对法官职位所应具有的中立、正直、公平、理性论证等品性的认知。基于这种认知，法官在实际的审判实践中会恪尽职守，努力遵循“法官应当如何裁决案件”的模式，“法官的专业司法职位以庄严的力量塑造着法官”[②]，法官自身的角色认知约束着其审判行为，法院的审判工作整体上仍是稳定的。

第三，与法官的社会化与角色认知相关联的是法官具有相似的认知结构。认知结构的型塑作用解释的是法官的价值观念、偏好甚至是个人癖好等个人主观因素在司法裁决中的作用与影响，它并不否认这些主观因素会影响法官的判决，只是坚持法官的个人主观因素对司法裁决的影响并不是有意

---

① See R.H.Clark, Karl Llewellyn on Legal Method: A Social Science Reconsideration, 14 *Tulsa Law Journal*, 1979, p. 502.

② Karl Llewellyn, *The Common Law Tradition: Deciding Appeals*, Little Brown and Company, 1960, p. 48.

识的，而是发生在潜意识的层面。“集体判决”这一稳定性因素就是认知结构发生作用的表现，“由多数人组成的合议庭不仅能产生可估量性，而且可以增强稳定性、克服法官的个人偏见、腐败、草率、懒散等问题。此外，每位合议庭成员都能就涉讼案件提出自己的意见，集体决定可以在采纳一种意见时仍能维持某种平衡”[①]。通过集体裁决的方式，合议庭成员可以交换意见，直接面对其同事的反对意见，这有助于消除法官的个人偏见。集体裁决保证了认知结构对司法裁判的影响并不是法官随心所欲的个人判断：在集体判决中，既存在一个检验认知结构的内部标准——法官的正直品性与无偏见地寻求正确答案的承诺；也存在一个检验随心所欲之个人判断的外部标准——法官所作的裁决并不满足关于法律分析的公认标准，或者引起了专司审查之职的专门法庭的强烈怀疑，又或者，引起了无利益关系之第三方（观察者）的强烈谴责。[②]

第四，与法官相似的认知结构紧密相连的是法院（法官）整体司法态度的连续性问题。“公众可知晓的法庭”表明，经由研究一段时期内（上诉）法院及其法官裁判案件的

① Karl Llewellyn, *The Common Law Tradition: Deciding Appeals*, Little Brown and Company, 1960, p. 32.

② See Brian Z. Tamanaha, *Beyond the Formalist-Realist Divide: The Role of Politics in Judging*, Princeton University Press, 2010, p. 189.

行为，可以发现特定法庭看待问题、处理先例的方式及其对某类事实情景的态度，判决意见书“集中表明了观察与判断案情、处理权威先例的方式，以及对于一个其中存在现实冲突之领域的态度。……一个特定的法庭通常倾向于延续某种现存的传统——不仅包括工作方法，而且包括实质观点，甚或包括法官彼此间的工作态度”[①]。由此，法官的审判行为受到其在过去的类似案件中表达出来的态度的限制，受到表现出其特定价值取向的过去行为的限制。通过研究法官过去的行为，律师可以确定一个法庭对其待审案件的可能态度，并且能够为应对这些司法价值立场而做好准备。在这个意义上讲，（上诉）法院的审判工作也是稳定、连续且可估量的。

总之，稳定（上诉）法院审判的制度化环境——法官处于相同的法律传统以及更宽泛的社会共同体——使得不同的法官尽管有自身的个人价值观念，却以大致相同的方式看待法律规则与事实情景，法院的审判工作具有稳定性、连续性，从而具有可估量性。法官作出判决时被其同事所包围，是在一个稳定的层级制度中作出的，并且有受过法律训练的律师和当事人参与，受到这些人的监督，这使得判决成为一个“集体产品”，而不是法官个人欲望的产物。换言之，制

① Karl Llewellyn, *The Common Law Tradition: Deciding Appeals*, Little Brown and Company, 1960, p. 34.

度性因素“联合了共享的思想意识定向、共享的法律训练、共享的司法角色定位与认知结构、共享的社会认知，以及共享的制度背景，这充分地稳定了法律解释，足以使不同的法官在多数情况下以相同的方式看待法律和裁决案件，而不论他们的个人背景、价值取向和个人偏好如何各不相同”①。

二、法律技艺传统

制度性因素构成了对法官审判的外部约束，法律技艺则构成了对审判实践的内在约束。法律技艺不仅是对法官的内在约束，也是辩护律师的指导理论，因而法律技艺不仅包括法官解释先例与制定法的技巧，也包括辩护律师使“预测成为现实的技艺”。② 法律技艺通过技艺、技能、时期风格、问题情景类型、内在法则等，为法官提供了具体的操作性技术，从内部约束、限制法官的审判行为，从而为律师与当事人提供了新的视角、方法和工具，去预测与估量法院的审判工作。“如果一条规则根本没有完成其旨在完成的事情，为

---

① Brian Z. Tamanaha, *Beyond the Formalist-Realist Divide: The Role of Politics in Judging*, Princeton University Press, 2010, p. 195.

② 参见［美］卡尔·N. 卢埃林：《普通法传统》，陈绪纲等译，中国政法大学出版社 2002 年版，第 88—105 页、第 278—298 页等。

什么人们还如此坚定地遵守它？如果一条规则本身根本不能完成其旨在完成的事情，那么，是什么其他发挥作用的东西帮助该规则脱离困境？一定存在某种正在发挥作用的东西以帮助所有规则脱离困境。这就是法官的技艺传统，它稳定了并指引着我们法官的工作。另外还存在着关于技艺的理念，这些理念也发挥着稳定和指引的作用。”①

技艺（craft）不同于技巧（skill）。“技巧”指的是，在完成任务的具体操作过程中，为了表现出一定水准（比如，技术高超地完成任务），而掌握一种或多种技术与能力；“技艺”则是指，围绕着特定职能的履行对一系列技巧和技术的制度化。②“在本质上，技艺是一种可以识别出来的工作进路，由那些可以被识别出来的艺匠实践。”③由此，技艺由一系列组织化的、制度化的技能以及实践这些技能的人组成。“技艺的观念与事实关注的焦点仅仅是，个体与其生活于其

① Karl Llewellyn, On Reading and Using the Newer Jurisprudence, in Karl Llewellyn, *Jurisprudence: Realism in Theory and Practice*, University of Chicago Press, 1962, p. 135.

② See William Twining, Karl Llewellyn's Unfinished Agenda: Law in Society and the Job of Juristic Method, in William Twining, *The Great Juristic Bazaar: Jurists' Texts and Lawyers' Stories*, Ashgate Publishing Co., 2002, p. 174.

③ Karl Llewellyn, Law and the Social Science—Especial Sociology, in Karl Llewellyn, *Jurisprudence: Realism in Theory and Practice*, University of Chicago Press, 1962, p. 364.

中的群体以及包围着个体与群体的社会之间日常的互动过程。……技艺不仅包括所有的技术，而且包括传统上可进行交流与传递的生活智慧，还包括关于工作与管理的所有组织化。……离开技艺所关心的工作进路，你就不能思考技艺本身。离开艺匠及其日常实践，你也不能思考技艺本身。”① 技艺一方面强调法律人实际的实践行为，另一方面关注运用技艺的艺匠。由此，首先，重点“放在法律人不断重复的行为模式上，放在不断重复的行为模式所推动的约束及其实现的可预测性的程度上”②。其次，实践技艺的艺匠们是被环境化了的人，“法官不是单纯的人，他们首先是被作为律师而定型化了的人，因此他们要像律师那样看待、类分以及权衡事物；他们其次是被作为法官而定型化了的人，这使得他们不同于仅仅作为律师的时候；他们还是被美国法院的传统定型化了的人……最后，他们还是被其工作于其中的时期风格定型化了的人”③。法官不断重复的行为模式及其所受的环境化（社会化）使得其审判行为具有一定的趋同性与恒常性，虽然个体的行为存在一定的自由余地，彼此间的行为却不会偏

① William Twining, *Karl Llewellyn and the Realist Movement*, University of Oklahoma Press, 1985, p. 506.

② Frederick Schauer, Jurisprudence and Political Theory: The Determinants of Legal Doubt, 89 *Michigan Law Review*, 1991, p. 1312.

③ Karl Llewellyn, *The Bramble Bush: On Our Law and Its Study*, Oceana Publications, 1960, p. 157.

离太远。总之，技艺这一术语“明显连接起了卢埃林的某些核心思想：传统作为一种稳定性因素的重要性；艺匠既是个体，同时也由某个共同体塑造并是这个共同体的一部分”①。在法律技艺传统下，实践技艺的艺匠们并没有屈从“技术偏好”而忽略了技艺为之服务的理想与目的：“艺匠的特殊标志是为出色完成一项工作本身而自豪。金钱和名誉是次要的。”②卢埃林一贯强调技能是针对目的的手段，这种手段必须与目标和理想联系起来考察，其技艺理论是同正义理论和美学理论（对公正和对美的追求）明确联系在一起的——既满足了律师实践的需要，也满足了当事人以及法律外行对公正结果的期待，还满足了功能美学的需要。此外，技艺本身存在一个道德与伦理的维度，“标准的技巧清单不仅仅包括认识和解决道德困境的能力，而且关于道德、价值和职业责任的各种问题需要渗透到学习每种技巧的过程中”③。

卢埃林勾画的法律技艺传统包含了法学方法、宏大风

① William Twining, Karl Llewellyn's Unfinished Agenda: Law in Society and the Job of Juristic Method, in William Twining, *The Great Juristic Bazaar: Jurists' Texts and Lawyers' Stories*, Ashgate Publishing Co., 2002, p. 177.

② William Twining, *Karl Llewellyn and the Realist Movement*, University of Oklahoma Press, 1985, p. 197.

③ William Twining, Karl Llewellyn's Unfinished Agenda: Law in Society and the Job of Juristic Method, in William Twining, *The Great Juristic Bazaar: Jurists' Texts and Lawyers' Stories*, Ashgate Publishing Co., 2002, p. 173. 相反的观点，see Morton J. Horwitz, *The Transformation of American Law*（转下页）

格与情景感三方面的内容。法学方法关涉到法律职能的履行，是对法律技艺的一般描述；宏大风格是对普通法下法律技艺传统的宏观概括；而情景感则是法官实际判案时对法律技艺的具体运用。由于法律技艺只有通过法官判决个案才能体现出来，又由于判决结果的可估量性针对的是个案，法律外行的确定性也在于个案判决与社会习俗的叠合，因而可以说，情景感构成法律技艺传统的核心，是实现现实确定性的关键。

（一）法学方法

法律技艺是一个总体图像，“本质上是功能性的法律技艺关注的是一切人类群体中永恒的人类需要”[①]。这就涉及法律的职能。为了满足人类社会的一个基本需要——维续群体社会的存在，法律必须履行如下职能：第一，调整纠纷情形。当出现冲突或者其他麻烦时，它就必须被解决或者至少

（接上页）*1870—1960: The Crisis of Legal Orthodoxy*, Oxford University Press, 1992, p. 250. 在霍维茨看来，尽管卢埃林通常称颂理想和道德（即对美和公正的追求）的重要意义，但是在他的辩护课程中，他并没有超出教授各种法律职业技巧的范围，包括某些可能被认为在道德上有问题的技巧，因此，通过在技能研究中寻求避难的方式，卢埃林把自己出卖给了一种不加批判的法律观点和法律实践。

① William Twining, *Karl Llewellyn and the Realist Movement*, University of Oklahoma Press, 1985, p. 510.

是被控制在一种可以容忍的较低的程度上，否则这个群体就会崩溃或者其目标将会被挫败或损害。第二，对行为和预期做预防性的疏导，以避免纠纷的实际出现。第三，预先分配职权并且预先规定行使职权的程序。第四，提供纯粹正面的推动力：在整体上进行整合、指引和激励，将一个群体或社会整合为一个整体。第五，法学方法，在任何群体中——尤其是在各种复杂的群体中，如果上述需要或职能处理得令人满意或适当，那么各种技术、技巧、策略、习惯以及传统就需要被发展、被制度化和调整。[①] 法学方法旨在通过探索如何应对法律素材以及建立起这些应对方式的传统来保证一切法律职能得以有效履行。

通过裁判纠纷解决的过程必须追问三个问题：首先是正确的答案是什么？其次是在现实条件约束下答案必须是什么？最后是法律允许的答案是什么。[②] 这一过程经常面对三个难题：一是个案正义与法律的平衡，这一方面受制于规则本身是否是一条好的规则，另一方面也受制于司法审判是否与社会中的其他纠纷解决制度良性互动；二是由于政治、政策等力量的入侵，法律规则难以确定解释；三

---

① See Karl Llewellyn, The Normative, the Legal, and the Law-Jobs: The Problem of Juristic Method, 49 *The Yale Law Journal*, 1940, p. 1392.

② See Karl Llewellyn, The Normative, the Legal, and the Law-Jobs: The Problem of Juristic Method, 49 T*he Yale Law Journal*, 1940, p. 1399.

是案件事实本身难以辨识。[①]法学方法在其中履行的职能就是运用已有的法律素材或创造新的法律素材，在各种彼此冲突的需要之间进行选择；或者在虽然不冲突，但一种需求较好另一种需求较差时进行选择。但它又不仅仅是一个简单的选择问题，进行选择的同时也要进行创造发明；并且所有的选择与创造发明都必须与整体社会的需求相一致，"它一方面满足了原始正义的要求，另一方面满足了人们遵守规则字面限定的要求"[②]。

因此，"法学方法不仅是法律方法。法律方法是律师的工具……它的目的只是为诉讼当事人或委托人服务，而不是为司法与正义服务，它仅仅是法律的。法学方法关涉到的是社会整体的解决方案，是如何使法律机制与社会整体的需要并驾齐驱、保持一致的问题。"[③]法学方法并不限于个人的技能和技巧，还包括技艺传统、惯例、特定的思维方式、制度设计等，是"处理实现法律职能之目的的工具的方法，是

---

① See Karl Llewellyn & E. Adamson Hoebel, *The Cheyenne Way: Conflict and Case Law in Primitive Jurisprudence*, University of Oklahoma Press, 1941, pp.305—307.

② Karl Llewellyn, The Normative, the Legal, and the Law-Jobs: The Problem of Juristic Method, 49 *The Yale Law Journal*, 1940, p. 1399.

③ Karl Llewellyn & E. Adamson Hoebel, *The Cheyenne Way: Conflict and Case Law in Primitive Jurisprudence*, University of Oklahoma Press, 1941, p. 309.

调整方法与工具本身之维护与改进的方法”[①]。它不以存在某种专门的审判组织与特定的法律规则为必要前提，通常情况下只是未被言明的技巧，或者是形式多样的官方法律艺匠传统。

总之，法学方法要比“法律人的技能”宽泛得多，它超出了个体技巧的范围，包括技能传统、实践行为与固定的思维方式。这种技艺理论不局限于法律人，涉及参与法律活动的所有人，包含了制度性机制的所有方面，“是一套极为复杂和微妙的要素，能够在多重层面上立刻影响到全部技艺者”[②]，可以解决法律的形式要求与在具体个案中被感受到的正义间的矛盾关系，既促进个案判决结果的可估量性，也满足法律外行对司法过程及其判决的期待。

（二）宏大风格

在卢埃林看来，普通法传统很大程度上是一种法律技艺传统，法官在法律技艺传统下的良好履职形成了宏大风格，正是在宏大风格的浸淫下，（上诉）法院的下述目标得

① William Twining, Karl Llewellyn’s Unfinished Agenda: Law in Society and the Job of Juristic Method, in William Twining, *The Great Juristic Bazaar: Jurists’ Texts and Lawyers’ Stories*, Ashgate Publishing Co., 2002, p. 167.

② Karl Llewellyn & E. Adamson Hoebel, *The Cheyenne Way: Conflict and Case Law in Primitive Jurisprudence*, University of Oklahoma Press, 1941, p. 308.

以有效实现：裁决具体案件、裁决需符合良知与正义、裁决与先例所确立的原则需保持适度的一致、判决意见需明晰、坦率、直截了当、以新的眼光和视角去审视业已颁布的规则、为将来的案件提供明晰的指引。① 当时之所以会产生对上诉法院的信任危机，是由于“尽管法官们拒绝了形式化风格，但他们却没有清楚地认识到他们追求的理想，而律师界却总体上并没有理解法院的裁判风格已经从形式风格转变到了宏大风格，反而把这种转变视为法院的无能，甚至是专断”②。卢埃林通过对若干样本的社会学分析，展示宏大风格的精髓和意义从而驳斥信任危机，证明法院的审判实际上是可估量的。

1. 时期风格

风格不仅是驯服与约束法官裁判的力量，也是一个衡量法官的裁判工作确当与否的标准，指的是在司法意见书中反映出来的思维方式，而不是司法意见书本身的文本书写方式。它“不是文字上的特征，而是实际履行职责的方式，是司法技艺的方式，是在［指向未来的］想象与［遵从过去的］传统之间、连续性与发展之间、工具与目的之间、手段

① See Horace S. Haseltine, The Pursuit of Reckonability, 1962 *Washington University Law Quarterly*, 1962, p. 44.

② Arno C. Becht, A Study of “The The Common Law Tradition: Deciding Appeals”, 1962 *Washington University Law Quarterly*, 1962, p. 8.

与需求之间的一种功能性和谐”[①]。“它是在任何特定时间通行于全国的从事法律工作的一般方式，是总体的世界观，是职业技能的方法，是法律人对之保持敏感并孜孜以求的东西，是工作方式与结果的风格与特色。可以用‘时期风格’来恰当地表述它。”[②]

据卢埃林的观察，美国普通法经历了三种时期风格。其一是1820—1860年代的理性风格，强调真正的逻辑、正确的理性与对整个社会的合理理解。在理性风格中，具体案件的法律结果相对确定，以相对清楚的言辞为将来的案件提供了指引，被感觉到的情景理由在判决意见中被陈述出来，规则及其适用因需要而变化，并详细说明变化的理由。其二是1860—1910年代的形式化风格，强调权威、形式与三段论的形式逻辑。在形式化风格中，结果可能是确定的，法院只有为去除异常情况才会表达理由，其推理方式与理由都是隐蔽的，因而无法为将来的案件提供指引。其三是1910年代后理性风格（宏大风格）的复兴。在宏大风格中，法院公开考察纸面规则的目的，纸面规则之目的不断受到社会原则与社会政策的检验，并且寻求为未来的案

① Karl Llewellyn, *The Common Law Tradition: Deciding Appeals*, Little Brown and Company, 1960, p. 37.

② Karl Llewellyn, *The Common Law Tradition: Deciding Appeals*, Little Brown and Company, 1960, p. 36.

件确立一条“良好的法律”，因而，宏大风格从根本上讲是指向未来的。①

当时正在发生作用的裁判方式正是宏大风格，其中包含了判例法、制定法各自的原则结构和素材，也包括了控制法庭的言辞，还包括了授予（上诉）法院权力和职责的理性因素与目的因素。宏大风格之所以允许合理的偏离，不仅是为了灵活、睿智地处理手边案件，也是为了重塑用以处理手边案件的规则等素材，以便为将来的裁判提供更好的工具，为将来的律师与法律公众提供更好的指引。在宏大风格这种裁判方式中，存在三种控制性因素——原则结构、法律技艺与蕴含在情景类型中的内在正当性，这三种因素表现出了宏大风格的精髓所在：“利用理性与感悟力去辨别显著的情景类型，并诊断出该问题类型合理公正的答案。”② 法庭是首先根据整体衡平与自身的感悟力去探究类型情景，还是首先考虑个案公正及手边案件的具体事实，这的确会导致不同的案件结果；虽说如此，宏大风格对情景类型的考量却在多数情况下都能满足手边案件个案公正的要求。对情景类型

① See Karl Llewellyn, On the Good, the True, the Beautiful in Law, in Karl Llewellyn, *Jurisprudence: Realism in Theory and Practice*, University of Chicago Press, 1962, pp. 178—192.

② Karl Llewellyn, *The Common Law Tradition: Deciding Appeals*, Little Brown and Company, 1960, p. 402.

的批评可以带来对法律规则、原则的重新解释，从而在不改变规则言辞的情况下，使规则适应已经变化了的社会需要。

卡多佐是卢埃林推崇的具有卓越司法智慧的宏大风格法官典范[①]。在麦克弗森诉别克汽车公司[②]一案中，卡多佐首先挖掘出来一个具有重要意义的"问题情景"——设计时速为50英里的小汽车；然后分析当时先例中通行的"合同当事

---

①《美国判例法体系》的卷首语写道："谨以此书献给德国高等法院荣休大法官沃尔特·西蒙斯与联邦最高法院大法官本杰明·N. 卡多佐，他们为各自所属的传统增添了新的荣光。" Karl Llewellyn, *The Case Law System in America*, Paul Gewirtz(ed.), Michael Ansaldi(trans.), University of Chicago Press, 1989.

② MacPherson v. Buick Motor Company, 217 N.Y. 382(1916). 该案涉及的事实主要是：被告是一名汽车制造商，它将一辆汽车卖给一位零售商。零售商又将它卖给原告麦克弗森（MacPherson）。原告驾车途中，车突然塌了下去，他被摔了出来且受了伤。有一个轮胎用的是有瑕疵的木料，其辐条也被弄成了一堆碎片。轮胎并不是由被告制造，而是从另一制造商那里购买的。然而有证据显示若经适当检查被告本可以发现这一瑕疵，但是他并未进行这样的检查，也没有人主张被告知道这样的瑕疵且有意予以隐瞒，该控诉不是欺诈之诉而是过失之诉。当时"合同当事人原则"仍是通行的一般规则，因而，该案争议的焦点是，原告是否属于直接与被告签订销售合同的当事人的"一般规则"的范围内，也就是说，除了直接购买人（即零售商）之外，被告是否还需要对其他人承担谨慎注意的义务。陪审团裁定原告麦克弗森获得赔偿，上诉分庭维持原判。由于有别克公司的过失证据支持原判，卡多佐认为本案剩下的是纯法律问题：别克公司对原告应尽的义务。卡多佐对该案的具体推理过程，请参见王虹霞：《司法过程中的利益衡量——卡多佐的法律哲学研究》，吉林大学博士学位论文，2010年，第74—77页。

人原则”——对未直接签订合同的第三方无赔偿责任，以及“危险必须迫近”原则；最后重新解释该原则，认为它已不适应已发生了变化的问题情景——小汽车是一种危险工具，“乘公共马车时代旅行的先例已不适合今日旅行的情况。‘危险必须是迫近的’这一原则并没有改变，变的是遵循这一原则的事物”。卡多佐看到了“一般原则的稳定性”与“社会需要的变动不居”之间的矛盾，通过宏大风格的推理，他使一般原则适应了变动不居的生活，并且“设法为规则在不可知的未来的适用留有变通的余地”①。卡多佐拥有直觉到公正的敏感性、洞穿类型情景事实的卓越能力，不仅洞察到了新出现的社会需求，而且运用司法技艺来满足这些新需求，同时还保持了与先例规则的一致性与延续性，②这些都是宏大风格的内在要求。

可见，在宏大风格中，法官寻求既与法律规则又与法官个人对案件的感悟相一致的结果，既根据手边案件所属的情景类型，也根据对未来案件的合理指引来考量先例。宏大风格要求裁决手边案件的法官根据三个标准来判断一个先例是否应当被遵循：首先是撰写判决意见的法官的声望——因

---

①［美］A.L. 考夫曼：《卡多佐》，张守东译，法律出版社 2001 年版，第 280 页。

② See Karl Llewellyn, *The Common Law Tradition: Deciding Appeals*, Little Brown and Company, 1960, p. 443.

为认真聆听智者的意见总是有道理的；其次是“原则”，这里的原则并不只是能使规则有序的言辞工具，而且同时还是产生明确意义与秩序的一般化概括；最后是“政策”，即规则及其适用可能产生的后果。[①] 这就要求撰写案件判决意见的法官坦率、清晰地表明其判决理由，必须表明为什么他们认为以此种方式遵循先例是正当的，为什么要区分（或不区分）先例。在此意义上，先例只有同时满足如下两个条件，才能清晰地指引我们通往更大程度的确定性：首先，陈述一条真正处理一个具体案件的规则的同时，清楚地表明其理由；其次，所表明的理由本身应当是有意义的，而不是个人喜好或突发奇想。“唯有如此，我们才能有一种常规的而非偶然的明晰性与合理性的基础，确定性才不会蜕变为不能交流的猜测，指引也才不会变成无法传达的直觉。”[②]

2. 宏大风格与形式化风格

宏大风格“视不断寻求以良好法律指引未来为理所当然之事，但是良好的法律本身来源于并立基于过去能够提供的经验；这种寻求重新审视和塑造传统，传统不仅能够产生

---

① See Karl Llewellyn, *The Common Law Tradition: Deciding Appeals*, Little Brown and Company, 1960, p. 36.

② Karl Llewellyn, Impressions of the Conference on Precedent, in Karl Llewellyn, *Jurisprudence: Realism in Theory and Practice*, University of Chicago Press, 1962, p. 127.

稳定性，而且还能为现在和未来提供慰藉”[①]。它追究作为过去经验的先例与当前案件具体情景间的关系，并将这种关系投射到未来。它通过经验理性的正当化证明来维持规则的存在，因而规则总是能适应社会的需求。一句话，宏大风格“是人类发明的能够吸干不确定性、权威发布的表面命令与被感受到的正义需求间的冲突之源的最佳方法”[②]。其具体意义在与形式化风格的比照中得以充分地体现。宏大风格同时满足了书面规则与个案正义的要求——倘若书面规则提供的理由并不符合个案，就拒绝将该规则适用于个案，与此同时，会因个案提供的新洞识而改进书面规则。形式化风格隐蔽了法官必要的创造性活动，使得法官不得不随意行事，其表面上提供的明晰性与确定性实际上产生了混乱与不确定。[③]形式化风格既不符合司法过程的性质，也掩盖了上诉法院判决所具有的可估量性，而且还不符合法律外行对司法判决的期待与感受，一定程度上导致了律师以及公众对上诉法院的信任危机。具体而言，宏大风格与形式化风格主要存在如下四方面的具体差异。

① Karl Llewellyn, *The Common Law Tradition: Deciding Appeals*, Little Brown and Company, 1960, p. 36.

② Karl Llewellyn, *The Common Law Tradition: Deciding Appeals*, Little Brown and Company, 1960, pp. 37—38.

③ See Arno C. Becht, A Study of “The The Common Law Tradition: Deciding Appeals” , 1962 *Washington University Law Quarterly*, 1962, p. 7.

第一，二者对待规则的态度不同。宏大风格强调的是规则背后的，规范性目的或原则，要求通过原则与政策来检验规则的目的。这里的政策主要是指适用具体规则可能产生的社会后果；原则是指关于具体问题的内在价值判断，法院必须通过一致性、明晰性、灵活性等对法律制度至关重要的价值，与影响具体案件所属的类型情景的社会价值，来确定规则的规范性目的在不断变化的事实类型面前是否依然适用。[①] 形式化风格只强调规则僵硬的纸面规定，无视规则背后的目的指向，原则仅被视为三段论的大前提，并不关心规则适用可能产生的社会后果。

第二，二者对待“类型事实”的态度不同。“宏大风格立基于对法律事实和作为法律事实之背景的社会生活事实的可能认同，形式化风格为了区分这两种事实，诉诸形式化的语言。”[②] 宏大风格强调构成具体纠纷之背景的“类型事实”，试图通过运用良好的“情景感”解释、运用先例与制定法，解决当前的具体纠纷，试图为将来可能发生的案件提供指引。形式化风格回避社会事实，躲避在凝结规则之语词的固

---

① 参见孙新强:《法典的理性——美国〈统一商法典〉法理思想研究》，山东人民出版社 2006 年版，第 132—133 页。

② Jan M. Broekman, Law in Life, Life in Law: Llewellyn’s Legal Realism Revisited, in Francis J. Mootz Ⅲ (ed.), *On Philosophy in American Law*, Cambridge University Press, 2009, p. 14.

化形式之下，用三段论逻辑、严格遵循先例为自己辩护，这是对先例原则的误用，因为“先例并不直接决定一个法官的案件，也不会强迫法官得出一个具体的结论。先例旨在指引法官，将法官限制在一个合理宽泛的范围内。这些指引本身就是界限，它们限定和影响着法官的行为”[①]。

第三，二者追求的美学目标不同。宏大风格追求的是一种功能性的美，要求作为工具的法律对于其旨在实现的社会目标而言是适宜的、有效的，功能美的实现要求受到传统规训的法律职业团体及其基于经验的技术。形式化风格追求的是结构上的美，要求概念上的一致、形式上的完整、结果上的唯一。对卢埃林而言，法官所享有的偏离权限和法律技艺运用已经表明，法院并不会按照概念上的一致去行事，因此抛开功能性的美去寻求规则与概念的整齐有序、和谐一致等结构上的美，不仅在实践上行不通，而且也是一种“悲剧性的”理论寻求。在他看来，“一种规则结构，无论在逻辑设计上多么和谐，多么简洁或宏大——这样的规则结构，一旦为一个法律体系所接受，就必须容纳人们，为人们所用。如果它的美仅仅是为了视觉上或感觉上的好看，如果它首先不是一种能为人们服务的美，不能满足人们的需要，那么，它

---

① Arno C. Becht, A Study of The The “Common Law Tradition: Deciding Appeals”, 1962 *Washington University Law Quarterly*, 1962, pp. 12—13.

就是不对的。它甚至比建筑上的错误还要危险。因为设计不好的建筑，除非倒塌［会引起严重后果外］，只不过会浪费资源、使住户使用不便或觉得徒有其表。而一种法律规则的结构，无论表面上多么华丽，要么有效发挥了作用，为人们提供了很好的服务，要么就会产生事实上的恶”[①]。

第四，宏大风格总体上是“向前看的”，诉诸过去的经验（先例）是为了指向未来；形式化风格是“向后看的”，对先例的考察尽管是为了解决当前的案件，但其目标却是使当前的案件符合先例，使现在与过去相一致，对未来的指引作用并不在考量范围内。

通过对比形式化风格与宏大风格，卢埃林表明，从先例中提取的规则尽管反映了一种裁判风格，却只是反映出了裁判风格的结果，而没有标明形成某种裁判风格的原因。单单有规则并不能决定个案判决，必须具体分析实际裁断先例——规则从中抽取出来——的法官的行为及其给出的判决理由。宏大风格的裁判方式之所以塑造了法律规则，是因为其产生的裁决从结果看是正确、正当的、满足个案衡平的；从形式看是良好的、灵活的，根据这些规则，多数案件能得以轻松、有效地解决，而且疑难案件的范围也能慢慢得到缩

① Karl Llewellyn, On the Good, the True, the Beautiful in Law, in Karl Llewellyn, *Jurisprudence: Realism in Theory and Practice*, University of Chicago Press, 1962, p. 174.

减。此外，宏大风格坦率地承认存在于规则语言以及公职人员身上的不完美性，一方面可以在规则、技术与工具的层面上审查先前判决，另一方面，也可以根据正义的要求审查先前判决。[①] 如此而来，宏大风格的意义就凸现出来了：首先，宏大风格从根源上解决了不确定性、权威渊源之间的冲突与被感受到的正义这三个审判实践中的基本问题；其次，可接受的结果应当满足理性要求，并且语言的表述应尽量一致，至少要减轻不一致的程度；最后，宏大风格以将来为导向，要求为指引将来提供良好的规则，这意味着规则在适用中既能保持其字面意义，同时也能得到很好的解释，适应社会发展需要。[②]

综上所述，宏大风格诉诸构成具体纠纷之背景的类型情景，强调个案的正义与衡平，区分司法推理过程与实际得出裁决的过程，坦率地承认实际影响司法裁决的因素，开放出了进一步探究“在何种程度上司法推理过程中提出的理由反映了法院判决的实际理由，进而，在何种程度上司法裁决的过程是一个理性的过程”[③] 的可能。宏大风格是一种“说理

---

① See Karl Llewellyn, *The Common Law Tradition: Deciding Appeals*, Little Brown and Company, 1960, p. 36.

② See William Twining, *Karl Llewellyn and the Realist Movement*, University of Oklahoma Press, 1985, p. 252.

③ William Twining, *Karl Llewellyn and the Realist Movement*, University of Oklahoma Press, 1985, p. 230.

风格”，它明确无误地展示其推理过程，后来案件的法官与律师因而能够识别先例所考虑的重要原则、政策和先例，这种明确性有助于法官与律师知晓这些因素，并以具体的法律标准来检验手头案件；虽然平衡这些因素仍是一个难题，但运用宏大风格毕竟有利于裁判结果的可预见性。①

（三）情景感

法律技艺和宏大风格的有效运用立基于普通生活类型的内在法则这一基本前提，对内在法则的发现、把握和理解有赖于情景感。

1. 情景感之所指

所谓情景感，“主要是说法官在特定的环境下，同时在必须提供令人满意之结果的压力下，凭借自身的知识、经验以及要对之进行检验和评判的价值观念，或者凭借法院（或法官）所能利用的其他任何东西，足以揭示事实类型”②。它是一种辨别情景类型的能力，是利用理性与感悟力去辨别显著的情景类型，并诊断出该问题类型公正合理的答案，从而

① 参见孙新强:《法典的理性——美国〈统一商法典〉法理思想研究》，山东人民出版社 2006 年版，第 135 页。

② Karl Llewellyn, *The Common Law Tradition: Deciding Appeals*, Little Brown and Company, 1960, p. 60.

解决具体纠纷的能力。[①]一方面，法官运用情景感所辨识的情景类型具有一类合理而公正的答案，归于此种情景类型的个案判决会与此一合理公正的答案相一致，律师和涉讼当事人只需充分理解该类情景类型，即可估量判决结果；另一方面，法官运用的情景感并不是随心所欲的，而是根据“已构成类型的生活情景”，运用生活常识和法官身份应具有的行家常识而做出的。生活常识源于法官所处的社会，来源于通行的生活方式与行为方式，行家常识来源于法官职位所接受的职业训练和职业传统。因此，情景感是一种常识。

情景感之所以是一种常识，是源于法官具有的三重身份：他首先是一个人，其次是一位律师，最后才是一名法官。在裁判案件的过程中这三重身份同时出现并相互作用，情景感的运用正是源于这三重身份的同时出现和相互作用。因而，情景感首先是一种生活常识，来源于法官作为一个普通人的生活经历和生活智慧。“……我们将从这样一个事实开始：上诉法院的法官们都是人，一个人要么对其周遭的世界保有某种敏感、对其所处时代正在发挥作用的原则的结构保有某种敏感、对其周遭的各种事物间的相互作用保有某种

① See Karl Llewellyn, *The Common Law Tradition: Deciding Appeals*, Little Brown and Company, 1960, p. 402.

敏感，否则，他就什么都不是。”[①] 对所处环境具有的基本敏感来源于法官作为普通人日积月累的生活经验，是法官本人所具有的生活智慧，构成其裁决案件时运用情景感的一个源泉。“每一个现行判决都受到生活智慧的检验，权威的规则结构必须根据新的案件所暗含的生活智慧和原则结构进行检验和重塑。”[②] 情景感其次是一种行家常识，来源于法官这一职位所接受的职业训练与所处的技艺传统。行家常识“……是超凡的、不同寻常的经验、感觉与直觉，类似于旧式技艺娴熟的马贩子与马打交道或与其他马贩子交易时表现出来的特质”。[③] 行家常识保证法官充分运用自身生活智慧的同时接受传统的塑造、限制和指引，法官这个职位以庄严的力量型塑和限制着担任法官的那些人，不仅能去除法官的个人癖好，将其塑造为一个普通的常人，而且并不会使其丧失个性，使单个的法官被纳入整体，形成一个职业团体，从而形成新的可估量性。[④]

---

① Karl Llewellyn, *The Common Law Tradition: Deciding Appeals*, Little Brown and Company, 1960, p. 449.

② Karl Llewellyn, On the Current Recapture of the Grand Tradition, in Karl Llewellyn, *Jurisprudence: Realism in Theory and Practice*, University of Chicago Press, 1962, p. 217.

③ Karl Llewellyn, *The Common Law Tradition: Deciding Appeals*, Little Brown and Company, 1960, p. 201.

④ See Karl Llewellyn, *The Common Law Tradition: Deciding Appeals*, Little Brown and Company, 1960, p. 48. 卢埃林认为，法律现实主义的一项使（转下页）

情景感作为一种生活常识，关涉到法官对当代社会生活实际状况的描述和理解；作为一种行家常识，关涉到法官对社会政策、原则的理解力和价值判断。① 它是法官根据生活经验和既往司法经验对新的事实情景的敏感和洞识：一方面，它表征一种关系，即在特定的文化情景下各种合理期待间的相互关系；另一方面，它表征一种能力，即该特定文化情景下的主体（主要是法官）感受到这些期待的能力。② 情景感的内在要求是，法官作出的判决应当在特定文化语境下有意义，应当与特定时空下的法律外行（普通民众）立基于习惯、道德等社会规范的生活方式与行为模式相协调。法律外行的生活方式与行为模式表现为社会主体间的共享经验，它构成了情景感的基本框架。

2. 情景感的基本框架

首先，生活类型的内在法则构成情景感的理论前提。情

（接上页）命就是通过分析法官的判决意见等个案研究方式，考察法官履职的艺术与技巧，找到法官裁决案件过程中的可预测性，从而判断我们应当把哪些事务留给法官对生活的感悟和作为一个普通人所具有的良心和正义感，又应当把哪些法律问题归结给法官的职业训练。See Karl Llewellyn, On Reading and Using the Newer Jurisprudence, in Karl Llewellyn, *Jurisprudence: Realism in Theory and Practice*, University of Chicago Press, 1962, p. 136.

① See William Twining, *Karl Llewellyn and the Realist Movement*, University of Oklahoma Press, 1985, pp. 222—223.

② See Julius Cohen, Llewellyn's Lea-Ways, 1962 *Washington University Law Quarterly*, 1962, p. 72.

景感的理论前提立基于对公众生活模式之内在法则的信赖："普通生活中的每一种事实类型，只要能为法律秩序所吸纳，其本身就含有适当的、自然的规则，自己正当的法则。这是一种真实的而非想象的自然法则；它并非仅仅是理性的产物，而且也立基于对人之本性和特定时空之生活条件的理性认识这一坚实基础；它并不是永恒不变的，也不是在任何地方都相同，但是却存在于每一种生活情景当中。立法的最高任务就是发现和施行这一内在法则。"① "只有当一个法官或整个法院了解生活事实，只有当他们真正地理解那些生活事实，只有当他们置身于那些生活事实去正确评价这些事实、正确地型塑一项规则并提供一种适宜的救济时，他们才能承担起古德斯密特施加给他们的重任：发现和施行［生活的］内在法则。总体上的生活情景，犹如具体的案件情景，只有通过具体的人——庭审法官——才能在上诉法院的裁决过程中起作用。"② 可见，情景感是对各类生活事实的真正理解和正确评价，既是对上述"内在法则"的本能直觉，也是对此种"内在法则"的孜孜寻求，是对某一特定情景之正确规则

① Karl Llewellyn, *The Common Law Tradition: Deciding Appeals*, Little Brown and Company, 1960, p. 122. 这是卢埃林引自德国法学家古德斯密特的一段话。

② Karl Llewellyn, *The Common Law Tradition: Deciding Appeals*, Little Brown and Company, 1960, p. 127.

的直觉性洞识。法官的直觉在于其潜意识中对先前经验以及新的事实情景的敏感度，如果法官并未合理地重新解释和运用法律，那并不表明情景感未发生作用，而只是表明法官缺乏这种敏感度，“他只是看到了这些新的事实情景的发生，却未能察觉到它们的意义”①。卢埃林对内在法则的信赖使他坚信，情景感能促使法院预先感受到一项规则，并最终通过裁决个案而将该规则确立下来。

其次，情景类型是情景感发挥作用的内在机理。根据卢埃林的法律职能理论，一个司法判决至少必须同时承担两项功能，一是以最少的成本最迅速、最顺畅、最持久地解决纠纷，同时尽量不损害其他合法的社会活动；二是在满足待决案件之“被感觉到的正义”，同时型塑将最终促进更大社会福利的规则。②要想同时实现上述两项功能，法官必须具备如下两把“万能钥匙”——情景感与型塑能指引未来的规则。“要彻底探求什么才是正当公平的方案，这就注定了只有在那些与手边案件特征相同、反复出现的问题情景之中，才能找到这样的方案。因为，首先这一过程有利于推动形成

① Michael Ansaldi, The German Llewellyn, 58 *Brooklyn Law Review*, 1992, p. 743.

② See Karl Llewellyn & E. Adamson Hoebel, *The Cheyenne Way: Conflict and Case Law in Primitive Jurisprudence*, University of Oklahoma Press, 1941, p. 294.

一种解决方案以及指导性的规则。而且它还使法官自身专注于问题的规则方面，既需要追溯先例的遗产，也需要展望未来的结果和可能的进一步问题——并对这二者进行比较和评估。”[①] 以卢埃林熟知的商事领域为例，法官必须对具体交易的术语和伦理原则、该交易进行的方式以及该交易如何符合商事惯例的一般模式具有充分的经验和理解，才能作出合理且能为商事共同体接受的判决。一位审理商事案件的法官，如果他能以商人理解商业纠纷的方式理解涉讼案件，同时也能兼顾律师的视角和商事共同体的伦理原则，那么，他就把握住了情景感。[②] 由此可推知，情景感的运用包含事实、价值以及辨别事实和选择价值的方法三个维度。

其一，事实的维度。法官在分析涉讼案件时，首先应当从法律外行的角度出发，考虑一个熟悉周遭社会环境的普通人遇见同样的事时会做何反应，分析涉讼事实所涉及的利益冲突，阐释调整此类利益冲突的原则。然后，应当将涉讼案件事实归于某类具有社会典型意义的范畴或模式，将该案的具体正义问题与此类情景内在的一般因素区分开来，提炼出具有一般意义的情景概念。

---

① Karl Llewellyn, *The Common Law Tradition: Deciding Appeals*, Little Brown and Company, 1960, p. 44.

② See William Twining, *Karl Llewellyn and the Realist Movement*, University of Oklahoma Press, 1985, p. 225.

其二，价值的维度。运用情景感涉及的价值问题分为两种情况。一种情况是，经过对事实的类型化处理，发现就案件所涉及的利益冲突，受到影响的有关群体或整个社会都存在一致同意的协调原则或政策。对于这种情况，法官经过类型化案件事实所提炼出的情景概念足以裁决案件。另一种情况是，对涉案利益冲突并不存在一致同意的调整原则，那么，对事实的类型化和情景概念就只能帮助识别出关于这类情景的各种调整原则和政策，最终选择何种原则作为裁决依据，则依赖于法官的良知和判断。[①] 在卢埃林看来，一位能把具体案件的特定事实类型化为一般化的情景类型的法官有能力识别出有争议的社会政策和原则中的关键问题，能对相互冲突的社会价值观念作出睿智的、有良知的价值判断。

其三，方法（或程序）的维度。一旦法官对事实和价值问题了然于胸，他就应采纳下列步骤：首先是努力分析案件事实涉及的重要问题以及产生这些问题的生活情景；然后选定对涉讼案件最适宜的处理办法或大致方向；唯有如此，最后

---

① “在做出这样的选择时，并没有任何规则或原则以明确具体的术语告诉法庭，涉讼案件所具有的问题情景的范围是什么，或者更为准确地说，所具有的问题情景的最佳范围是什么。（如果）有一条指引路径的话，那也仅仅是良知加上判断。” Karl Llewellyn, *The Common Law Tradition: Deciding Appeals*, Little Brown and Company, 1960, p. 427.

才能适用适合此类情景事实的具体法律规定，最终判决案件。[①]

由此可以说，区分显著的情景类型是运用情景感裁决案件的第一步，“类型情景对情感和正义感施加的压力和拉力具有一种类似于平稳而有力的海流对比于回头浪时的风味和效果……它关系到什么是正确的规则、什么是正确的法律概念，以及什么是正确的规则适用或对规则的扩展、限缩及细化”[②]。法官必须感觉到待决案件事实所属的情景类型，重要的事实问题并不是待决案件所涉纠纷的具体事实，而是促使法官运用上述“内在法则”的背景事实，是一种与人们置身于其中的生活模式相协调的类型化事实。“只要你彻底掌握了生活本质及其具体变种的总体图景，并且知道该总体图景作为一个具有重大意义的整体——你的知识与判断力能够驾驭它——而出现，那么，问题情景就会出现。”[③]可见，情景感的事实维度不是个案性的，而是具有一般性。

那么，法官在可能相互冲突的原则之间进行价值选择，这是否必然使情景感不具有一般性呢？让我们回到情景感运用的内在机理：“……首先，用理性与感觉区分重要的类型

① See Karl Llewellyn, *The Common Law Tradition: Deciding Appeals*, Little Brown and Company, 1960, p. 450.

② Karl Llewellyn, *The Common Law Tradition: Deciding Appeals*, Little Brown and Company, 1960, p. 245.

③ Karl Llewellyn, *The Common Law Tradition: Deciding Appeals*, Little Brown and Company, 1960, p. 427.

情景，诊断出关于该类型情景的合理、公正的解决办法。这不仅会产生正确或正当的判决——更不用说仅仅符合个案的个人衡平感的判决，而且也会产生法律规则。并且，这将会产生良好的、灵活的法律规则，根据这些规则，隶属于某一特定类型的大多数案件都易于有效解决，剩下的那些疑难案件通常也能得到救济。”① 这意味着，首先，在每一个具体的诉讼中，法官的目的与职责是辨别重要的类型情景，而不是支持原告或被告。其次，经由类型情景所产生的判决会确立起一般规则，为未来的类似案件提供指引。因此，诉诸情景感从而寻求具有类型情景的合理规则不仅意味着适用已有规则，也不仅意味着在互竞的规则或原则间做出选择，而是根据已构成类型的生活情景所具有的理性与情感来重述相关的规则。情景感“不仅指导规则的适用或指引一个具体的结果，也不仅指引（法官）自动挑选适当的先例技术，而且还不断要求对问题情景的类型作直接分析，有意识地重塑具有一般规制能力的规则机制”②。

3. 情景感之于确定性的意义

由上可知，情景感并不是法官的主观偏好，而是法官通

① Karl Llewellyn, *The Common Law Tradition: Deciding Appeals*, Little Brown and Company, 1960, p. 402.

② Karl Llewellyn, *The Common Law Tradition: Deciding Appeals*, Little Brown and Company, 1960, p. 147.

过经验与直觉把握类型情景引致的客观内在法则。对生活类型之内在法则的信赖体现出了卢埃林对确定性的寻求，只不过，他寻求的不是“唯一正解”式的绝对确定性，而是具有现实意义的确定性：“理想根本不是‘确定性’……真正的理想是判决的合理恒常性。”[①]“唯一正解”式的确定性意味着法官根据生活常识和行家常识所感觉到的正义与僵化的规则言辞所规定的结果之间的张力。在这种情况下，妥当的目标是提供一种缓解这种矛盾关系的模式，根据该模式所产生的结果至少是社会可容忍的。一个好的判决结果在法律外行和法律专业人士看来都应当是令人满意的：从公众的生活条件出发，它应当基本令人满意；从专业人士的视角出发，它应当是根据权威（先例或制定法规则）自然而然、理所当然的结果。此外，一个极好的判决结果甚至会预见未来——预先指引和吸纳随后的案件。情景感通过其运作机理产生指引未来的规则保证案件结果的可估量性，通过与生活事实的契合来保证法律外行感受到的确定性。

一方面，情景感之所以能够确保案件结果的可估量性，是由于它着意考察法律规则 / 先例、经验与当前待决案件之间的关联，并且将这种关联投射到未来，“如果法律规则与

① Karl Llewellyn, *The Common Law Tradition: Deciding Appeals*, Little Brown and Company, 1960, p. 216.

经验间的关系得到理性探究，那么，法律规则可能调整的领域以及此种调整的可能方向就会变得显而易见”[①]。尽管卢埃林背负着“规则怀疑论”的标签，但他并非从根本上否认规则的作用，而只是认为规则并不能承担起规则中心论者所强加的全部功用，他不过是在规则中心论以外寻求能更准确地预测司法行为的方法。在其行为中心进路中，规则（主要是通过先例型塑的规则）的权威立基于构成案件基础的事实情景，而规则对判决的指引则取决于情景感与规则表达间的互动：规则指引但并非控制性地支配判决，法院在裁决案件时总是会根据类型情景引入理性、常识、公平感等情景感因素，如果规则与情景感相容，则其通常能得以顺利适用。倘若规则与情景感不相容，则需要诉诸法官对法律和正义的双重职责来判案。总之，运用情景感之所以能够产生具有可估量性的判决，乃是因为情景感并不是随心所欲的主观擅断，而是内含于对判决具有指引作用的规则当中：“一项法律规则的简单形式是，为了促进某一目的，在某种类型情景下，规定某种法律后果。”[②] 这一规则模型既规定了一般性的类型情景，也规定了属于该类型情景的具体事实，并且还规定了

① Charles E. Breitel, Book Review, 61 *Columbia Law Review*, 1961, p. 938.

② William Twining, *Karl Llewellyn and the Realist Movement*, University of Oklahoma Press, 1985, p. 490.

具有明确特征的法律后果。这样的规则正是具有情景感的规则，它“具有正在发挥作用的理性，既有正确的情景理由，又有清晰的范围和标准，会同时产生恒常性、可估量性和公正”①。

另一方面，情景感经由规则不仅使得判决结果具有可估量性，而且能满足法律外行对确定性的要求。这是由于，法律规则的权威立基于构成案件基础的事实情景，而此类事实情景不过是法律外行生活于其间的社会生活的一种——“法律规则与其［生活］基础在逻辑上和在经验上都是相互关联的”②。此外，法官的生活常识与行家常识要求法官按公众所期待的方式行事，这就将法官判案时可能具有的个人习惯与社会习惯勾连起来。公众的期待为法官判案施加了两项规范性限制：首先，类似的案件应得到类似的处理；其次，要公正地判决。③这里涉及卢埃林所预想的法官应当承担的两项职责——对法律的责任与对正义的责任。就法官对法律的责任而言，卢埃林强调法律的主要功能在于通过解决具体纠纷来维持秩序而非创造秩序，从而通过个案塑造的规则就大体上与人们现实生活中的行为方式一致，人们的确定性此时来

① Karl Llewellyn, *The Common Law Tradition: Deciding Appeals*, Little Brown and Company, 1960, p. 183.

② Charles E. Breitel, Book Review, 61 *Columbia Law Review*, 1961, p.938.

③ See Michael Ansaldi, The German Llewellyn, 58 *Brooklyn Law Review*, 1992, pp. 754—755.

源于此种法律规则与规范人之行为方式的非正式规范间的一致性。“在严格的意义上，法律和法律官员并不创造社会秩序。对他们而言，社会是给定的，并且，由于社会是给定的，因而秩序也是给定的……法律，亦即法律官员对纠纷的介入，只是在其他方式无法处理纠纷时才出现。与其说它是在创设秩序，不如说它是在秩序遭到破坏时维持秩序”①。通常情况下，法院都会在正常的社会行为模式中找到判案的根据，法院型塑的规则与社会规范总是和谐一致，法律外行（社会公众）便在这种和谐一致间求得确定性。就法官对正义的责任而言，虽说每一个有良知的人都必定会秉持基本的正义观念，也没有一个固定不变的正义公式，但仍然需要区分正义观念的三个层次——关注人类社会正当秩序与良善生活的终极正义、关注特定群体目标的促进和社会产品分配的社会体制下的立法正义以及关注个案结果评判的现行法律下的具体正义。②法官对正义的责任主要指向社会体制下的立法正义和现行法律下的具体正义，因为在他看来，法律的基本职能以及法官的自然法决定了法官的首要职责是把哲学家的自然法所欲求的终极正义具体化，以法律人所独有的法律

① Karl Llewellyn, *The Bramble Bush: On Our Law and Its Study*, Oceana Publications, 1960, p. 21.

② See William Twining, *Karl Llewellyn and the Realist Movement*, University of Oklahoma Press, 1985, p. 185.

技艺具体规制人们发生冲突时的各种具体问题。[①]换言之，法官对正义的责任并不是探究社会秩序之型构的正当性与可欲性，而是在具体个案中通过法律职能将已经为哲学家们理性证明的终极正义转化为可能性与可行性。“法官与其寻求总体善的终极内容，不如转而改良实现具体善的手段——法律技艺。”[②]唯有如此，法官经由情景感的运用所裁断的判决才能公平、确当、得体、符合社会公众的正义感。

概言之，法官判案经由运用情景感，不仅促进了个案判决的可估量性，而且满足了法律外行人的确定性需要，这是由于法院的判决不仅立基于法律规则体系，而且也立足于事实——不是个案的细节事实，而是个案的具体事实仅作为其中一个特例的类型情景的事实。法院通过有意识地运用行家常识、理性等“法外因素”尽可能准确地描述、理解并且证明待决案件事实归于其中的类型情景的真正本质，一旦法院确定了类型情景，待决案件的合理判决也呼之欲出，因为情景感的基本前提就在于普通生活中的每一类事实模式都有其内在法则，本身就内含了适宜的、自然的、正当的法则，法

① See Karl Llewellyn, One “Realist’s” View of Natural Law for Judges, in Karl Llewellyn, *Jurisprudence: Realism in Theory and Practice*, University of Chicago Press, 1962, p. 112.

② Karl Llewellyn, On the Good, the True, the Beautiful in Law, in Karl Llewellyn, *Jurisprudence: Realism in Theory and Practice*, University of Chicago Press, 1962, p. 211.

官的职责就是尽量运用自己的生活常识与行家常识去感知此种法则。卢埃林试图通过情景感的运用同时实现法官对正义和对法律的双重职责，解决法律的形式要求与在具体个案正义间的矛盾关系，既促进个案判决结果的可估量性，也满足法律外行对司法过程及其判决的期待。

然而，情景感观念经常受到如下两类批评。第一类批评针对情景感所具有的主观性。根据克拉克（Charles E. Clark）与特鲁贝克（David M. Trubek）的看法，情景感是每个法官对案件事实个人性的直觉感受，这一概念掩盖了司法过程中的主观性，创造了一个关于司法过程的假象，就好像法官们裁决案件时并不具有任何价值偏好、完全客观公正，从而使得法官可以轻易逃避因其司法创制行为而应当承担的责任。[①] 第二类批评针对情景感具体操作中可能遇到的困难。在罗汉（Patrick J. Rohan）看来，情景感的主观性虽然是卢埃林寻求“正义结果”之法理学的必要装备，但情景感的实际运用存在诸多问题：情景感从其根本定义和性质上来看就是模糊不清的，情景感的基本前提（内在法则）与卢埃林建议律师们采取的辩护技巧相互消解，情景感与遵循先例原理

---

① See Charles E. Clark & David M. Trubek, The Creative Role of theJudge: Restraint and Freedom in the Common Law Tradition, 71 *The Yale Law Journal*, 1961, p. 264.

也存在矛盾关系。[①] 此外，拉斯韦尔（Harold Lasswell）也认为情景感的具体操作非常困难，因为卢埃林“并未提供一个类分事实情景的一般框架”[②]。这两类批评指向的都是，既然情景感或者从根本上就是主观的，或者其操作过程会存在各种不确定因素，那么它就不可能提供或者促进任何类型的确定性。在笔者看来，情景感可以通过有限规则论的补充以及司法判决与生活模式的一致而避免司法专断，而且，卢埃林根本就不回避情景感可能具有的主观因素[③]，这一定程度上回应了上述两类批评。

情景感还遭到另外两种类型的批评。一方面，情景感的运用完全依赖于法官的诚实品性、能力与智慧，那么，倘若法官本身不值得信赖，整个司法过程就会回归到卢埃林的讨论起点——陷入空前的信任危机。另一方面，即便法官仍然值得信赖，不论是社会公众普通生活的价值模式，还是调整这些价值模式的互竞原则与政策，都不可避免要进行价值选

---

① See Patrick J. Rohan, The Common Law Tradition: Situation Sense, Subjectivism or “Just-Result Jurisprudence” ?, 32 *Fordham Law Review*, 1963, pp. 56—66.

② Harold Lasswell, Book Review, 61 *Columbia Law Review*, 1961, p. 944.

③ “一方面揭示出存在不同喜好和偏见的可能性，另一方面，也揭示出从一个设计并不良好且正在缓慢发展的审判机制中产生良好结果的可能性 ”。Karl Llewellyn, *The Bramble Bush: On Our Law and Its Study*, Oceana Publications, 1960, p. 9.

择。但卢埃林却不曾提供法官进行此种抉择的判断标准，而是循环论证回到法官感知正义与合理判决的能力。此外，在卢埃林的情景感框架中，法官对于社会秩序的正当性与可欲性也是不思考的，完全可能是“现实的”生活模式的奴隶，并有可能在“对正义的职责”的掩盖下将邪恶的生活模式正当化。我们不能忘记霍姆斯那令人忧虑的话语：“一个健全的法律体系首先要做到的是顺应社会的真实情感和要求，无论这些情感和要求是对是错。”[①] 这样的责难对于卢埃林来说可能也是不合时宜的，因为，一方面，对卢埃林来说，面对选择，“法官提供的并不是最正确的答案，而是最优的答案”[②]。再者，对于一个强烈信仰普通法传统、坚信拉丁格言“我欲明，故我信”（credo ut intelligam）的法律人来说，无法苛责他为我们提供更系统、更富逻辑的证明。因此，与其探究情景感是否逻辑融贯与自洽，不如将情景感留待司法实践与现实生活去检验。或许，这才是理解这位浪漫的现实主义者的最佳方式。另一方面，卢埃林之所以认为法官不必考量包含了社会习俗在内的社会秩序的正当性，恰恰是因为他

---

① [美] 小奥利弗·温德尔·霍姆斯，《普通法》，冉昊、姚中秋译，中国政法大学出版社 2006 年版，第 42 页。

② Karl Llewellyn, On the Good, the True, the Beautiful in Law, in Karl Llewellyn, *Jurisprudence: Realism in Theory and Practice*, University of Chicago Press, 1962, p. 203.

预先假设了一类在其中秩序必然契合于正义要求的社会秩序。对卢埃林此种社会观或者说秩序观的集中考察，正是本书第四章将要处理的问题。

第四章　理论关怀：社会伦理关切

卢埃林曾经这样描述自己：“一个反叛者、怪人、并不循规蹈矩，天生就具有某些古怪的观念和行为。”[①]以常人的眼光来看，他的确是一个怪人——在第一次世界大战期间曾经参加德国军队上前线作战，酗酒成瘾，这使得他始终是当时“政治上与文化上的局外人”。[②]但这并没有影响他作为一名“［法律］职业上的局内人”具有的社会关怀与诉求。如果说“现实的确定性”是卢埃林行为中心进路的理论目标，那么，这种理论目标背后还有其社会伦理关怀：一方面表现

---

① William Twining, *Karl Llewellyn and the Realist Movement*, University of Oklahoma Press, 1985, p. 93.

② See James J. Connolly, Peggy Pschirrer & Robert Whitman, Alcoholism and Angst in the Life and Work of Karl Llewellyn, 24 *Ohio Northern University Law Review*, 1998, p. 55.

在其社会实践活动当中，另一方面表现为对秩序与正义的双重寻求。

一、社会关怀

（一）法律教育的目标

虽然卢埃林被誉为美国“最重要的自由教育家之一，公开为新政政策辩护，反对来自司法界和法学界对新政的攻击”①，但与其多数法律现实主义同道不同，他并未去华盛顿为罗斯福工作，也未曾担任过任何政府公职。②他与新政微弱的关联可能就在于他曾经批评过自由放任的经济政策，宣称法律教育需为“合宜的政治”服务，只不过当时恰逢新政当道罢了。

首先，在卢埃林看来，“法律制度为个人发展提供了一种一般性的安全保障环境，倘若没有这种安全保障，经济生

---

① N.E.H.Hull, *Roscoe Pound and Karl Llewellyn: Searching for an American Jurisprudence*, University of Chicago Press, 1997, p. 261.

② 例如，弗兰克到农业发展署掌管农业的发展与改革工作；阿诺德在司法部工作，欧里芬特是财政部的顾问，道格拉斯成为了证券交易委员会的主席。See N.E.H.Hull, *Roscoe Pound and Karl Llewellyn: Searching for an American Jurisprudence*, University of Chicago Press, 1997, pp. 260—261.

活就很难展开”[①]。由此，“……为了公共利益——无论它们是什么——而对经济活动进行任何健康的公共干预在很大程度上并不是偶然的，发展的道路就在于公共利益与其他私人利益间的平衡”[②]。完全尊重自由经济市场，抵制对经济活动的公共干预无法看到市场本身可能成为一种压制性的而不是解放性的力量，这典型地体现在显失公平的合同当中，“就特定交易对弱势一方当事人的生活所具有的重要意义而言，这种合同等同于某些人通过私法对另一些人采取的非官方控制”[③]。尽管显失公平的合同表明了需要对这类合同进行公共干预，然而，“法院却总是难以发现需要的是什么以及满足这种需要的手段。在法院司法意见书的表面之下，人们就总是会怀疑——即使已经开始进行公共干预，人们依旧会怀疑——干预人们的交易是否明智”[④]。换言之，美国法院——尤其是联邦最高法院——坚信古典的经济乐观主义，相信在所有人的善与寻求自利的经济利益之间存在一种既有的和

① Karl Llewellyn, The Effect of Legal Institutions upon Economics, 15 *American Economic Review*, 1925, p. 668.

② Karl Llewellyn, The Effect of Legal Institutions upon Economics, 15 *American Economic Review*, 1925, p. 672.

③ Karl Llewellyn, What Price Contract?—An Essay in Perspective, 40 *The Yale Law Journal*, 1931, p. 731.

④ Karl Llewellyn, What Price Contract?—An Essay in Perspective, 40 *The Yale Law Journal*, 1931, p. 732.

谐，在“自由崇拜”的外衣下，作出了许多不利于社会福利的判决。[①] 像洛克纳诉纽约州、科佩奇诉堪萨斯州[②] 这样的案件，宣称“劳动合同是一种自由交易”，事实上将雇主对雇员的经济强制合法化了。需要一份工作来养家糊口的工人在出卖自己劳动力的时候毫无自由可言，面对强势的企业雇主，他根本无力讨价还价，他只能要么同意雇主确定的工作条件和工资标准，要么就失业。这类案件“是不受干预的工业资本主义产生的恶。……自由放任政策激发了贫穷，催生了‘特殊利益’，培养了垄断与托拉斯，歧视工人与农民。经济干预的缺乏导致了不受约束的经济权力，进而造成了公共官员的腐败。”[③] “自由市场并不是由自然选择这只看不见的手引导的自然现象，而是一种社会建构，一种意识形态。经济自由——即选择的自由——掩盖了经济压迫，强制是自由市场的一个整体特征。现实主义的出现标志着下述法律—经济神话的死亡（尽管只是暂时的）——每个人都是自由经

---

① See Neil Duxbury, *Patterns of American Jurisprudence*, Oxford University Press, 1995, p. 105.

② Coppage V. Kansas, 236 U.S. 1(1915). 在该案中，联邦最高法院根据宪法第十四修正案，宣布堪萨斯州限制黄狗合同——雇主禁止雇员参加任何工会活动的合同——的立法侵犯了合同自由。

③ G. Edward White, From Sociological Jurisprudence to Realism: Jurisprudence and Social Change in Early Twentieth–Century America, 58 *Virginia Law Review*, 1972, p. 1002.

济行动者，建基于纯粹选择王国并受达尔文式的竞争本能驱动，能不受胁迫地自主行动。”[①]

其次，卢埃林现实主义法律教育的目标是为“合宜的政治”输送优秀法律人才，法律职业的使命是改善处于不利地位的人们享有的法律服务。在他看来，美国传统法律教育一方面一直强调专业的细化分工，这影响了“整体性视野”的塑造；另一方面宣称政治中立，但规则、原则、政策是无法脱离政治的，这妨碍了对法律规则真实意义与作用的理解。[②]“对一种合宜的政治而言，我们的法学院能提供何种训练？一门宪法学课程，可能还有一门立法学概览，兴许还要加上贸易管制课程，或者一些新的关于联邦立法的课程（这可能有点冒险）。但是，是什么连续的、贯穿于课程始终的东西为明智地判断与型塑政策提供了条件？”[③] 法律人是谁、

---

① Neil Duxbury, *Patterns of American Jurisprudence*, Oxford University Press, 1995, p. 106.

② See Karl Llewellyn, The Current Crisis in Legal Education, 1 Journal of Legal Education, 1948, p. 219.

③ Karl Llewellyn, On What Is Wrong with So–Called Legal Education, 35 *Columbia Law Review*, 1935, p. 656. 从其提供的课程设置来看，的确因应了新政的社会立法改革需求，但并无直接证据表明“合宜的政治”即为新政。法律现实主义教育与新政的实施可能并不存在必然联系，“1930 年代法学院毕业生未必是由于其被灌输的法律现实主义观念才投身于新政事业，新政计划的存在也未必就激发了现实主义法学理论的表达”。Neil Duxbury, *Patterns of American Jurisprudence*, Oxford University Press, 1995, p. 155.

他们做什么、他们在社会中的作用、他们如何设想他们的角色、他们的方法和视角，很大程度上受制于他们一开始接触的训练——从而当然地受制于法律传统，[①] 由此，只有在法律教育中公开引入政策考量，才能在学生时代塑造法律人的政治信念与价值观念，才能训练出认同某种公共政策的并能实际为之服务的法律人。与此相应，法律职业的使命就是改善处于不利地位的人们所享有的法律服务。“法律不单是为公司的行政主管而存在的，它也不是为股票经纪人——经律师合理建议可以减少其个人所得税——而存在。特别地，法院是为所有公民——享有或相信自己享有单凭他们自己的努力无法实现的权利——而存在的。”[②] 他不仅在理论上坚信法律应当平等地对待每个人、每个人无论其富贵与贫穷都应当平等地享有优质的法律服务，而且身体力行，投身于为低收入人群争取法律服务的运动当中，这很大程度上体现在他对萨柯—樊塞蒂案件的参与。

---

① 参见［德］马克斯·韦伯:《论经济与社会中的法律》，张乃根译，中国大百科全书出版社 1998 年版，第 198—214 页。

② William Twining, *Karl Llewellyn and the Realist Movement*, University of Oklahoma Press, 1985, p. 349.

（二）萨柯—樊塞蒂案件

1. 案情概览

尼古拉·萨柯（Nicola Sacco）和巴托罗密欧·樊塞蒂（Bartolomeo Vanzetti）是移民到美国的两位意大利人，无政府主义者、政治活跃分子、激进青年，代表了一种颠覆传统的力量，在各方面与美国主流文化和主流意识形态背道而驰。案发前二人正在准备一场无政府主义的宣传与抗议活动。1920 年 4 月 15 日，马萨诸塞州的一家鞋业公司在发薪日遭到抢劫，出纳和一名门卫被枪杀，然后一辆黑色轿车接走了凶手和银箱。三周后，警察逮捕了车主的两位朋友——尼古拉·萨柯和巴托罗密欧·樊塞蒂。公诉人没有确凿的证据，却在法庭上谴责他们的反美政治态度。在假想的“红色恐怖”下歇斯底里的审判气氛中，陪审团宣判两人死刑，知识界与公众舆论哗然，自发联合起来进行抗争。1925 年，一个叫玛第罗斯的杀人犯被捕，同时交代了参与鞋业公司抢劫杀人一事，但州法院以该人被工会收买为由，维持死刑判决。文化界的“营救行动”持续了整整七年，但一次次的申诉均被驳回。1927 年 8 月 23 日，二人被送上电椅。1977 年 8 月 23 日，马萨诸塞州州长迈克尔·杜卡基斯（Michael Dukakis）承认了审判的不公，为两名被告平反，并宣布当天为“萨柯和樊塞蒂纪念日”。他在声明中指出：“今天是萨柯和樊塞蒂纪念日，在对他们的指控和审判中，充满了对外国人和非正统政治观点的偏见。就能否公平和公正地参与起诉和审理而言，案件中很多公务人员的操行与能力表现出很大的疑问。”①

萨柯—樊塞蒂案件被称为美国的“德雷富斯案”②，不仅在美国社会，而且在全世界范围掀起了无产者以及各方有识之士的抗议与声援，形成了关于此案的大量文献。③从二人被捕到最终被执行死刑的七年时间里，各界有识之士以及工

① 转引自刘娴：《美国20世纪20年代萨柯—樊塞蒂案件研究》，内蒙古大学硕士论文，2008年，第26页。

② 德雷富斯案（Dreyfus case）是法国历史上著名的冤案。该案中，一位法国将军阴谋陷害军中犹太军官德雷富斯，德雷富斯于1894年被判犯有叛国罪。法国政府明知德雷富斯是无罪的，但却由于给这个犹太人定罪可以避免起诉包括情报部门首长在内的真正罪犯的尴尬，再加上当时盛行的反犹主义、公众对军队的尊重，这一切使得尽管有压倒性的证据证明德雷富斯的清白，他仍被判有罪。1906年，德雷富斯得以平反。关于德雷富斯案的精彩分析，请参见［美］汉娜·阿伦特：《极权主义的起源》，林骧华译，生活·读书·新知三联书店2008年版，第140—179页。

③ 例如，Pierre Yrondy, *Seven Years of Agony, the Martyrdom of Sacco and Vanzetti* (1927); G. Louis Joughin and Edmund M. Morgan, *The Legacy of Sacco and Vanzetti* (1948); Frankfurter, *The Case of Sacco and Vanzetti* (1961 ed.); Francis Russell, *Tragedy in Dedham* (1962); Herbert B. Ehrmann, *The Case That Will Not Die* (1969); Roberta Strauss Feuerlicht, *Justice Crucified: The Story of Sacco and Vanzetti* (1977); Robert D'Attilio and Jane Manthorn(eds.), *Sacco and Vanzetti: Developments and Reconsiderations* (1979); Ronald Creagh, *Sacco and Vanzetti* (1984); William Young and David E. Kaiser, *New* （转下页）

会和美国共产党联合起来，在各地举行了上千次形式各异的抗议和请愿，为打破权力政治的铁桶阵，争取话语权和信仰自由共同斗争。萨柯和樊塞蒂这两个原本无足轻重的小人物，卷入了时代巨变激起的旋涡。这一案件成了美国知识界的关注中心，成了美国民主的试金石和政治走向的风向标。①

围绕该案形成了一系列抗议与反抗议运动，争议的焦点主要是审判的公正性问题："这两名激进移民确实是犯了被指控的罪行，还是仅仅因为他们的身份以及他们所代表的东西而被定罪？"② 在抗议的民众眼中，对萨柯与樊塞蒂二人

（接上页）*Evidence in the Case of Sacco and Vanzetti* (1985); Francis Russell, *Sacco and Vanzetti: The Case Resolved* (1986); Paul Avrich, *Sacco and Vanzetti: The Anarchist Background* (1991); Kerry Hinton, *The Trial of Sacco and Vanzetti: A Primary Source Account* (2002); John Davis (ed.), *Sacco and Vanzetti: Rebel Lives* (2004); Bruce Watson, *Sacco and Vanzetti: The Men, the Murder and the Judgment of Mankind* (2007). 中文文献有巴金：《死囚牢中的六年》《萨珂与凡宰特之死》《一个无产阶级的生涯的故事》《殉道者的遗书》等，载巴金：《巴金全集》（第 21 卷），人民文学出版社 1993 年版，第 175—247 页；虞建华：《萨柯—樊塞蒂事件：文化语境与文学遗产》，载《外国文学评论》2008 年第 1 期，第 87—95 页；刘娴：《美国 20 世纪 20 年代萨柯—樊塞蒂案件研究》，内蒙古大学硕士论文，2008 年。

① 参见虞建华：《萨柯—樊塞蒂事件：文化语境与文学遗产》，载《外国文学评论》2008 年第 1 期，第 87—88 页。

② N. E. H. Hull, Reconstructing the Origins of Realistic Jurisprudence: A Prequel to the Llewellyn-Pound Exchange over Legal Realism, 1989 *Duke Law Journal*, 1989, p. 1318.

的定罪与处决是对无辜之人的司法谋杀，他们是因为激进的政治观点而被迫害；在那些敌视无政府主义和移民的民众看来，因萨柯—樊塞蒂案件引起的抗议活动是对美国社会结构和制度的颠覆性破坏。萨柯和樊塞蒂在抗议者眼中和反抗议者眼中是完全不同的形象，在支持他们的人看来，是“信仰的殉道者”，而在反对他们的人看来，则是“撒谎者、逃兵役的人、相信暴力的极端分子”。[①] 值得一提的是，面对公众与各界有识之士对审判程序公正性的质疑，作出裁决的人意见依然惊人地一致，“初审法官、陪审团、上诉法院以及州长指派的特别调查委员，都作出了不利于被告的决定”[②]。正如后来成为美国最高法院大法官的费利克斯·弗兰克福特（Felix Frankfurter）所言，“地方检察官充分利用被告的外来身份，以及他们蹩脚的英语、反主流的社会观点和反战立场，煽起了仇视他们的政治情绪和爱国狂热，而在此过程中审判官纵容了检察官的做法——甚至可以说与他进行了配合”[③]。

---

① See Karl Llewellyn, Who Are These Accused?, in Karl Llewellyn, *Jurisprudence: Realism in Theory and Practice*, University of Chicago Press, 1962, pp. 431—432.

② William Twining, *Karl Llewellyn and the Realist Movement*, University of Oklahoma Press, 1985, p. 343.

③ 转引自虞建华:《萨柯—樊塞蒂事件：文化语境与文学遗产》，载《外国文学评论》2008 年第 1 期，第 88 页。

2. 卢埃林对案件的参与

卢埃林对萨柯—樊塞蒂案件的参与主要分为两个阶段：在两被告被执行死刑前，组织请愿，要求州长赦免两人；在两被告被执行死刑后，以该案为基础，揭示美国司法制度的事实发现机制所存在的缺陷，筹谋现实主义的改革。

卢埃林组织请愿的活动主要有两项。首先是组织法学教师联名上书州长，要求组成一个特别调查委员会重新调查该案，并建议州长特赦二人。卢埃林起草的请愿书并不是为两被告辩护，而是旨在维护公众对司法制度的信心，“只有由一个中立的委员会重新审查该案事实，才能确定如下广泛意见——审判混淆了被告的激进主义与他们是否犯了谋杀罪这两个问题——是否正确。……对于结果正义的广泛怀疑这一事实会掩盖的确犯了此种错误的可能性”[①]。然而，州长任命的洛威尔委员会（Lowell Committee）认为审判是公正的，要求重审的申诉被驳回也是适当的，被告的有罪判决已排除了合理怀疑，“没有证据足以让委员会相信审判是不公的。相反，法官一直在努力——并且取得了成效——确保被告受到公正的审判；地区检察官无论如何也没有任何非专业的行为，他的指控非常严厉，但并无不当；陪审团，这个能

① N. E. H. Hull, Reconstructing the Origins of Realistic Jurisprudence: A Prequel to the Llewellyn-Pound Exchange over Legal Realism, 1989 *Duke Law Journal*, 1989, p. 1322.

干的、中立的、无偏见的机构，一如他们被教导的那样，有效地进行了真正的审判，作出了真实的裁断”[①]。卢埃林对此意见非常失望，在行刑的前三天，他通过电台呼吁公众向州长请愿，谋求最后时刻的减刑：“……公然邀请不公的审判，这恐怕是在萨柯与樊塞蒂的案件中无视正义的人们所犯下的罪行。我们必须请求富勒州长，以挽救他们的生命。我们必须觉醒到我们的责任，我们必须觉醒，必须觉醒，并且一直保持清醒……我们必须觉醒，否则就不会发生任何改变！我们必须保持觉醒，因为法律的与宪法的变革过程是如此缓慢！请记住：像现在这个案子一样令人生疑的案子正在发生，并且任何时候在任何地方都可能发生！请记住只要公民们乐于安之若素——默然、安享自己的恬静与幸福，这样的案件就会继续发生！再一次，请记住：变化的第一步就是促成这两个人的减刑！他们的生命已经变成了法院审判公正的象征。如果没有你们的帮助，这一象征的形式将发生变化：将变成他们的死亡！”[②]

诸多的申诉与请愿并没能挽救这两个人的生命，在他们

---

① Karl Llewellyn, Who Are These Accused?, in Karl Llewellyn, *Jurisprudence: Realism in Theory and Practice*, University of Chicago Press, 1962, p. 435.

② William Twining, *Karl Llewellyn and the Realist Movement*, University of Oklahoma Press, 1985, p. 345.

被执行死刑后，这一案件的象征意义得到来自不同角度的阐释：确定无疑的共识是，他们并不是由于他们的行为，而是由于他们的身份被判有罪；对于工人阶级而言，此案代表着资本主义的压迫；对于移民而言，它代表着美国社会对外国移民的敌视；对自由知识分子而言，它是对激进分子与红色分子的政治迫害；对无政府主义者而言，它无疑是政府乃至整个社会制度的腐化；而对卢埃林而言，它意味着美国的司法制度未能满足美国的政治理想。[①] 这一象征意义涉及卢埃林第二阶段的主要活动：研究美国司法制度的实际运行，揭露法院事实发现机制所存在的缺陷。

卢埃林 1928 年应萨柯—樊塞蒂全国联盟（Sacco—Vanzetti National League）[②] 之邀，主编一本批判洛威尔委员会咨询报告的文集，暂定名为《萨柯与樊塞蒂诉合众国：对司法制度运行的一种控诉》[③]。在该文集中，此案被当做美国司法制度实际运行的一个研究个案，卢埃林主要关注的是审

---

① See William Twining, *Karl Llewellyn and the Realist Movement*, University of Oklahoma Press, 1985, pp. 345—346.

② 其主要计划包括出版关于此案的官方记录、洛威尔委员会咨询报告、两被告的通信，促成改革，确认萨柯与樊塞蒂的无辜，1935 年解散。See William Twining, *Karl Llewellyn and the Realist Movement*, University of Oklahoma Press, 1985, p. 346.

③ *Sacco and Vanzetti v. Commonwealth: A Indictment of the Working of Our Judicial Institutions*，该书三分之一强为卢埃林执笔，但最终未能公开出版。

判是否公正以及发现事实的司法程序是否充分，两名被告事实上是否有罪是次要的考虑。“关键问题并不在于两名被告是否有罪，而在于他们是否受到了公正的审判……在于如果一个共同体允许偏见与激情渗入其审判，这恰恰是在损害共同体及其制度”。[①] 在卢埃林心中，美国的制度原本就是一种包容不同政见的制度：“如果我们坚信我们生于其中的政府形式，坚信赋予该政府形式以生命力的精神，那么，我们就不能允许一名激进分子——无论我们多么不喜欢他的观点，并且那些观点在抨击我们的政府——很快就被认为是犯了一种具体的罪行，正如我们不会很快就判定一位其观点为我们认可——我们自己可能会为这种观点不惜一切——的人犯了罪一样。如果我们坚信我们的政府形式，我们必须咬紧牙关，下定决心让证据自己说话，纵然被告可能是彻头彻尾的革命者。”[②]

由此可见，事实上，两名被告是否无辜并不是卢埃林关心的唯一问题，他更关心的问题是，从制度的立场出发，我们如何能改善制度以限制人性的弱点与激情的影响？萨柯—

---

① William Twining, *Karl Llewellyn and the Realist Movement*, University of Oklahoma Press, 1985, p. 348.

② Karl Llewellyn, Who Are These Accused?, in Karl Llewellyn, *Jurisprudence: Realism in Theory and Practice*, University of Chicago Press, 1962, pp. 437—438.

樊塞蒂案件对他之所以是一个典型案件，是因为，作为一个美国人，“他感到他自己的制度，他最终应为之负责的制度，正在挫败他的社会理想”[①]。他的社会理想，一方面表现为通过制度的良好运转实现社会秩序，另一方面是具体的正义观与法官的自然法观念。

二、秩序与正义的双重寻求

我们已经知道，在卢埃林看来，导致上诉法院信任危机的根源是“判决意见根本不被视为一个论证合理的正当化论证，而‘纯粹是一个理性化过程’，……理性化这一术语通常意味着：（1）错误的；（2）骗人的；（3）就像一张任何人无须任何证据就能填充的空白表格一样，可以为任何可想到的最肮脏的潜藏动机做掩饰”[②]。这致使人们相信法官们“可以以任何他们想得到的方式裁决案件，事实上他们也的确这样做了；然后他们再在判决意见中把审理过程写成合理的样子，这样的判决意见就什么也没告诉你”[③]。

---

① William Twining, *Karl Llewellyn and the Realist Movement*, University of Oklahoma Press, 1985, p. 349.

② Karl Llewellyn, *The Common Law Tradition: Deciding Appeals*, Little Brown and Company, 1960, p. 12.

③ Karl Llewellyn, *The Common Law Tradition: Deciding Appeals*, Little Brown and Company, 1960, p. 13.

由此在卢埃林看来，即便判决意见很少能够完全准确地记录审理的过程，只能是对实际裁决过程的正当性论证，这一论证过程也必须有两个层面上的要求——非规范性的和规范性的。首先，在非规范性的层面上，正当性论证指的是在司法裁决过程中实现法律上的秩序，在这个意义上，只要基于一种能确保类似案件得到类似处理的方法得出一个司法裁决，那么，就可以说该裁决是“正当的”。这里，据以作出裁判的一般性方法具有的规范性内容无关紧要，重要的是法律体系产生的结果所形成的秩序，或者说，裁判结果的可预测性。因此，对司法裁判的正当性论证可以采用任何可产生裁决之恒常性的方法。其次，在规范性的层面上，正当性论证指向的是正当的法。在这个意义上，对司法裁决的正当性论证提供了一种确定一个判决是否正当的标准，一个判决只有在伦理上是正确的，才能说它是“正当的”。①

卢埃林之所以批评法律形式主义，就是由于法律形式主义既危及了正当化论证的秩序要求，也危及了其对正当的要求。一方面，法律形式主义的语词诡计和隐藏动机使得司法裁决中的秩序难以实现，因为如果隐藏了真正的司法意图，那么，就不能为将来的司法裁决提供可靠的指引；另一方

---

① See William C. Heffernan, The Dual Problems of Legal Justification: A Key to the Unity of Karl Llewellyn’s Jurisprudence, 45 *The University of Chicago Law Review*, 1978, pp. 654—655.

面，法律形式主义又因其给予了法官反复无常的偏离权限，从而降低了作出正当裁决的可能性。在早期对法律形式主义的批判与反思中，卢埃林追问的是“可预测性”这一秩序问题——经由机械化的法律正当化论证，司法裁决在多大程度上是可预测的？然而在其后期的理论阐释中，这一秩序问题分解成了两个相互关联、相互缠结的问题：第一，司法裁决的可预测性在何种条件下才是可能的？第二，法官应当采取何种方式裁决案件？在他看来，有效解决了第二个问题也就同时回答了第一个问题，换句话说，卢埃林将一种正义理论看作解决法律秩序问题的条件，他早期对法律形式主义追求绝对确定性的失望，在后期转变成了在一种正义理论中求得现实确定性的乐观。[①] 首先，在一种弱的意义上讲，卢埃林预设了一种作出司法裁决的“正当”方式——普通法的技艺传统，如果法官采用这种正当的裁决方式，就能增强裁决的可预测性。但是这种“正当”方式并不是唯一的、排他的，还可能存在其他的裁判方式也同样可以增进判决的可估量性。其次，在一种强的意义上，卢埃林所推荐的“正当”的裁判方式——普通法的技艺传统，是唯一的、排他的方法，能同时实现正义与秩序的要求。事实上，只有在这种强的意

① See William C. Heffernan, The Dual Problems of Legal Justification: A Key to the Unity of Karl Llewellyn's Jurisprudence, 45 *The University of Chicago Law Review*, 1978, p. 656.

义上，才能理解实然与应然暂时分离命题为何不是实然与应然的二元对立，而是彼此的交融：对他而言，唯有实现了正义的判决才同时可能是可预测的。这也就是他认为法官承担着双重职责——“对于正义，对于法律，以及如果可能的话，同时满足这二者要求的责任”[①]——的根本缘由所在。

由此可以说，卢埃林的成就恰恰在于他提供了一个联合秩序与正当双重要求的方案，这个方案解决法律正当化论证的规范性问题的同时，也解决了其非规范性问题——司法裁决的有序性、恒常性。因而，寻求现实确定性的背后还交织着对秩序和正义的双重寻求。秩序不仅表现为法律秩序——判决结果的可预测性、可估量性，还表现为经由法律秩序而实现的社会秩序——法律外行的确定性与正义感，这又反过来说明正义是实现秩序的条件，是秩序的一个内在要求。

（一）秩序

法律与法律素材只是社会中的一种具体制度。社会中存在某种由秩序保障的统一性，秩序构成社会的基础性范畴，“‘社会’最低限度的要求是，社会成员的行为必须遵循如下标准，即社会成员冲突的数量、类型及其总和不能致使行

---

① Karl Llewellyn, *The Common Law Tradition: Deciding Appeals*, Little Brown and Company, 1960, p. 59.

为中的统一性观念变得不可想象”[①]。与其关于群体的定义相比照，就能更好地领会卢埃林社会秩序的含义，如果两人或多人关于某一特定问题的行为模式之总体可以视为一个有组织的整体，那么，这些人就构成了一个群体。“如果群体的成员不是以某种方式被组织在一起生活，如果他们各自的行为不是在某种程度上参照着彼此而确定其方向，如果没有某种程度的合作、某种自律、某种专门化，以及对于每一个人而言都有的关于其他人将会怎样行为的可预测性，那么就不会有群体。当这种秩序变得逐渐明确、逐渐确定、逐渐深入的时候，一个‘群体’才变得更像群体，而不是几个个人在某一地点的偶然聚集。”[②] 社会就是由这样的群体组成的大规模的、复杂的、自足的单位。法律作为社会的一个组成部分，作为实现社会目标的一种制度，必须与其他制度保持功能性协调，才能实现社会的总体平衡与稳定，进而实现秩序。

1. 法律秩序

法律秩序是秩序的一个必不可少的方面。法律形式主义寻求的法律秩序体现了逻辑上相关联的法律规则的层级结

---

① Michael Ansaldi, The German Llewellyn, 58 *Brooklyn Law Review*, 1992, p. 756.

② Karl Llewellyn, *The Bramble Bush: On Our Law and Its Study*, Oceana Publications, 1960, p. 108.

构，一个法律体系的秩序依赖于所适用规则的完整性与逻辑上的严密性，换言之，法律形式主义的法律秩序指的是规则的内部秩序。对卢埃林而言，法律秩序并不是规则间的和谐一致和逻辑自洽，而是结果的有序化——即裁判结果的可预测性、可估量性，因此，可预测性是法律秩序的一个衡量尺度。然而，就能实现此种可预测性（法律秩序）的条件而言，或者说，“就准确地预测法院将要做什么的可能性而言，再也没有什么会比传统的规则能提供的东西还要少了”[①]。“我们［现实主义者］首先批评［上诉］法院的行为中存在不可预测的领域。这一批评有力地表明，在很大程度上，导致现今不可估量性的一个因素在于如下这种矫饰或信念——并不存在不确定性，或者不确定性存在的范围要比现实主义者们主张的范围要窄得多。承认通过语词和演绎推理寻求确定性存在不足并努力去限制这些不足，将会开启通往其他更为有用的司法过程的大门：在先例或制定法规定的范围内，有意识地寻求明达的判决。因而得出的判决——在先例和制定法的限制范围内，可确定无疑地、合理地被期待为比现在的判决更具有可预测性——因为现今已经没有人能分辨法院何时在寻求一个明达的判决，何时又不是在寻求明达的判

① Karl Llewellyn, Some Realism about Realism, in Karl Llewellyn, *Jurisprudence: Realism in Theory and Practice*, University of Chicago Press, 1962, p. 60.

决，而仅仅将这种寻求隐藏在语词的外衣之下。不仅确定无疑，而且也更为重要的是：更公正与更明达（或者说，更为经常地公正和明达）。”[①] 由此可见，法律秩序的实现，不仅要求判决结果的可预测性，而且也要求判决结果的公正性，法律形式主义并不能满足这两个要求。

既然法律形式主义并不能提供实现法律秩序的条件，那么，卢埃林为之提供的现实主义条件又是什么呢？他的替代性方案包含两个条件。第一个条件是上文所述的法律技艺传统。在法律技艺传统下，裁判结果的可估量性并不是一种绝对的确定性，而是一种相对的现实的确定性，并承认适度的不确定性、不可预测性在司法裁决与现实生活中不仅是不可避免的，而且还是有益的——不确定性的存在提供了创造与革新的可能，从而能更好地适应社会的变迁，满足社会的需要。“法官们不是在适用规则，而是在扩张或限缩规则的内容，这一行为过程中总是存在法官的创造。”[②] 在卢埃林看来，法律技艺传统确保了司法裁判的合理恒常性，因而，在这个意义上，“方法是规则与演绎推理体系固有的不确定

---

① Karl Llewellyn, Some Realism about Realism, in Karl Llewellyn, *Jurisprudence: Realism in Theory and Practice*, University of Chicago Press, 1962, pp. 69—70.

② Karl Llewellyn, *The Case Law System in America*, Paul Gewirtz(ed.), Michael Ansaldi(trans.), University of Chicago Press, 1989, p. 52.

性的一味解毒剂”[①]。法律技艺传统加上“既有正确的情景理由，也有明确的范围标准的”规则，为法官提供了稳定的指引，从而会产生更确定的结果。

实现法律秩序的第一个条件表明，只有所有的法官都遵从相同的裁决案件的方法，才会实现法律秩序（亦即判决结果的可预测性）。因此，即便一种方法——比如，宏大风格——能够产生一种确定无疑、完全不存在模糊之处的结果，如果某些法官未能运用这种方法去裁决案件的话，它也不能产生确定性。但是，倘若解决案件的法律上的标准——司法裁决——与社会的需要一致的话，法官就会采纳同一种方法去裁判案件，因为，在这种情况下，并不存在社会压力迫使法官放弃一种方法而采取一种新的方法以满足新的社会需要。[②] 由此，实现法律秩序的第二个条件即司法裁判要满足社会需要，或者说司法裁判要与社会习俗——由公众的生活方式和行为方式构成——相一致或相叠合。在卢埃林看来，存在某种可能的人类永恒价值，构成了人之正当行为的最低标准；而行正义之事的一个永恒条件就是满足人的基本

---

① William C. Heffernan, The Dual Problems of Legal Justification: A Key to the Unity of Karl Llewellyn’s Jurisprudence, 45 *The University of Chicago Law Review*, 1978, p. 668.

② See William C. Heffernan, The Dual Problems of Legal Justification: A Key to the Unity of Karl Llewellyn’s Jurisprudence, 45 *The University of Chicago Law Review*, 1978, p. 687.

需要。[①] 这一永恒价值就是人的基本需要，而人的基本需要在于维续社会的存在。“……一个基本方面是一个群体之为群体得以维续的最低条件……在我们能满足社会善的其他方面之前，这些基本需要必须首先得以满足。”[②] 换言之，从长远来看，如果想要使得司法裁决一直都是可预测的，那么就必须使得司法裁判与一个社会的实际问题或实际需要相一致或相叠合。[③] 这就将秩序的焦点从法律秩序转向了社会秩序，或者说将焦点从司法裁决的可预测性——律师与当事人的确定性——转向了法律外行的确定性。

2. 社会秩序

对卢埃林而言，法律作为一种制度，与其他制度一起构成满足其为之服务的社会（共同体）需要的一种工具，它作为社会的一个组成部分，具有文化滞后性：“文化滞后这一命题是说，现代文化的不同部分发生变迁的频率并不相同，某些部分发生变化的速率快于其他部分。由于不同组成部分

---

① See William C. Heffernan, The Dual Problems of Legal Justification: A Key to the Unity of Karl Llewellyn's Jurisprudence, 45 *The University of Chicago Law Review*, 1978, pp. 665—666.

② Karl Llewellyn, On the Good, the True, the Beautiful in Law, in Karl Llewellyn, *Jurisprudence: Realism in Theory and Practice*, University of Chicago Press, 1962, p. 200.

③ William C. Heffernan, The Dual Problems of Legal Justification: A Key to the Unity of Karl Llewellyn's Jurisprudence, 45 *The University of Chicago Law Review*, 1978, p. 686.

间的相互联系和相互依赖，其中一个组成部分的迅速变迁要求通过其他不同组成部分的变迁来进行调适。”① 社会的运转、社会秩序的维持，由不同的制度共同进行维护。不同的制度都围绕着“维续社会存在”这一基本需要而发挥作用。在这其中，维护法律秩序的法律公务人员（主要是法官）的角色就是社会的外科医生，他们作为社会的医生，必须关心整个社会的健康，维护社会的整体平衡。② 他们运用法律手段治疗社会的“文化滞后病”，从而保证社会各组成部分的功能和谐。“他首先努力诊断相关的重要问题，并努力认定产生该问题的生活情景，……然后他才能确定最为适当的处理方法，开出需要的药方。” ③

社会秩序的实现取决于法律公职人员（主要是法官）能否治愈上述“文化滞后病”，取决于法官的裁判行为（及其形成的法律秩序）能否满足法律外行与法官自身对于法律在社会中的作用与功能的期待。法律外行作为法律的“消费

---

① William C. Heffernan, The Dual Problems of Legal Justification: A Key to the Unity of Karl Llewellyn’s Jurisprudence, 45 *The University of Chicago Law Review*, 1978, p. 670.

② See Karl Llewellyn & E. Adamson Hoebel, *The Cheyenne Way: Conflict and Case Law in Primitive Jurisprudence*, University of Oklahoma Press, 1941, p. 332.

③ Karl Llewellyn, *The Common Law Tradition: Deciding Appeals*, Little Brown and Company, 1960, p. 450.

者”，总是期待法律是正确的、正当的；而法官本身也总是具有某种趋向正当的动机，并且还受到某种被感受到的“对正义的责任”的束缚。无论是法官还是社会公众，都认为法律是为社会服务的，法律扮演的是一种综合性的、满足需要的角色。唯有法律或具体的司法裁决符合他们对法律的这种角色与功能期待，社会秩序才有可能实现。可见，社会秩序的实现意味着法律外行（社会公众）的确定性的实现。法律外行的确定性存在于对具体案件结果的认同，进而存在于具体案件结果与法律外行的预期之间的一致性当中。这种一致性要求处理纠纷的法律公职人员体察到构成法律外行之行为背景条件的社会文化，“任何社会的法都不可避免地与这个社会的文化关联在一起，并且相互影响着对方”[①]。实际上，处理纠纷的公职人员（主要是法官）之所以要充分体察社会文化背景，是因为法律外行的行为方式寓于社会文化背景当中，尤其是寓于社会习俗或社会规范当中，换言之，法官体察社会习俗，是为了辨识出法律外行的行为方式。“一个社会或群体的基本现象就是其成员之行为活动在一定程度上的规律性、可估量性与相互关联性。这些活动不断重复，就形

---

① Ajay K. Mehrotra, Law and the “Other”: Karl N. Llewellyn, Cultural Anthropology, and the Legacy of the Cheyenne Way, 26 *Law and Social Inquiry*, 2001, p. 751.

成了行为方式。”[①] 社会习俗保证了人们的遵从行为，但它并不是一个线性的范畴，并不具体规定一种行为或只允许一类行为发生。与此相反，社会习俗类似一个扇面，像光谱一样，涵盖了一系列为某一行为可采取的具体方式，“社会规范慢慢地确立下来，通常同时存在于不同的形式当中”[②]。这就允许根据个人的个性和主动性调整某一行为的具体方式。如果调整一种行为的实例累积达到了一定数量，溢出了原来社会习俗之范围，那么量变就引起了质变，行为方式就发生了改变。社会习俗不仅能描述一个社会特定时期实际上通行的行为方式，而且也有其“理想”特征，“在人们朦朦胧胧地认识到建基于实际行为的规范的同时，他们的思想意识里存在一种自觉的规范——有可能是扭曲了的，这种有意识的规范具有伦理特征，是流线型的——区别于上述扇形的，这些流线型的社会习俗也在发挥作用，作为指导规范而控制行为。正是这些‘自觉的规范’以一种可预测的方式，覆盖了那些不可预期的情形”[③]。这些“自觉的规范”，就是公众的正当观念与正义感，当出现处于现行社会习俗光谱之外的、

---

① Michael Ansaldi, The German Llewellyn, 58 *Brooklyn Law Review*, 1992, p. 757.

② Karl Llewellyn, *The Case Law System in America*, Paul Gewirtz(ed.), Michael Ansaldi(trans.), University of Chicago Press, 1989, p. 85.

③ Michael Ansaldi, The German Llewellyn, 58 *Brooklyn Law Review*, 1992, pp. 758—759.

不可预期的情形时，正是这种难以言明的正当观念在起作用，并日渐生成新的社会习俗，通过渐进的变迁实现社会发展，保证社会稳定，从而实现社会秩序。从这个意义上讲，维续一个社会的存在、实现社会秩序的关键点在于维续该社会的习俗，从而维续其成员的行为方式；而法律（包括法院判决）作为促进社会的手段，要满足人们维续社会存在的基本需要，就必须要与法律外行的行为方式一致。

由此可见，社会秩序的维续有赖于法律秩序。“法律，以及法律公职人员对纠纷的干预，只是解决那些如果不诉诸法律就无法解决的纠纷的手段。法律并不是创造秩序的手段，而只是在秩序遭到破坏时恢复秩序的手段。”① 在法律（秩序）与社会（秩序）的关系中，卢埃林强调的是社会，“法律，这一自觉的指导原则，被降格为背景，成了一种助产士——只是偶尔被召唤来协助社会的自然进程，但绝不能插手创造活动”②。那么，卢埃林偏爱“社会之于法院的

① Karl Llewellyn, *The Bramble Bush: On Our Law and Its Study*, Oceana Publications, 1960, p. 13.

② L. L. Fuller, American Legal Realism, 76 *Proceedings of the American Philosophical Society*, 1936, p. 219. 此处的争议焦点在于富勒与卢埃林关于法律之本性的看法不同。在富勒看来，法律本身是一项目的性事业；而对卢埃林而言，法律是实现社会目的的工具。因此，对富勒来说，“助产士”身份有辱于法律的道德性；而对卢埃林来说，只要能促进社会秩序、满足人们维续社会存在这一基本需要，法律就成功地履行了其职能，是否（转下页）

力量”，是否真的会使法律沦为社会变迁过程的助产士呢？这是一个见仁见智的问题。在卢埃林看来，社会是由规模较小的不同群体构成的，“在一个群体内部，各成员间的持续联系与群体感存在于明确限定了自由行动之空间的群体习俗当中。然而，在不同的群体之间，明显缺乏这种经常的联系和和谐的情感，自由活动的空间因此就要大一些”①。这意味着，社会习俗可以确保一个群体内部的秩序，却可能对群体间的习俗（行为方式）发生冲突的情况无能为力。在这种情况下，法律就有了其用武之地，法律以一种可预测的方式，为解决纠纷与冲突提供一种秩序，规制尚未被社会习俗规制或社会习俗间存在冲突的行为。解决纠纷与指引人们行为的法律专业人士不仅会形成自身的规范性原则，而且这些专业人士的行为方式还构成了一种执掌正义的制度——据法司法的司法制度。由于其所受的专业训练和技艺传统的熏陶，法律专业人士对于正义的观念以及依此观念的集体行动产生的

（接上页）是“助产士”并不重要。与富勒的观点相反，麦考利认为，“卢埃林的问题，部分是由于他对普通法不切实际的乐观态度，这就是他的工作方式；从根本上他热爱普通法，这种热烈的爱渗透在他的所有研究当中。卢埃林的所有著述都是以这种激情写出的，其风格是精致、神秘、格式化的，有时令人生厌，但风格独具并充满了无限的热情。他确实崇拜法和构成法的一切。”［美］斯图尔特·麦考利：《新老法律现实主义：“今非昔比”》，范愉译，载《政法论坛》2006 年第 4 期，第 68 页。

① Michael Ansaldi, The German Llewellyn, 58 *Brooklyn Law Review*, 1992, pp. 762—763.

结果，必然与法律外行的正义观念和欲求的结果存在不一致的地方。这就为法律外行——代表社会秩序——监督与评判法律专业人士的工作提供了可能。一方面，法律外行通常会追问："法官与其他公职人员所提供的结果是否落于文化以及人们需要的范围之内，从而是令人满意的？"①另一方面，法律外行的行为方式也不会因为法律专业人士发布了一个决定——无论是通过立法还是通过判决——就停止变化发展。换言之，法律人士的专业实践可能会与社会公众的现实生活发生断裂，这种断裂为法律人士改革自己的专业实践提供了动力——他们关于新的社会习俗之发展与手边事实情景之需要的基本洞识会促使他们重新审视现有的法律框架。②但这种改革首先要符合正义的要求，否则就无法契合法律外行关于正当的观念。

（二）正义

虽然"正义有着一张普罗透斯似的脸，变幻无常，随时可呈不同形状并具有极不相同的面貌"③，甚至有人认为正

---

① Michael Ansaldi, The German Llewellyn, 58 *Brooklyn Law Review*, 1992, p. 764.

② See Michael Ansaldi, The German Llewellyn, 58 *Brooklyn Law Review*, 1992, p. 766.

③［美］E. 博登海默：《法理学：法律哲学与法律方法》，邓正来译，中国政法大学出版社 2004 年修订版，第 261 页。

义观念完全是一个个人取向或社会舆论问题，但是，“从最为广泛和最为一般的意义上讲，正义的关注点可以被认为是一个群体的秩序或一个制度是否适合于实现其基本目标。如果我们并不试图给出一个全面的定义，那么我们就有可能指出，满足个人的合理需要和主张，并与此同时促进生产进步和提高社会内聚性的程度——这是维续文明的社会生活所必需的——就是正义的目标”①。卢埃林就是这样一个并不试图给出一种关于正义的全面定义的人，他区分了正义观念的三个层次——关注人类社会正当秩序与良善生活的终极正义、关注特定群体目标的促进和社会产品分配的社会体制下的立法正义以及关注个案结果评判的现行法律内的具体正义。②

1. 法律之内的具体正义

卢埃林主要关注的是法律之内的正义，是司法过程中的正义，是由法官施行的具体正义。在他看来，在审判中实际发挥作用的并不是抽象的、统一的正义观，而是关于特定情景的具体正义观：“正义的统一性，无论它被多么坚定地信奉，无论它被权利这一无所不包的范畴多么有效地表达了出来，但它对于一个具体问题的公正解决几乎没有什么帮

① [美] E. 博登海默:《法理学：法律哲学与法律方法》，邓正来译，中国政法大学出版社 2004 年修订版，第 261 页。

② See William Twining, *Karl Llewellyn and the Realist Movement*, University of Oklahoma Press, 1985, p. 185.

助。”[①] 在实际的审判中，与其说是一种统一的、一般性的正义观念在起作用，不如说是“尽量避免不公正”这种观念在起作用，“我尤其相信，正义的一般观念通常不对案件审判发生直接作用……我相信，自觉发挥作用的实际上是这样一种认识和希望：避免一些可能不正当的结果，或者更明确地说，不公正的结果”[②]。“避免不公正”这一观念通常与案件的具体情景相联系，从而能比抽象的正义观念更有效地裁断个案。法官在审判具体案件时避免出现不公正的结果，事实上诉诸的是“公平”“正当”“最低限度的得体”这些更接近法官正义职责的具体观念。首先，只有在相对具体的、活生生的生活情景类型当中，才能把握“公平”“正当”“最低限度的得体”等观念的具体意义。其次，在活生生的生活情景当中，“公平”“正当”“最低限度的得体”“不公正”等具体观念不仅着眼于对过去实践的评判，更着眼于通过良好的、正当的实践为将来实践提供正确的指引，这些观念涉及生活情景类型中可感知的纯粹价值以及有关法律规则的政策。最后，有关“正义”的总体观念在绝大多数情况下都不仅仅是“回头看的”，而是“向前看的”，要求法官去寻求明达与睿

---

① Edwin Norman Garlan, *Legal Realism and Justice*, Columbia University Press, 1941, p. 34.

② Karl Llewellyn, *The Common Law Tradition: Deciding Appeals*, Little Brown and Company, 1960, p. 60.

智的判决。[①]

可见，在利益、价值冲突不可通约[②]这一前提假设下，卢埃林强调实现正义目标的具体情景和条件限制，“关于正义的各种问题（也就是关于审判的各种问题），明确地以具体的价值和冲突为中心。为了限定冲突与价值发生的具体情景，适用于这些具体情景的标准是最难以把握的因素”[③]。这意味着，一方面，要实现这些具体的正义观念，法官需要具备情景感、智慧与理性能力。情景感帮助法官识别类型事实，而法官的明达与智慧有助于法官作出正确的、能指引未来的判决，理性能力则使法官能很好地运用情景感，自觉运用法官所拥有的权力和力量去求得结果的明达，实现判决对未来的指引作用。[④]另一方面，审判就是要平衡各种冲突的利益和价值。法官运用情景感识别事实类型，其主要目的在于识别可能处于争议之中的价值类型，从而寻求在具体情景下涉讼案件的正当解决方案。在案件的审理过程中，法官识

---

① See Karl Llewellyn, *The Common Law Tradition: Deciding Appeals*, Little Brown and Company, 1960, p. 60.

② 这也暗含了卢埃林的正义目标是，在价值冲突不可避免的情形下，正义的实现在于满足人们的基本需要——维续社会的存在。正是在这个意义上，秩序与正义统一在一起了。

③ Edwin Norman Garlan, *Legal Realism and Justice*, Columbia University Press, 1941, p. 34.

④ See Karl Llewellyn, *The Common Law Tradition: Deciding Appeals*, Little Brown and Company, 1960, pp.60—61.

别出具体纠纷所属的事实类型后，再确定适用于该类型情景之法律的过程，同时也是确定关于该事实类型之正当解决方案的过程，因此，审判最终诉诸的是价值与价值判断。①

在卢埃林看来，尽管没有一个固定不变的正义公式，但每一个有良知的人都必定会秉持基本的正义观念，每个正派的人都会有一些正派的预期和期望，正义就是这正派的预期和希望得以体面地实现，“关于法律的全部规范性问题，可以说就是调和各不相同却都是正派的预期，同时也调整各不相同却可接受的实现预期的方式”②。这意味着，并不是所有的预期都具有现实的可能性，只有基本的需要——维续社会的存在——得以满足后，才可能去考量其他的预期，“……一个基本方面是一个群体之为群体得以维续的最小条件……在我们能满足社会善的其他方面之前，这些基本需要必须首先得以满足”③。因此，整全的正义观只是一种乌托邦，正义目标的实现是有限制的，法律能量与社会产品的稀缺性决定了能实现的只是那些具有实践可能性的期待。这样一种具体

① See Edwin Norman Garlan, *Legal Realism and Justice*, Columbia University Press, 1941, p. 39.

② Edwin Norman Garlan, *Legal Realism and Justice*, Columbia University Press, 1941, p. 105.

③ Karl Llewellyn, On the Good, the True, the Beautiful in Law, in Karl Llewellyn, *Jurisprudence: Realism in Theory and Practice*, University of Chicago Press, 1962, p. 200.

的正义观念具有如下四个基本特征：第一，它是总体善的一个方面；第二，它与人们之间的冲突以及避免或规制冲突从而维续社会的存在这一基本需要有关；第三，它在很大程度上受到公平观念的影响，进而受到中立无偏私这一观念的影响；第四，它在稀缺原则下发挥作用，受到“稀缺性”事实的制约，因此，并没有足够的正义可供分配，任何对纠纷的解决都要么是对某一些人的偏爱，要么是一种折中与调和。①

2. 法官的自然法

与其具体的正义观念相一致，卢埃林的自然法也只是一种法官的自然法，而不是哲学家抽象的、永恒的自然法原则，他所谓的自然法“本质上只是一种对最佳理由的孜孜寻求和解释，并没有假定任何的自然法原则或前提”②。只有持有一种法官的自然法观念，才能公平合理地解决纠纷，在个案中实现法律之内的具体正义——个案公正。法官的自然法是对正当、正派、正义这一迫切愿望的表达，是对“人应当被视为一切法律和法律制度的终极目的”这一理想的规范性承诺。法官的自然

① See Karl Llewellyn, On the Good, the True, the Beautiful in Law, in Karl Llewellyn, *Jurisprudence: Realism in Theory and Practice*, University of Chicago Press, 1962, p. 203.

② Karl Llewellyn, *The Common Law Tradition: Deciding Appeals*, Little Brown and Company, 1960, p. 422.

法不仅有效地表达了这种承诺，而且旨在实现这种承诺，其有效性取决于实现的程度，进而取决于批判并修正这一目标的法律技艺。法官的自然法不同于哲学家的自然法，哲学家的自然法旨在设计适用于一切人类社会的正当秩序原则，相信存在适用于所有人的普世道德原则；而在法律人自然法的视野中，一位法律人（尤其是法官）的主要职责是将具体的原则或规则适用于一个具体给定的社会，并不信奉道德原则的普世性，而是强调伦理道德的特定时空性，坚信“对于一个特定社会的指引必须植根于该社会”①。当然，虽然哲学家抽象的自然法观念并不解决法律人面对的具体问题，但它依然时刻影响着法律人的工作，法律人视之为自己工作的基本原则和检验标准。这是因为，法律人的具体工作在很大程度上必然涉及哲学家为法律人身处其中的社会所设定的正当秩序原则。因此，在这个意义上讲，法官的自然法或者说法律现实主义的终极理想，与哲学家的自然法并无根本性的区别，它使哲学家自然法欲求的终极正义具体化，以法律人独有的法律技艺具体规制人们发生冲突时的各种具体问题。②法官的自然法所欲求的终极目标，与哲学

---

① Karl Llewellyn, One “Realist’s” View of Natural Law for Judges, in Karl Llewellyn, *Jurisprudence: Realism in Theory and Practice*, University of Chicago Press, 1962, p. 114.

② See Karl Llewellyn, One “Realist’s” View of Natural Law for Judges, in Karl Llewellyn, *Jurisprudence: Realism in Theory and Practice*, University of Chicago Press, 1962, p. 112.

家的自然法传统并非必然不相容，它们都视现行实在法规则和概念虽有效，但仍需根据现存价值受到重新审查；都在它们为之服务的社会中发现了评价自身的指导原则；都努力利用法官具有的偏离权限去为公众的行为与法官的审判提供更好、更有效的指引。①

可以说，法官的自然法关心的是正义能够实现的条件及其能被实现的程度，或者更明确地说，是关心法律满足维续社会使人们得以过社会生活这一基本需要的条件和程度。让我们再次回到卢埃林奉为圭臬的古德斯密特之语："普通生活中的每一种事实类型，只要能为法律秩序所吸纳，其本身就含有适当的、自然的规则，自己正当的法则。这是一种真实的而非想象的自然法则；它并非仅仅是理性的产物，而且也立基于对人之本性和特定时空之生活条件的理性认识这一坚实基础；它并不是永恒不变的，也不是在任何地方都相同，但是却存在于每一种生活情形当中。立法的最高任务就是发现和施行这一内在法则。"② 内在法则强调的是情景类型，但情景类型本身并不是一个明确的公式，而是代表一类

① See Karl Llewellyn, One "Realist's" View of Natural Law for Judges, in Karl Llewellyn, *Jurisprudence: Realism in Theory and Practice*, University of Chicago Press, 1962, p. 115.

② Karl Llewellyn, *The Common Law Tradition: Deciding Appeals*, Little Brown and Company, 1960, p. 122.

问题情景及其潜在的后果，进而代表该类型情景涉及的价值类型，“情景总是一个价值情景，不同的情景，总是会强调不同的价值考量”[①]。调和相互冲突的利益和价值，正是卢埃林具体的正义观欲求的目标。法官的自然法看到了实现正义之可能性受到的限制，因而关心的是通过法律实现正义的程度问题。一方面，法官的自然法以规范性原则的形式规定了某种事实类型的法律后果，这类规范性原则被认为是唯一正当和真实的原则，法官可利用其偏离权限来纠正那些不正当的实在法规则。另一方面，由于法官的自然法强调伦理道德原则的特定时空性，因而可能会容忍其他社会中存在的不正义现象，而且，也可能会为了满足维续社会存在这一基本需要，与自身社会存在的不正义现象发生妥协。[②]法官的自然法在满足人们对于维续社会存在这一基本需要之外，关心的是法律机制的效率以及法律制度对促进一个社会总体善的实际作用。就法律机制的效率而言，法官的自然法首先主要关心的是满足基本需要的同时，要降低成本浪费，并减少不必要的副作用——将不正义出现的可能性降到最低；其次也涉

---

① Edwin Norman Garlan, *Legal Realism and Justice*, Columbia University Press, 1941, p. 37.

② 这也是为什么卢埃林强调与其讨论关于正义的整全定义，不如寻找如何减少不正义发生的缘由。See Karl Llewellyn, One “Realist’s” View of Natural Law for Judges, in Karl Llewellyn, *Jurisprudence: Realism in Theory and Practice*, University of Chicago Press, 1962, pp. 113—114.

及法律自身的秩序问题，也即法律内部的有序，法律技术的简洁等。就法律制度促进总体善的作用而言，它关切的是正义受到法律潜能的限制，追问的是经由法律能实现何种正义及其实现的程度。这就回到了制约正义的稀缺性原则，“正义的寻求总是受到稀缺性原则的制约：几乎不存在充足的善和有保障的正义可以足够分配”[①]。当然，法官的自然法也力图通过促进立法、通过有意识的法律变革来促进社会的总体善，实现立法上的正义。[②]

概言之，价值冲突的永恒性决定了只有最优的而没有唯一正确的解决方案，用“唯一正确解决方案”的态度去透视正义，就掩盖了问题的实质。问题的关键并不在于找到一个唯一正确的答案，而在于在每一个伦理上都正当却相互冲突的主张间，发现最优的解决方案。法官对正义的责任并不是探究社会秩序之型构的正当性与可欲性，而是在具体个案中通过法律职能将已经为哲学家们理性证明的终极正义转化为可能性与可行性。“法官与其寻求总体善的终极内容，不如

---

① Karl Llewellyn, On the Good, the True, the Beautiful in Law, in Karl Llewellyn, *Jurisprudence: Realism in Theory and Practice*, University of Chicago Press, 1962, p. 201.

② See Karl Llewellyn, On the Good, the True, the Beautiful in Law, in Karl Llewellyn, *Jurisprudence: Realism in Theory and Practice*, University of Chicago Press, 1962, pp. 205—207.

转而改良实现具体善的手段——法律技艺。”[①] 唯有如此，法官经由情景感的运用所裁断的判决才能公平、确当、得体、符合法律公众的正义感。

（三）秩序与正义的统一

法官承担着对法律和正义的双重职责，如果说通过解决具体纠纷来维持秩序是法官在履行其对法律的责任的话，那么，法官对正义的责任就是把哲学家的自然法所欲求的终极正义具体化，以法律人所独有的法律技艺具体规制人们发生冲突时产生的各种具体问题。

一般而论，秩序侧重的是社会制度和法律制度的形式结构，正义关注的是法律规范和制度安排的内容、它们对人类的影响以及它们增进人类总体善的作用与价值。就卢埃林而言，秩序包含了法律秩序与社会秩序，具体指判决结果的可估量性以及判决结果、裁判方式与体现了人们基本需要的社会习俗间的叠合；正义并不是抽象的，具体指以最低成本、最小浪费满足人们的基本需要。卢埃林强调在充分保证维续社会使人们得以过社会生活这一基本需要的前提下，每一项法律职能的履行都需要考虑两个方面：经济、有效、顺利、

---

① Karl Llewellyn, On the Good, the True, the Beautiful in Law, in Karl Llewellyn, *Jurisprudence: Realism in Theory and Practice*, University of Chicago Press, 1962, p. 211.

体面地履行职能，同时寻求有助于更丰饶之生活的正义安排。[①]在这个意义上，正义的探寻同时契合了秩序的实现。“法律与正义根本不需要发生冲突，甚或根本不需要存在太多的矛盾，而是代表着一种每天都在发挥作用的和谐。与多数律师和法学家一样，我曾经想当然地认为，对恒常性与形式的需求、对先例连续性的正当需求和根据正当需要对现行制度作出动态调整之间存在一种永恒的斗争关系。……但是，夏安人的方式使我清醒地意识到如下事实，即形式、先例或其他传统与被感觉到的需要间的矛盾关系只有在存在一种单一性的危机时，才是实质上的矛盾关系。在作为一个整体的法律制度中，它不必成为持续不断的矛盾关系，因为，一种具有充分自我调适能力的法律制度能够偶尔，甚或是经常性地吸纳这一特定麻烦，并每次都将其溶解于一条新的、通常是指引性的、向前看的被感受到的行为标准或法律规则当中。”[②]“法律与被感受到的正义之间的严重对立不仅是一种不幸，而且在很大程度上也是不必要的。”[③]

---

① See Karl Llewellyn & E. Adamson Hoebel, *The Cheyenne Way: Conflict and Case Law in Primitive Jurisprudence*, University of Oklahoma Press, 1941, p. 292.

② Karl Llewellyn, *The Common Law Tradition: Deciding Appeals*, Little Brown and Company, 1960, p. 513.

③ Karl Llewellyn, American Common Law Tradition, and American Democarcy, in Karl Llewellyn, *Jurisprudence: Realism in Theory and Practice*, University of Chicago Press, 1962, p. 308.

统一秩序与正义的关键力量是浸淫于普通法宏大风格的法官所接受的法律训练和所掌握的法律技艺，法律技艺在两个层面上促进了秩序与正义的统一。首先，就具体案件结果的可预测性和可估量性而言，根据案件事实，如果严格遵循先例或规则会导致个案结果的不公，就需要法官运用情景感，行使裁量权，实现个案的衡平。“有序的连续性在某个特定案件中必须让位于正义的强制性要求。在这种情形下，习惯上的法律普遍性在一个具体情形中就要被牺牲，以满足实现个殊性正义的需要。”[①]看似为了个案正义牺牲了秩序要求，但事实上案件结果的可估量性并不是百分百的确定性，也不主要取决于先例、规则的连续性，而取决于具体裁判契合于社会习俗，契合于公众的行为方式与正义感。其次，从长远来看，如果法官以低成本、高效率的方式满足了人们维续社会存在这一基本需要，实现了正义目标，那么这本身就是在维护法律秩序与社会秩序。

在这里，值得追问的问题是，正义与秩序间的这种契合关系是必然的还是偶然的？正义的实现是否是实现秩序的必要条件？对卢埃林而言，答案是肯定的。法律技艺尤其是“法学方法是长期地实现社会中的法律秩序的必要条件……

① [美] E. 博登海默:《法理学：法律哲学与法律方法》，邓正来译，中国政法大学出版社 2004 年修订版，第 334 页。

正当的法是有序的法的关键。这暗示了正义的实现，与在一种法律制度中确立长期的结果可预测性之间存在必然的关系"[①]。总之，正如博登海默所言，"秩序与正义这两个价值通常不会发生冲突。相反，它们往往会在一个较高的层面上紧密相联、融洽一致。一个法律制度若不能满足正义的要求，那么从长远的角度来看，它就无力为政治实体提供秩序与和平。但在另一方面，如果没有一个有序的司法执行制度来确保相同情况获得相同待遇，那么正义也不可能实现"[②]。

---

① William C. Heffernan, The Dual Problems of Legal Justification: A Key to the Unity of Karl Llewellyn's Jurisprudence, 45 *The University of Chicago Law Review*, 1978, p. 694.

②［美］E. 博登海默：《法理学：法律哲学与法律方法》，邓正来译，中国政法大学出版社 2004 年修订版，第 334 页。

尾　论

卢埃林及其引领的法律现实主义运动留下了诸多遗产。首先，从具体的历史情景来看，卢埃林的主要贡献在于其历史感与时代关怀。他的法律现实主义无疑是对美国当时急剧变迁的社会现实需要的一种理论回应，因应了资本主义进入垄断时期对国家干预的时代需求。资本主义从自由市场进入垄断时期，市场失灵，国家守夜人的角色发生变化，必须积极干预市场，保障社会福利，从而维持社会稳定。卢埃林的现实主义法哲学旨在改善司法制度，通过司法促进国家立法，促进社会变革，使法律理论与法律制度都能回应社会需求，他希望“通过不断演变的、经验性的判例法承认各种社会目标，进而通过司法判决促成立法保障与实现这些社会目标”[①]。其次，从卢埃林具体从事的教学、研究与立法活动来看，他编写的案例教材改变了当时通行于美国的案例教材编写方式，他的案例教学法取代了兰代尔案例教学法的正统地位；并且，他将法律教育的目标设定为培养直接从事法律实践、能够为“合宜的政治”服务的法律人才，希望法律职业能为低收入人群提供更好的法律服务，并能投身于争取民权的运动。他对夏安族印第安人的研究提供了一个法学与人类学交叉学科研究的经典范例，促进了社会—法律研究的兴起与交叉学科的繁荣。此外，他还为美国贡献了一部《统一商法典》。最后，从理论旨趣与理论性情来看，一方面，他对方法的浓厚兴趣使他不仅致力于探寻法律理论研究的方法论，而且旨在探索在司法场域中更有效地预测司法行为的方法论工具。其直接结果是，反叛了法律形式主义，塑造了美国法律史上的形式主义与现实主义的二分，尽管这一二分可能是误导性的甚或是破坏性的[②]；在具体司法实践中弘扬宏大风格，逐渐改变了法院的裁判方式与司法判决的书写风格。另一方面，尽管在坎特诺维茨看来，卢埃林这个法律现实主义运动中的温和派所表述的东西不过是一种已被普遍接

① George W. Liebmann, *The Common Law Tradition: A Collective Portrait of Five Legal Scholars*, Transaction Publishers, 2005, p. 186.

② See Brian Z. Tamanaha, Understanding Legal Realism, 87 *Texas Law Review*, 2009, p. 782.

受的老生常谈[①]，然而，正是卢埃林温和的理论性情，正是他敢于重申并系统阐述显而易见却易为人们忽略和遗忘的常识的勇气，正是他试图在一些看似不可调和的命题——一般与个别、稳定性与适应性、可欲的价值设想与现实条件的有限性、稀缺性——之间采取温和、折中的立场，才使得法律现实主义在一个稳定的文明社会中也是“能当饭吃的”[②]，才使得法官能在诸多“相互拉锯”的考量因素中作出一个折中的、尽量满足各方的最佳判决，才使得其寻求的确定性不是神话，而是现实。这里将从实践和理论两个维度具体审视卢埃林的法律理论，澄清对于卢埃林的误解，把握其法哲学的实践意义与理论贡献，并进一步展开追问。

---

① “在某些现实主义者的作品中会遇到甚至强调具有相反旨趣的陈述，这尤其表现在卢埃林那里，他虽有激进的举止，却属于该运动的温和派。这些对立面陈述的大意是：法律不完全是一套司法判决，也是一套规则，法律科学不仅是社会科学，也是一门理性科学。然而，几乎没人会争议这些温和的观点；30 年前它们还相对新颖，而现在已得到（尽管还不是实践上的至少也是理论上的）近乎普遍的接受。” Hermann Kantorowicz, *Some Rationalism about Realism*, 43 *The Yale Law Journal*, 1934, p. 1242.

② “现实主义法学对于一个病态的、骚动不安的社会来说是一剂良药。20 世纪 30 年代的美国正是这样一个社会。但是，对于一个稳定的文明社会来讲，尽管现实主义具有解放人们思想的优点，却是不能当饭吃的。” Arnold, Judge Jerome Frank, 24 *University of Chicago Law Review*, 1957, p. 635. 相反的观点，“从某种程度上说，我们现在都是法律现实主义者了”，Singer, Legal Realism Now, 76 *California Law Review*, 1988, p.467.

一、实践检验

对于务实的卢埃林而言，“法理学应当是为法律人准备的，而不是为哲学家准备的”[①]，“一种理论只有当它能够为人们的需要服务时，才获得了行动中的生命力”[②]。他强调理论的实践性指向，法理学必须满足不断变化的现实需要，应当为律师和法官等法律人面临的实际问题提供“有用的总体生活智慧”。法律现实主义之所以具有生命力，就是因为它为执业者指明了变动不居的社会需要发生变化的方向，从而能满足未来社会的需要。可以说，卢埃林不同于其他法律现实主义者的独特性在于，经由审视法律公职人员（尤其是法官）的行为来探究法律的本性，他既致力于改革美国的商法实践，也通过探讨规则问题而进入了诸多哲学基本问题——例如，哲学的本性及其与各种社会实践的关系，他对夏安人法律方式的研究采用的个案分析方法对人类学研究产生了深远的影响，他还从比较法的视角向德国人介绍了美国的判例

① Quoted in N. E. H. Hull, The Romantic Realist: Art, Literature and the Enduring Legacy of Karl Llewellyn's “Jurisprudence”, 40 *The Ameirican Journal of Legal History*, 1996, p. 116.

② Karl Llewellyn, On Philosophy in American Law, 82 *University of Pennsylvania Law Review*, 1934, p. 205.

法体系，他还是起草并游说美国各州采纳《统一商法典》的核心人物。他不仅关心现实的法律问题，而且一直努力尝试用理论框架去解释和解决现实问题，“他不仅仅深深地参与到了现实的法律世界当中，而且一直对这个现实世界可能遭受的批判性评价相当熟悉”①。对旨在重建“理论”与“实践”之勾连的卢埃林来说，首先检视其法哲学具有的实践意义或现实意义无疑是最大程度的致敬。考察卢埃林现实主义法哲学的实践意义可以从《统一商法典》的立法实践与法官裁判方式改革两个维度上展开。

（一）《统一商法典》的立法实践

诚如理查德·丹泽（Richard Danzig）所言，“卢埃林既在反思法律在社会中的角色、各种立法体系间的相互关系，也在反思其手头的具体立法任务”②。卢埃林承担的典型立法实践是美国《统一商法典》,《统一商法典》是卢埃林通过情景感寻求现实确定性这一理论关切在商事领域的立法表达，他希望他提供的规则能够产生行为中的确定性，“更简洁、更清楚、更具适应性的规则，这样的规则有意义，能保护良

① Francis J. Mootz Ⅲ, Introduction, in Francis J. Mootz Ⅲ (ed.), *On Philosophy in American Law*, Cambridge University Press, 2009, p. x.

② Richard Danzig, A Comment on the Jurisprudence of the Uniform Commercial Code, 27 *Stanford Law Review*, 1975, p. 621.

善观念，并能在法庭内外提供更可预测、更令人满意的结果”[①]。但是，“除非法律规则自身有效地、现实地、直接地适应商事需要，并间接地适应所有社会成员的需要，否则，我们就注定要不幸地陷入法律工作的浪费以及非常令人不满的不确定性当中，荒谬的结果也会频繁发生”[②]。情景化的法律概念可以避免此种不幸。

所谓“情景概念”（situational concept），是指无需借助定义与技术说明，外行人根据自身的生活经验即可识别其含义和了解其适用范围的言辞；如果一项法律规则用此类言辞表达其适用范围，那就是情景化的法律概念。[③]《统一商法典》设立的商事规则区分了“交易类型”“当事人类型”“市场类型”等情景类型，强调“所有权”“要约”“承诺”等情景化法律概念的情景意义，通过每个条款都附有的正式评论来表明立法理由及其规范目的，明确规则适用的具体情景，

---

① Karl Llewellyn, The Modern Approach to Counselling and Advocacy—Especially in Commercial Transaction, 46 *Columbia Law Review*, 1946, p. 178. 关于卢埃林的法律现实主义理论对美国《统一商法典》的影响，详见孙新强:《法典的理性——美国〈统一商法典〉法理思想研究》，山东人民出版社 2006 年版，第 185—290 页；刘剑:《卡尔·卢埃林法律职能理论研究》，吉林大学博士论文，2006 年，第 109—130 页。

② Karl Llewellyn, The Modern Approach to Counselling and Advocacy—Especially in Commercial Transaction, 46 *Columbia Law Review*, 1946, p. 178.

③ Karl Llewellyn, *The Theory of Rules*, Frederick Schauer(ed.), University of Chicago Press, 2011, p. 107.

能够“产生智能的、有效的商事法律，能使商事法律和商事实践都是明晰的、健康的、安全的，不仅能巨大地提升商事领域的速度和灵活性，而且能提升这一领域的安全性与确定性”①。《统一商法典》规定的商事规则通过告诉商人他们可以期待实现的东西和能够期待实现的东西，从而改善了商事法律和商事实践，“当现行法律处于空白或者混乱，甚或相互冲突时，商法典能够以经验为基础，提供一个唯一的、非常合理的答案，这比现存法律要清晰得多”②。总之，《统一商法典》通过内含情景概念的法律规则至少在商事领域实现了法庭之外的确定性，“规制商事实践的规则具有的明晰性、合理性与可预测性将创立商业繁荣所必需的法律确定性”③。

（二）法官裁判方式的改革

如果说《统一商法典》在法庭之外实现确定性，那么，普通法技艺传统——法学方法、宏大风格和情景感——的社

---

① Ingrid Michelsen Hillinger, The Article 2 Merchant Rules: Karl Llewellyn's Attempt to Achieve the Good, the True, the Beautiful in Commercial Law, 73 *The Georgetown Law Journal*, 1985, p. 1164.

② William Twining, *Karl Llewellyn and the Realist Movement*, University of Oklahoma Press, 1985, p. 540.

③ Ingrid Michelsen Hillinger, The Article 2 Merchant Rules: Karl Llewellyn's Attempt to Achieve the Good, the True, the Beautiful in Commercial Law, 73 *The Georgetown Law Journal*, 1985, p. 1174.

会学描述则是卢埃林在法庭内部实现判决结果可估量性的尝试和努力。一如卢埃林所言，稳定上诉审的制度性因素、法官解释制定法和先例的技巧、法官的偏离权限、情景感的运用，都不是什么新的东西，而只是一些被忽略的常识。[①]然而，正是有关司法过程中这些显而易见却被忽视之事实的观察与洞识，构成了卢埃林现实主义法哲学对具体审判实践的意义和贡献。“通过将‘创造性司法方法’描述为宏大风格，他坚信，即使在寻求正当的、社会可欲的结果时，即便是在逻辑上并非必然的时候，司法推理也是令人信服的。尽管他关于宏大风格的解释只是一种情绪，而不是一种分析，但他所传达的理念却具有巨大的价值。总体上，他认为宏大风格就是运用理性和感悟力去类分重要情景类型，诊断出该问题类型合理而公平的答案。”[②]

具体而言，有关司法过程的两个重要事实被熟视无睹：其一，人们之间发生冲突的任何情形，在进入诉讼阶段并获得一个最终判决之前，现实生活中都存在有关这类冲突的内在法则。换言之，人们之间的冲突在普通法体系下可获得结

① “我所讲的，只是显而易见却被忽视的事实。” Karl Llewellyn, *The Common Law Tradition: Deciding Appeals*, Little Brown and Company, 1960, p. 519.

② Julius Stone, Reasons and Reasoning in Judicial and Juristic Argument, 18 *Rutgers Law Review*, 1964, p. 763.

构性的解决，司法判决因此在根本的意义上是确定的。[①] 其二，每个冲突情形都充满了各方哲学的、道德的、社会的、经济的意识形态和价值取向等法外因素，“经常被忽略的是如下事实，即争议问题以及与之相伴的各种意识形态，必须在普通法的裁判框架中得以陈述、澄清、限定和进行法律上的概括”[②]。明确说明与系统概括这些显而易见却为法律形式主义无视的事实，就是卢埃林为诉讼参与人——当事人、律师、法官——提供的指导理论。对法官来说，只有采用宏大风格、运用情景感，才能在考虑关于某类情景的同时不牺牲个案的衡平，才能在保持当前案件与先例融贯的同时也能实现正义，一句话，才能实现其肩负的对法律与正义的双重职责。对于律师和当事人而言，只有熟悉法官的技艺传统，把握宏大风格，了解法官的价值观念，才能有效地预测判决。这就需要改变司法意见书的书写方式，或者更明确地说，需要明确、公开、合理的判决理由。

遵循先例原理的实质并不是遵循先例所裁决的个案，而是遵循先例裁决个案时所依据的理由——形式上的或者实

① See Terrence F. Kiely, The Art of the Neglected Obvious in Products Liability Cases: Some Thoughts on Llewellyn's The Common Law Tradition, 24 *DePaul Law Review*, 1975, p. 920.

② Terrence F. Kiely, The Art of the Neglected Obvious in Products Liability Cases: Some Thoughts on Llewellyn's The Common Law Tradition, 24 *DePaul Law Review*, 1975, p. 921.

质上的[1]。因此，判决理由在司法裁决中至少具有两项功能，首先是论证当前判决的正当性，这种论证可能是形式上的理由，也可能是实质上的理由，这取决于看重的是形式上的一致性、连续性，还是更看重裁判结果实质上的公平正义。其次，判决理由还要为将来的类似案件确立先例，设定规则。因为从长远来看，只有良好的实质性理由才能具有永恒的生命力，才能在将来为人们遵守，这就要求判决理由必须是良好的实质性理由——包括良好的社会目标、与正义的社会道德规范相一致、满足当前的社会需要等。

具体而言，判决理由的明晰化和公开化是最基本的形式要求，法官必须诚实、清楚地在判决意见中表明其裁断案件依据的规则和其他规则之外的考量，不论这些考量是否良好。哪怕法官真的是因为早餐没有吃饱或者因为当事人是一个漂亮的、招人喜爱的人而作出的判决，他也应当诚实地讲出来。判决理由的合理化是对判决理由的实质要求，要求法官裁判案件所依据的理由必须是合理的、正当的、良好的、可欲的、不令人生厌的，是符合常人的正义观念的，合理化要求限制了法官因为早餐的刺激或者当事人外貌的刺激而作

① 一个形式主义的法官可能仅仅遵循形式上的理由，比如适用于个案的规则、先例连续性与一致性等；而一个创造性司法的法官会考量先例蕴含的实质理由，比如社会的价值目标、通行的正义观念等，并根据发展中的社会需要适时调整，对先例做出或宽松或严格的解释。

出判决的可能性，从而保障裁判的可接受性与合理性、正当性。总之，法律推理“不是一种形式的阐释，而是一个旨在劝说和说服那些它所面对者们的论辩，即这样一个选择、决定或态度是当前合适的选择、决定或态度。根据决定所据以做出的领域，在实践性论辩所给出的理由，‘好的’理由，可以是道德的、政治的、经济的和宗教的。对法官来说，它们实质上是法律的，因为它的推理必须表明决定符合他有责任适用的法律”[①]。因此，判决理由的公开化、明晰化与合理化要求法官不仅应当公开、诚实地承认法外因素对裁决案件的影响，而且要求这些法外因素是正当的。唯有如此，唯有法官诚实地公开其裁决案件的理由，只有法官在司法意见书中所说的就是其在审判过程中实际做的，书本上的法和行动中的法才得以统一，后来类似案件的法官才可能遵循先例的判决理由，律师及其当事人才可能根据先例判决意见表述的判决理由预测自己案件的可能结果，从而既实现了司法判决的一致性与连续性，也满足了判决结果的可预测性与可估量性，实现了法庭之内的确定性。在这个意义上，宏大风格对判决理由的强调，不仅对当时当地的美国审判实践有直接的指导意义，对于此时此地的中国也具有间接的借鉴意义。因

① 张骐:《法律推理与法律制度》，山东人民出版社 2003 年版，第19—20页。

为，尽管不同时空不同社会保有不同的社会理想——经由法律制度和其他社会制度共同实现，不同的社会体制下的法官也可能持有不同的司法理论——或克制或能动，不同技艺传统中的法官采用的司法方法和技术也不尽相同，然而，就一个文明社会之司法制度与司法实践的健康发展而言，判决理由的明晰化、公开化与合理化却是一个共同的基本要求——尽管所表述的具体理由一定各不相同。①

二、理论审查

尽管卢埃林的现实主义法哲学具有重要的实践意义，但这并不意味着其理论已经臻于完美。卢埃林理解法律的行为中心进路及其对现实确定性的寻求受到了来自各方面的批评，其法律现实主义盟友（尤其是弗兰克）认为其寻求的确定性从根本上讲就是神话，而那些信奉永恒、普世道德原则的自然法论者认为其行为中心论和应然、实然的分离是一种伦理相对主义，甚至应当为纳粹与极权主义的兴起负责；还

---

① 关于当代中国判决理由的合理性标准研究，可以参见李滇：《当代中国判决理由合理性标准研究》，吉林大学博士论文，2010年；万毅、林喜芬：《从“无理”的判决到判决书“说理”——判决书说理制度的正当性分析》，载《法学论坛》2004年第5期；肖晖：《论公开性是现代判决理由的本质特征》，载《北大法律评论》2001年第2期等。

有论者认为其制度论的法律观误解了法律的本质，是一种外部视角；此外，也有许多评论者将关注点放在卢埃林实现其理论目标的方法上，检审其方法（尤其是情景感）对于其目标的有效性。这里将首先评述卢埃林遭受的主要批评，并作必要的澄清，然后就其根本目标展开追问。

（一）理论争议

1. 实然与应然的暂时分离是伦理相对主义

纸面规则与现实规则、书本上的法与行动中的法之间存在分离，法官并不是自动售货机，直接将纸面规则机械地适用于具体个案并不恰当，司法裁决过程不可避免地会涉及一些法律之外的规范与考量，在多数情况下，既定的纸面规则都不裁判具体个案。因此，为了研究的目的，为了准确地理解司法过程的性质，更有效地引导法官的审判工作，为律师、当事人、法律外行预测司法判决提供有效的根据与素材，应当暂时分离实然与应然。

在批评者眼中，卢埃林区分实然与应然，将研究焦点主要集中于法院的行为，放弃了确立法律制度之正确结构以及判断司法判决之标准的责任，贬低甚至是无视对法律的应然要求，因此是道德无涉的相对主义，为独裁政权的存在提供了理论基础。弗朗西斯·露西（Francis Lucey）认为，根据卢埃林的法律现实主义，“法律就是实然法，也就是法院的判决。不存在好的判决和不好的判决的区分，只存在判决。如果‘好’必须被提及的话，那也只不过等同于今天现存法律的实然状态。昨天的判决，如果不同于今天的，那么它只在昨天是好的，但就今天而言，就是不好的”①。如果不关心法律与道德、伦理间的必然联系的伦理相对主义是正确的，那么，这将摧毁民主，并且会导致“希特勒也是对的”这一骇人结论，从而为纳粹与极权大开方便之门。②在富勒看来，卢埃林区分实然与应然的伦理相对主义直接起源于实证主义传统，“比起法律现实主义者们对不可能之‘是’的强调来，更具妨害性的是他们对‘应当’的一般性怀疑，也即对各种法律规范之伦理基础的怀疑。法律现实主义最大的危险不在于其关于法律的定义，而在于其实证精神——否认观念在离开其人类发起者的情况下所具有的力量，相信关于法律应当是什么的言论只不过是个人偏好……这样的实证主义精神忽

① Francis E. Lucey, Natural Law and American Legal Realism: Their Respective Contributions to a Theory of Law in a Democratic Society, 30 *Georgetown Law Journal*, 1942, p. 506.

② See Francis E. Lucey, Natural Law and American Legal Realism: Their Respective Contributions to a Theory of Law in a Democratic Society, 30 *Georgetown Law Journal*, 1942, p. 531. 多数像露西这样的自然法论者都认为，希特勒的纳粹极权漠视基本的人类道德原则，伦理相对主义因为其否认法律与道德之间的必然联系从而为希特勒提供了理论证明。参见周汉华：《现实主义法律运动与中国法制改革》，山东人民出版社 2003 年版，第 54 页。

视了并不存在于行为模式中，而是存在于人们关于‘正当’的观念与态度之中的道德事实”[①]。

笔者认为，一方面，上述批评忽略了根据法律制度之外的标准——伦理与道德标准批评司法判决的可能性。正如哈特所表明的那样，区分应然与实然、道德与法律，可以真正有效地保持和运用道德批判武器——邪恶的法仍然是法，但它们太过邪恶以致我们不能服从。这是一个简单明了的道德批判，以直截了当的主张引起人们的道德关注。与之相反，混淆道德与法会诱导人们相信现存的实然法是正义的、符合伦理道德要求的，反而会使人们丧失批判能力，盲目信奉现存的法律秩序。[②]此外，卢埃林也并没有排除从法律实践内部批判法律的可能性，他“相信我们无法脱离语义理解的王国，对法律批判来说，这意味着批评的基础必定内在于法律实践本身。无法超越实践的语言限制，且无法从实践之外的某一点出发来批判实践，这使得只有那些内在于实践的东西才能成为批判的根源和评判者”[③]。法官对正义和秩序的双重职责意味着“审判的职责是在调整被打乱的人类关系的一

---

① Myres S. McDougal, Fuller v. the American Legal Realists: An Intervention, 50 *The Yale Law Journal*, 1941, p. 830.

② 参见张文显：《二十世纪西方法哲学思潮研究》，法律出版社 2006 年版，第 344—345 页。

③ Dennis Patterson, Law’s Practice, 90 *Columbia Law Review*, 1990, pp. 599—600.

个好的方案和一个不好的方案间作出决定，法官对‘好’与‘不好’的自觉意识暗含了一种价值评判或价值标准”[①]。

另一方面，卢埃林强调的行为方式并不只是实际行为，也包括人们的观念和态度，规则的实然与应然只有在如下意义上才可能实现统一：规则本身含有一种“正在发挥作用的理性”，明显涵括了代表着一个群体之动态需要的政策与目的，因此，规则仍然是实然的概念惯例，但其意义和适用却源于具体情景——生活中的习惯与共享习俗，这些共享习俗就是内在于生活情景类型的正当法则。如果关于规范的一般化“通行于一个社会，那么它就控制着人们的行为”[②]。由此，规范之一般化的社会意义在于这些规范被广泛地分享：“一旦一种哲学在人们的习惯与态度中确立起来，它就有了效果；如果这种哲学通行于一个群体当中，它的效果就更不用说；如果该群体规模更大或者更具社会稳定性，那就更不用说了。”[③] 由此，法律的伦理目标就是要满足人“维续社会存在”这一基本需要，维护作为一个社会存在之必要条件的共享经验与价值。[④]

---

① Max Radin, Legal Realism, 31 *Columbia Law Review*, 1931, p. 825.

② Karl Llewellyn, The Normative, the Legal, and the Law-Jobs: The Problem of Juristic Method, 49 *The Yale Law Journal*, 1940, p. 1360.

③ Karl Llewellyn, On Philosophy in American Law, 82 *University of Pennsylvania Law Review*, 1934, p. 206.

④ See Kenneth M. Casebeer, Escape from Liberalism: Fact and Value in Karl Llewellyn, 1977 *Duke Law Journal*, 1977, p. 696.

如前所述，卢埃林关于实然与应然的暂时分离是方法论意义上，是为了防止戴着“应然”的有色眼镜去观察经验现象掩盖实际发生的事情。这并不意味着否定伦理观念与法律之间的相互关系，只是要求影响和批评法律的伦理观念本身应当是正确的伦理观念，“是根据应当做什么的正确观念去检视社会现实，而不是根据某人对于应当做什么的个人假设和偏见去审视社会现实”[①]。“是”与“应当”的分离只是暂时的，这种分离仅仅是为了提醒研究者不要无视自己以各种方式和手段合理化自己个人偏好的可能性，“‘是’与‘应当’的分离不是要贬低‘应当’，而是为了使一个将来的‘是’可以恰逢其时地成为那时的‘应当’”[②]。简言之，如果一定要说卢埃林对实然与应然的暂时区分是一种伦理相对主义的话，他也绝非道德无涉或者道德虚无的，他只是坚持认为并不存在一个引导司法判决的客观有效的永恒原则，只是认为应当结合具体的类型事实来考量涉及的价值问题，但无论如何，这些价值考量都不能损害“维续社会”这一人之基本需要，“他怀疑理性作为一种普遍指导源泉的说法，他看到了这种哲学主张之基础的相对性。他认为这种哲学主张应当为

① Michael Martin, *Legal Realism: American and Scandinavian*, Peter Lang Publishing, Inc., 1997, p. 86.

② Myres S. McDougal, Fuller v. the American Legal Realists: An Intervention, 50 *The Yale Law Journal*, 1941, p. 835.

另一种主张所取代——坚持问题的情景性、语词只是工具、建基于社会需要并且以结果检测其效力”[①]。

2. 行为中心进路误解了法律的性质

卢埃林指出，“所谓‘规则审判案件’的理论，看来在整整一个世纪中，不但是把学究给愚弄了，而且也把法官给愚弄了”[②]，他主张应当以行为为中心去理解法律，并以制度联结行为与规则，这在批评者们看来是误解了法律的本质。除了第一章所述哈特批评理解法律的行为中心进路丢失了内在观点与内在陈述之外，坎特诺维茨也认为这是基于形式主义偏见、历史偏见、言辞主义偏见、唯名论偏见、社会学偏见以及职业偏见六种偏见而对法律性质的误解。[③]

第一，形式主义偏见。如果规则能够审判案件，那么，任何法官都能很好地判决案件，就不会存在好的判决与坏的判决之间的差别。这在坎特诺维茨看来是一种形式主义偏见，忽视了法官的自由裁量权只是一种直觉到规则的方式。然而，事实上，卢埃林的有限规则论已经表明他并非无视规

① David S. Caudill, On Realism's Own “Hangover” of Natural Law Philosophy: Llewellyn Avec Dooyeweerd, in Francis J. Mootz Ⅲ (ed.), *On Philosophy in American Law*, Cambridge University Press, 2009, p. 25.

② Karl Llewellyn, The Constitution as an Institution, 34 *Columbia Law Review*, 1934, p. 7.

③ See Hermann Kantorowicz, *Some Rationalism about Realism*, 43 *The Yale Law Journal*, 1934, pp. 1244—1247.

则在审判中的作用，这里争论的焦点在于法官的自由裁量所裁量的是什么及其裁量的根据，依照坎特诺维茨的看法，法官裁量的仅仅是作为司法论证与推理之大前提的规则；而依据卢埃林的看法，法官裁量的并不是规则本身，而是规则背后的那些政策、社会发展趋势、意识形态等，因为正是隐藏在规则背后的这些规范性目的赋予了规则意义。①

第二，历史偏见。如果规则能够审判案件，那么法律发展就变得不可能，因为在这种情形下，法官只是投入规则吐出判决的自动售货机，并不会随着社会变迁而调整法律及其适用。这在坎特诺维茨看来只是一种历史偏见，忽略了法官适用规则时并不会追问立法的原初目的，但一定会追问如果能够使其立法契合于法律整体，立法者的意思将会是什么，这就使得法律得到调整以适应变动不居的社会条件，从而实现了法律自身的发展。此处坎特诺维茨与卢埃林并无分歧，卢埃林并不反对法官对法律进行目的解释。

第三，言辞主义偏见。观察到的东西比文本上的东西远为宽阔丰富，文本上的法律"遮盖"了整个活生生的世界，是制度让语词有效，而非语词让制度有效，"研究表达书本上的法律的语词，就是在诱使人们对规制效果和需求通通不

---

① See Wouter de Been, *Legal Realism Regained: Saving Realism from Critical Acclaim*, Stanford University Press, 2008, p. 148.

予理睬”[①]。这在坎特诺维茨看来只是一种言辞主义偏见，无视“唯有法律文本之语词的含义才在判决中发挥作用”这一事实，法律人处理的是语词的意思，并不是处理语词本身。然而，坎特诺维茨的论点恰恰是卢埃林反对法律形式主义的核心要旨，形式主义忽略了规则言辞背后的意义，错把表达规则的言辞当作规则本身，对之僵化适用。

第四，唯名论偏见。“规则审判理论”这一断言无法解释如下现象：一条规则何以能够适用于立法者创立该规则时并未考虑过的案件。在坎特诺维茨看来，这是一种唯名论偏见，忽略了如下事实——立法者所采用的语言与大多数其他语言一样，主要关联的并不是个别对象，而是事物的“类”。[②]卢埃林的类型情景范畴有效地回应了这一批评，正是由于规则规定的是一类情景，而不是一种情景，才需要法官运用情景感灵活适用规则，而不是僵化地对应到某一个案。

第五，社会学偏见。“制度首先是一种生活方式和行为方式，一种制度的存在始终取决于人们依照某些模式行为，

① Karl Llewellyn, The Constitution as an Institution, 34 *Columbia Law Review*, 1934, p. 35.

② 庞德同样认为现实主义者在这个问题上犯了唯名论的错误，相信自然界中存在的唯一物质是通过观察领会到的那些具体的、单一的事物，认为用来描述外部世界的一般概括和分类只是称谓。See Roscoe Pound, The Call for a Realist Jurisprudence, 44 *Harvard Law Review*, 1931.

而不依照其他模式行为。制度存在的可能性契合于人们继续依某些模式行为的可能性。任何活的宪法都是一种制度，只有人们依照宪法规定行事，宪法才具有生命力。"① 这在坎特诺维茨那里不过是一种社会学偏见，误认为我们无需诉诸规制社会现象之规则就能研究社会现象本身，因此，除非以宪法规则为参照，否则就无法从其他制度中区别出宪法性制度。然而事实上，卢埃林在这里依旧不是否定规则，只不过是强调只有人们事实上以规则行事，规则才具有实效，才有生命力，才是活的。

第六，职业偏见。坎特诺维茨认为卢埃林强调的只是法官的行为，忽略了法律外行的行为，因而是一种职业偏见。然而，以行为中心理解法律，此处的行为不仅是法律系统内部的"法律官员行为"，也包括法律系统外部的"社会行为"，具体包括法官的行为、其他政府官员的行为与法官试图遵循的公认的权威表达程式、社会结构、法律哲学和社会哲学等。②

由此可见，与其说卢埃林理解法律的行为中心进路是基于一系列偏见，不如说坎特诺维茨对卢埃林的批评是基于

---

① Karl Llewellyn, The Constitution as an Institution, 34 *Columbia Law Review*, 1934, p. 17.

② See Karl Llewellyn, *A Realistic Jurisprudence—The Next Step*, 30 *Columbia Law Review*, 1930, pp. 464—465.

一系列误解，至少他的批评能够在卢埃林的理论内部得到回应。卢埃林也并不旨在提供一个关于法律之性质的整全性理论，而只是试图为法律实践的参加者提供一种实用的指导性理论。此外，卢埃林的有限规则论已经表明他并不否认规则的存在，也不否认规则对审判实践的引导作用，他只是认为规则在预测、解释法律行为与证成司法判决中的意义十分有限。

3. 法律科学作为一门社会科学误解了法律科学的性质

"法律科学不是一种力图将既定法转变为或多或少前后一致的规则体系的、理性的且规范性的科学。对现实主义者而言，法律科学是经验性的，其方法是观察；其目的是预知效果；其模型是自然科学。"① 坎特诺维茨认为这一自然主义论点是基于范畴的混淆——混淆了自然科学与文化科学、解说与证成、法律与伦理、实在与意义、概念与概念的构成元素、案件与判例法。②

可以合理争辩的是，其一，卢埃林本人并没有以自然科学为模本，他对法律科学与自然科学之间的直接类比持保

---

① Hermann Kantorowicz, *Some Rationalism about Realism*, 43 *The Yale Law Journal*, 1934, p. 1248.

② See Hermann Kantorowicz, *Some Rationalism about Realism*, 43 *The Yale Law Journal*, 1934, pp. 1248—1251.

留态度。[①] 其二，卢埃林认为判决理由必须透过因果关系解释法官得出判决的实际原因，并且这些原因必须是能够证成判决之正当性的良好的实质理由。因此混淆解说与证成即便适用于其他法律现实主义者，也不适用于卢埃林。其三，就混淆了法律的概念和法律概念的构成要素——行为而言，这里只需重申卢埃林并不意图将法律定义为行为，而只是提供了一种理解法律的视角和进路，况且，他也并没有无视规则。此外，布莱恩·莱特也提出了与坎特诺维茨相反的观点，宣称法律现实主义的贡献恰恰在于诉诸经验性的社会科学方法，为法理学中的自然主义转向奠定了基础；认为现实主义者提倡一种基本的、自然化的、因而是描述性的司法理论——一种有关何种事物使法官如此判决的理论；现实主义者自然化的法理学本质上是描述性的理论，它关涉潜在的各类情景与实际司法判决之间的因果关联。[②] 莱特的论断尽管并不能完全佐证笔者的上述申辩，但至少可以说明坎特诺维茨的上述批评并非盖棺定论。

---

① See William Twining, *Karl Llewellyn and the Realist Movement*, University of Oklahoma Press, 1985, pp. 191—192.

② See Brian Leiter, Rethinking Legal Realism: Toward a Naturalized Jurisprudence, 76 *Texas Law Review*, 1997, pp. 285—286.

（二）理论追问

上述理论争议考察的是卢埃林法哲学本身可能具有的局限性，这里将要追问的是其根本理论目标——现实的确定性可能遇到的问题。

1. 确定性是一种神话吗？

在卢埃林的法律现实主义盟友弗兰克看来，人类对法律确定性所抱有的幻想只不过是基本的法律神话，与基本神话紧密相关的还有一个附属神话，即法官从不制定法律。弗兰克认为，确定性的寻求并没有充分认识到法律的易变性特征，“无论何时，在美国最高法院作出有关判决之前，‘法律’确实是未定的。没有人知道法院究竟怎样判决。……在最高法院作出判决之前，谈论涉及某纠纷的既定法律，或这些当事人享有的既定法律权利，都是空话”[①]。“法律的确定性只有在有限的程度上才能获得。目前人们对法律的准确性和可预见性的要求，是不可能满足的，因为某种终极性的法律追求在很大程度上已超出了人们可以获得、可以渴求的必要限度。如果这种追求确实不可能达到，那么对过分的法律稳定性的要求就不是来自实际需要的。它不是根源于现实，

---

① Jerome Frank, *Law and the Modern Mind*, Coward-McCann Publishers, 1936, pp. 49—50.

而是来源于对某些不现实的东西的渴望。这就是说，广泛流传的那种认为法律是，或者可以在很大程度上被制定成稳定的、确定的看法是非理性的，应归结为一种幻想或神话。”[①]在《法与现代心智》第六次印刷序言中，弗兰克进一步明确了他与卢埃林在确定性问题上的分歧。在他看来，卢埃林的规则怀疑论致力于更大的法律确定性，认为在书面规则的背后可以发现一些描述实际司法行为一致性与恒常性的真实规则，那些真实规则将用作更可靠的预测工具，对未来诉讼结果产生大量的行之有效的可预测性，因此律师应该能够在大多数还未开始的诉讼中向当事人预测判决。而事实怀疑论者认为，无论正式法律规则多么简明或精确，无论在那些正式规则背后可以发现多么大的一致性，由于判决依赖的各种事实难以掌握，在大部分（不是所有）还未开始的诉讼中，预

---

① Jerome Frank, *Law and the Modern Mind*, Coward-McCann Publishers, 1936, pp. 11—12. 关于弗兰克对基本法律神话及附属神话之原因的分析及其破除，参见于晓艺:《弗兰克法律现实主义思想根本诉求之探究》，吉林大学博士论文，2007 年，第 39—44 页。此外，阿德勒认为，弗兰克关于“法律确定性是一种基本神话”论断是专断的、教条化的，是出于哲学上的天真与无知，没有理解形式逻辑的基本特征，从而无视法律中事实上存在着确定性——即便不存在于关于判决结果的预测当中，也存在于规则的论证当中。See Mortimer J. Adler, Legal Certainty, 31 *Columbia Law Review*, 1931, pp. 91—108.

测未来的判决是不可能的，并将一直是不可能的。①

然而如前所述，卢埃林寻求的并不是为弗兰克所否定的这种绝对意义上的确定性。在卢埃林看来，“基本法律神话”命题对存在何种程度的确定性问题重视不够，虽然理解了“个别”范畴的重要性，却忽视了“一般”范畴的重要性。②事实上，司法判决具有很大程度的可预测性和可估量性，因为尽管一般规则并不裁决具体案件，但是，法律规则确实引导着法官的审判活动，判决方式、思维方式以及调查事实的方式也在法庭的审判过程中明确地展现了出来。此外，法官会通过判决缓慢地促进某些社会变革，从而符合社会需要，契合法律外行的行为方式，法律外行也获得了一定程度的确定感。因此，对卢埃林而言，法律确定性并不是一种神话，而是通过法律技艺实现的现实。

2. 判决与社会习俗的一致性如何判定？

弗兰克的上述质疑主要针对卢埃林确定性的第一个层面——判决结果的确定性，然而，确定性的第二个层面，或者说更深层次的确定性——判决与蕴含着社会需要的社会习

① 参见［美］杰罗姆·弗兰克：《〈法与现代心智〉第六次印刷序言》，于晓艺译，载邓正来主编：《西方法律哲学家研究年刊》（总第 1 卷），北京大学出版社 2006 年版，第 309 页。

② See Karl Llewellyn, Frank’s Law and Modern Mind, in Karl Llewellyn, *Jurisprudence: Realism in Theory and Practice*, University of Chicago Press, 1962, p. 101.

俗相一致从而获得社会公众的认同，实现法律外行的确定性——更为重要，因为这关涉到维续社会的存在，关涉到经由司法判决实现社会秩序，从而提供社会之为可能的基本条件。卢埃林再一次与宏大风格法官典范卡多佐保持了一致："站在法律工作者的立场上，确定性、有序性和一致性是这样一件事情，站在外行人的立场上，确定性、有序性和一致性又是另外一件事情。……如果必需在它们之间进行选择，我们会发现，选择外行人所知道的那一种是明智的，因为受规范的是他们的行为，也是他们，而非法律工作者应当获得一致性的保护。如果一个判决中宣布的法律，符合业已确定的习惯或者朴素却不存疑义的道德律令，那么它很少会失败，确定性就得到促进，而非受到阻碍，……外行人极少关心（法律的）完美，……对他而言，重要的莫过于法律的制定应当符合其理性的预期。如果法律规范与当代道德明显相对立，则无法到达此目的。优先考虑这些预期，往往比扩展由古老的法官意见所确立的某条规则，直至其逻辑边界，更易达成真正的确定性，更能实现法律秩序的理想。"①

社会秩序的实现意味着法律外行（社会公众）的确定性的实现，他强调法律的主要功能在于维持秩序而非创造秩

①［美］本杰明·N. 卡多佐:《法理学》，载［美］本杰明·N. 卡多佐:《演讲录 法律与文学》，董炯、彭冰译，中国法制出版社 2005 年版，第 35—36 页。

序，从而通过个案塑造的规则就大体上与人们现实生活中的行为方式一致，人们在这种法律规则与规制人们行为方式的社会规范的一致性间寻得了生活中的确定性。因此，社会规范或者说社会习俗就是实现法律外行之确定性的一个关键范畴。从这个意义上讲，维续一个社会的存在、实现社会秩序的关键点在于维续该社会的习俗，从而维续其成员的行为方式；法律（包括法院判决）作为促进社会的手段，要满足人们维续社会存在的基本需要，就必须要与法律外行的行为方式一致。“……不论是法官还是立法者都不能创造现实有效的法律，而只能宣布某一规则为法律。不论是有意还是无意，该法律都是在公众正义感的压力之下强加给他们的，而且这种公众的正义感本身也是任何一个有序社会起作用的各种社会力量交互作用的结果”，“……这些规则从社会的正义标准中产生，或是从这些正义标准起源的习惯和习俗中产生”，[①] 普通法反映了人们的生活方式，要求判决与社会习俗保持一致，卢埃林表达出了对普通法传统的最大温情。那么，如何判定判决与社会习俗间的一致性呢？这一问题首先

① Christopher G. Tiedeman, Methods of Legal Education, 1 *The Yale Law Journal*, 1892, p. 154; James C. Carter, The Ideal and the Actual in the Law, Annual Address, *American Bar Association Reports*, 1890, pp.224—225，转引自［美］布赖恩 · Z. 塔玛纳哈：《法律工具主义》，陈虎、杨洁译，北京大学出版社 2016 年版，第 24、25 页。

涉及如何理解社会习俗，社会习俗自身有无正当与不正当之分？其次涉及社会习俗自身的正当性问题是否在法官的考量范围内，或者说，法官的判决是否可以不遵守那些不正当的社会习俗？最后才涉及具体如何判定的方法问题。

根据卢埃林引用的人类学家萨姆纳（William Graham Sumner），“最终所有人都因相同的目的而采取相同的方式，因此这些方式变成了习惯并且成为大众现象。与这些习惯紧密相连的是直觉与本能的发展。社会习俗就以这种方式产生了”[①]。社会习俗蕴含着关于社会整体福利的哲学、伦理概括，因此本身就是一种道德观念和道德原则，法律要想有效地发挥作用，必须来源于这些道德观念和原则，且与之相一致。由此，既然社会习俗本身就是对社会整体福利的伦理概括、一种道德观念和原则，那么它就具有天然的正当性。如此，社会习俗的正当与否就并不是卢埃林视域下的法官要考量的问题，因为这些社会习俗是人们的自我规制，是社会自身的偏好。然而，正如弗兰克所言，制度在历史上存在这一事实以及制度正在发挥效用，这二者都不能代替对制度自身正当性的追问，存在事实及有效性并不等于正当性。[②]“为公

---

① Quoted in Allen R. Kamp, Between-the-Wars Social Thought: Karl Llewellyn, Legal Realism, and the Uniform Commercial Code in Context, 59 *Albany Law Review*, 1995, p. 354.

② See Jerome Frank, Book Review, 40 *The Yale Law Journal*, 1931, p. 1122.

众广泛接受”的社会习俗立基于“大数法则”（Law of Large Numbers），“大数法则”“是通过平均人的行为、多数人的行为所表现出来的持续状态或稳定性倾向的规则性集合系统……人类社会正是借助了大数法则的功效维持了一种稳定的社会评价体系，并在这一稳定的评价体系所支持下维持一种稳定的社会秩序”①。在“大数法则”中，“多数是人们唯一要巴结的权威”②。法院判决与社会习俗的一致性仅仅意味着法官尊重公众对“大数法则”的依赖心理，这一事实本身并不能说明社会习俗是不证自明的，毕竟多数人有可能会犯错。在这个意义上，霍维茨的如下批评是有说服力的，“通过将规范置于广泛共享的习俗与惯例中，他们试图将价值归咎于社会事实。因此他们总是倾向于假设事物实际存在的方式即是它们应当存在的方式”③。卢埃林主张法官对正义的责任并不在于探究社会秩序之型构的正当性与可欲性，而在于在具体个案中通过法律职能将已经为哲学家们理性证明的终极正义转化为可能性与可行性，这也可能使得法官以顺应社会习俗为由，逃避通过判决纠正不义现象的责任。

---

① 周安平:《许霆案的民意：按照大数法则的分析》，载《中外法学》2009 年第 1 期，第 84 页。

②［法］托克维尔:《论美国的民主》，董果良译，商务印书馆 1988 年版，第 286 页。

③ Morton J. Horwitz, *The Transformation of American Law 1870—1960: The Crisis of Legal Orthodoxy*, Oxford University Press, 1992, p. 257.

即便搁置社会习俗自身的正当性问题，判决与社会习俗的一致性也必须直面如下追问。第一，如何确定社会习俗的存在？如何能够确切地从现存的社会习俗（也即现实的社会规范）中提取作为判决根据的规范？卢埃林对此的回答是通过观察行为方式中存在的规律性来确定，然而如前所言，行为的规律性并不能证明其正当性。第二，赫拉克勒斯式的全能法官存在吗？判决与社会习俗的一致性首先要求法官熟知一个社会的文化背景与人们的道德观念，同时还要对急剧变迁的社会需要保持充分的敏感；其次要求法官具有超凡的个人品性，必须诚实、正直、中立。然而现实的法官却并非如此睿智和明达，一方面，“司法职位不过是政治奖赏的一个领干俸的职位，法官的智慧与法律经验绝非现实中选任法官的标准”①；另一方面，平庸的法官随处可见，无操守的法官甚至将个人癖好等纯主观的东西也带到了法庭的审判当中来。第三，法官是否必然会选取某一现实的生活规范（社会习俗）作为最佳的裁判根据？一如富勒所言，如果法官并不赞成一个社会实践旨在实现的目标，他就很可能拒绝接受该实践内含的生活规范作为判决根据，这很可能就掩盖了如下一体两面的问题：一方面，法官拒绝遵守一个现实的生活规

① Philip B. Kurland, A Teacher's View, 28 *The University of Chicago Law Review*, 1961, p. 582.

范，可能并非源出于其不赞同该规范旨在实现的目标，而是源出于其对法院与司法的职能定位——不宜由法院来促成该目标的实现；这就可能导致另一方面的后果，忽略了法院通过判决重塑社会习俗、重塑行为模式，从而促进良善的社会目标、拒绝不正义目标的可能性。①

总之，在卢埃林看来，一方面，法官在审判过程中必须发挥其能动性和情景感，因为形式化的体系“否认通过法院审判工作实现的价值更新，……它也轻视经由立法实现的法律前提与一般政策的革新”②。另一方面，法官在判案时由于制度性因素和技艺传统的限制，从而保持了充分的克制，“在发展中的判例法并没有涵摄一个新的案件时，对判决权威之选择参照的是法官关于社会标准的识见，而不是参照法官自己个人的道德与伦理偏好”③。因此，立法与司法判决并不是法律精英将自己的观点强加给社会，“法院与立法机构各自以自己的方式履行其民主职责，并施行社会的价值

① See L. L. Fuller, American Legal Realism, 76 *Proceedings of the American Philosophical Society*, 1936, pp. 232—233.

② Karl Llewellyn, American Common Law Tradition, and American Democracy, in Karl Llewellyn, *Jurisprudence: Realism in Theory and Practice*, University of Chicago Press, 1962, p. 305.

③ George W. Liebmann, *The Common Law Tradition: A Collective Portrait of Five Legal Scholars*, Transaction Publishers, 2005, p. 182.

偏好，而非他们个人的价值偏好”[①]。由此司法判决与社会习俗的一致性取决于蕴含在社会习俗当中的共享价值观念的存在，在具体的诉讼中，理想的解决方案已经为社会共享价值情景化地限定了，法官辨识出包含了该案件具体事实的类型事实，就能根据经验大致得出承载了该共享价值的解决方案，从而使个案判决获得社会的普遍接受。法律“只是提供了一种根据某些被广泛接受的原则解决纠纷的机制，这些原则的合理性建立于我们之间存在共识这一假设，必须有这一假设。如果这一假设是错的，如果不存在共识，那么我们将面临战争、国内冲突或革命。除非社会结构重新凝聚在一起，并且存在一种新的共识，否则有序的据法司法就是无关紧要的，甚或是一种怀旧的空想”[②]法律人的职责就是在这种共识可能会发展为彻头彻尾的绝对主义时保持一种“怀疑论的相对主义”：“法律反映但并不决定社会的道德价值。一个公正合理的社会的价值观念会在一部公正合理的法律中表现其自身。社会越好，法律就越少。天堂里没有法律，狮子和羊羔躺在一起。一个不公正社会的价值观念也会在不公正的法律中表现出来。社会越坏，法律就越多。地狱里没有别

---

① George W. Liebmann, *The Common Law Tradition: A Collective Portrait of Five Legal Scholars*, Transaction Publishers, 2005, p. 178.

②［美］格兰特·吉尔莫:《美国法的时代》，董春华译，潘汉典校，法律出版社 2009 年版，第 172 页。译文略有改动。

的，只有法律和正当程序被小心翼翼地遵守着。”[①] 在一个价值多元的社会里，卢埃林的一个致命缺陷可能恰恰在于“过于轻易地假定，在价值上存在某种多数人一致的意见，认为人们会在价值上存在着共识，并且假定这些共识的存在是不争的事实。但是，这个前提已经受到主要来自人类学家的诸多质疑”[②]。由此，尽管卢埃林理解法律的行为中心进路的意义在于向我们提出了制度改革这一问题，迫使我们面对迫切需要法律人审慎、正直、睿智等职业操守和品格这一永恒问题，这一进路“一方面揭示出存在不同喜好和偏见的可能性，另一方面也揭示出从一个设计并不良好且正在缓慢发展的审判机制中产生良好结果的可能性”[③]。然而，行为中心进路确实找到了一条通往“现实确定性”的坦途，还是只是他自己“以为找到了一条走出沼泽地的道路”[④]，这却是一个开放性的话题。

---

① [美] 格兰特·吉尔莫:《美国法的时代》，董春华译，潘汉典校，法律出版社 2009 年版，第 174 页。译文略有改动。

② William Twining, Centennial Tribute: The Idea of Juristic Method: A Tribute to Karl Llewellyn, 48 *University of Miami Law Review*, 1993, p. 131.

③ Karl Llewellyn, *The Bramble Bush: On Our Law and Its Study*, Oceana Publications, 1960, p. 9.

④ Grant Gilmore, Book Review, 60 *The Yale Law Journal*, 1951, p. 1252.

三、结 语

通过考察卢埃林对法律形式主义的批判，本书认为：卢埃林坚持的是一种“折中的现实主义”，或者说是一种“建设性的规则论现实主义”；他并不反对法律形式主义的根本诉求——确定性，只不过他认为法律形式主义追求的确定性是虚幻的、不真实的，实现确定性的手段是无效的。他寻求的是现实的确定性，这种现实的确定性具有两层内涵：一是对律师与当事人而言的确定性，这意味着判决结果的可估量性；二是对法律外行而言的确定性，这意味着判决与社会习俗的一致性。由此，根据卢埃林的“目的—手段”框架，对于实现“现实的确定性”这一根本目标来说，构成法律的规则与行为都是实现现实确定性的手段，但以规则为中心理解法律却不是有效的手段，必须把理解法律的参照中心从规则转向行为，并以制度作为联结规则与行为的桥梁。

在卢埃林的“目的—手段”框架中，“知道要去哪里”与“发现如何到达那里”的方法都是根本问题。因此，对方法的探讨也是卢埃林著述的一个重要主题。为了实现“现实的确定性”这一根本目标，他分别为法律理论研究和司法实践推荐了不同的方案。就法律理论领域关于确定性问题的讨论而言，卢埃林不仅诉诸社会科学方法，试图创立一种暂时分离实然与应然的、“现实的”经验法律科学，而且将社会科学研究中的制度分析运用于法律科学研究领域，对稳定上诉审的制度性因素展开了社会学分析。就在审判实践中实现现实的确定性而言，卢埃林推荐了包括法学方法、宏大风格和情景感在内的法律技艺传统。其中，法学方法关涉到法律职能的履行，是对法律技艺的一般描述；宏大风格是对普通法传统下法律技艺的宏观概括；情景感则是法官实际判案时对法律技艺的具体运用，构成法律技艺传统的核心，是实现现实确定性的关键。

卢埃林主张的“实然与应然的暂时分离”只是一种研究伦理，并不意味着卢埃林没有价值关怀。与此相反，他之所以将现实确定性的深层内涵定位于判决与社会习俗的一致性，恰恰是源于他对民主社会之秩序问题的关切。对他而言，民主社会的秩序必然契合于正义的要求，因此本身就是正当的。这也一定程度上回应了从社会习俗之正当性入手针对卢埃林的批评。

尽管卢埃林的现实主义法哲学具有较强的实践意义，却也饱受争议：暂时分离实然与应然是一种伦理相对主义、行为中心进路误解了法律的本质、法律科学作为一门社会科学误解了法律科学的性质。本书认为，一方面，上述批评可以从卢埃林的理论内部予以回应；另一方面，更值得追问的问题是：确定性是一种神话吗？判决与社会习俗的一致性如何判定？尽管卢埃林寻求的是“现实的”确定性，因而不是神话，但是，“使判决契合于社会习俗来满足社会公众的确定感”这一论断信奉的却是“大数法则”。法院判决与社会习俗的一致性仅仅意味着法官尊重公众对“大数法则”的依赖心理，这一事实本身并不能说明某种社会习俗（乃至某类社会秩序）是不证自明的，毕竟多数人也有犯错的时候。

附　录　法律不确定性命题 *
——一个问题史的考察

法律确定性（legal certainty）这一词语在大多数法律人的头脑中，似乎会产生一种这样的印象，即这所要求的是仅仅能够演绎性地适用一个已经存在的法律规则。我们已经习惯了这样思考问题，尤其是司法意见书和法律话语总是必须以这种方式被装扮起来，以便能够获得社会性的接受。但是，我的主张却并非如此，我认为这一类的法律确定性从来都没有存在过，而且也不会存在；我认为，为了实现这种确定性而努力仅仅是浪费时间；我认为真正的法律确定性是由一些相当不同的东西组成的；一旦我们理解了那些构成法律确定性的东西，则因法官是否受到法律规则拘束，或者法官在审判案件的时候是否是自由的而产生的争论自己就会消失。

——卢埃林 ①

---

* 原稿发表于《环球法律评论》2010 年第 6 期，发表时略有文字变动。

① Karl Llewellyn, The Case Law System in America, edited with an introd.by Paul Gewirtz, Michael Ansaldi trans., University of Chicago Press, 1989, p.73.

引论：问题的限定与说明

法律现实主义运动对法的确定性的质疑向激励美国人的三个传统理念提起了挑战，即：在美国，是人民而不是非选举产生的法官选择治理他们自身的规则、司法审查有利于加强而非削弱代议制民主、美国政府是法治政府而非人治政府。[①] 这三个挑战最为根本的指向乃在于司法判决 / 法 / 法治的正当性（ligitimacy）问题。在正统观念看来，司法判决的正当性[②] 取决于法官严格地适用法律而非创造法律，只有法官适用法律的范围完全受限或被限制在一个比较窄的范围内，司法判决才是正当的。但是，在法律现实主义者看来，由于此种正当性的基础在于法官正确适用法律，而法官正确适用法律的前提在于法律自身必须是确定的，因而无法避免下述追问：司法判决中是否存在不道德的现象，司法判决是否反映了法官的个人偏好或政治意识形态等与法律不涉的

---

① William W. Fisher Ⅲ, Morton J.Horwitz, Thomas A.Reed(eds.), *American Legal Realism*, Oxford University Press, 1993, pp.xiv—xv.

② 这里的正当性是古典政治哲学意义上的，说一个司法判决是正当的，那就意味着公民有遵守和服从该判决的道德义务。此种正当性不同于社会学意义上的正当性概念，社会学意义上的正当性概念探究的是如下因果关系问题：法律体系如何引致对其权威的信仰以及对其法则的服从？See Ken Kress, Legal Indeterninacy, 77 *California Law Review*, 1989, p.285.

因素？正是在这个意义上，法律现实主义者所掀开的现代意义上的不确定命题讨论凸显出了其重要意义，法律的不确定导致法的正当性的丧失，法律并未充分限制法官，因而司法判决通常是不正当的，我们必须到法律之外寻找司法判决、法律乃至法治的正当性基础。①

本文旨在将法律不确定性命题置于其所处的问题史脉络和理论传统进行描述与分析，考察法律不确定性命题在其问题史中的历史演变及其确证方式。

本文第一部分主要分析法律现实主义运动是如何在对法律形式主义的反动中确立其法律不确定性这一核心命题。第二部分，将考察法律现实主义理论方面的嫡系继承人——批判法律研究运动——如何站在前人的肩膀上确证其不确定性命题。第三部分，将剖析法律现实主义经验方面的承继者——新法律现实主义——对其法律不确定性命题蕴含的实用主义进路的承继与推进。在结语部分，将揭示出法律现实主义及其承继者旨在通过为具体法律争议中的法律不确定性问题提供现实的解决方案，从而实现法律的确定性，并进而通过法律的确定性实现对法律的确信，最终实现对未来的确信这一根本理论诉求。

① See Ken Kress, Legal Indeterninacy, 77 *California Law Review*, 1989, p.285.

在展开本文的正式讨论之前，需要对如下问题做出限定与说明。首先，尽管如托依布纳所言，“法律的不确定性像法律本身一样古老”[①]，但本文所讨论的不确定性（legal indeterminacy/legal uncertainty）问题，主要是始自美国法律现实主义运动的一种看待法律的视角，包含如下几层含义[②]:（1）诸如立法、先例、习惯、学者的学说等形式上的法律权威在法院的判决中并无绝对的约束力，司法权力的行使甚至可能会与这些权威相互冲突;（2）权威性的渊源本身就可能包含了模糊不清且相互冲突的原则;（3）法律并非固定的和客观的，而是不确定的、主观的，法官必定会严格遵循规则只是一种幻想;（4）必须在权威性渊源之外的社会现象中寻找解释司法过程的因素。其次，本文讨论主要针对

---

①［德］贡塔·托依布纳:《法律：一个自创生系统》，张骐译，北京大学出版社 2004 年版，第 113 页。

② James E.Herget, Unearthing the Origins of a Radical Idea: The Case of Legal Indeterninacy, 39 *The American Journal of Legal History*, 1995, p.60. 就此而言，关于法律不确定性的讨论必然关涉到法律与道德领域的客观性问题。根据布赖恩·莱特，法律的客观性是指“合理的确定性”，也即各种法律理由集合在一起能够证明唯一答案的正当性，包含形而上学与认识论两个维度，其一，只要在法律问题上存在正确的答案，法律就具有形而上学意义上的客观性；其二，只要发现正确答案的机制不受可能阻碍该正确答案的各种歪曲因素的影响，法律就具有认识论意义上的客观性。参见［美］布赖恩·莱特编:《法律和道德领域的客观性》（影印本），中国政法大学出版社 2003 年版，第 3 页。

的是美国的法律现实主义运动，对 20 世纪法律现实主义的另一脉——斯堪的纳维亚法律现实主义暂不涉及，但这并不表明笔者认为斯堪的纳维亚法律现实主义是不重要的。[①] 最后，本文是在“具有某种相似的理论旨趣或理论性情”的意义上将美国法律现实主义、美国批判法律研究运动以及新法律现实主义关联起来，是在他们都共同关注法律不确定问题的层面上将他们视为处于相同的理论脉络之中，但这并不意味着笔者无视这些理论流派或运动内部存在的理论分歧以及各理论运动彼此之间的分歧。

一、法律现实主义对确定性命题的批判

法律现实主义者是在对以兰代尔为代表的法律形式主义的批判与反动中确立其自身的，因而有必要在讨论其法律的不确定性命题之前首先讨论法律形式主义的确定性命题[②]。

---

① 关于斯堪的纳维亚法律现实主义及其与美国法律现实主义的比较，see Gregory S. Alexander: Comparing the Two Legal Realisms—American and Scandinavian, 50 *The American Journal of Comparative Law*, 2002, pp. 131—174.

② 需要注意的是，“近些年来，很多学者都已经指出，弗兰克、卢埃林等法律现实主义者在美国法理学中虚构了一个霍姆斯反抗兰代尔形式主义教义的神话，夸大了兰代尔法律学说的缺陷，甚至丑化兰代尔本人的形象，以此来反衬霍姆斯作为一个敢于反对法学院教条主义的叛逆英雄形象的伟大，从而为现实主义法律理论攫取了有利的合法性支持。”柯岚:《霍姆斯的司法哲学及其影响》，载邓正来主编:《西方法律哲学家研究年刊》（转下页）

（一）法律形式主义的确定性命题

通常认为，依循兰代尔的法律科学观，法律形式主义将作出司法判决的过程视为一个科学的、演绎推理的过程，在其中，先前存在的法律权威将待决的法律案件纳入其支配之下，法官根据先前存在的权威推论出当前待决案件的正确答案。在这种形式主义视角下，只要有确定的事实，就一定能确定应适用的法律，从而得出一个正确且唯一的判决，法官客观地判案，他的判案过程仅仅是通过对一个明确的、连贯一致的法律规则体的逻辑演绎得出正确解决方案的过程。换言之，法律推理是一个三段论过程，经由历史或逻辑而清晰确立的规则或先例是大前提，特定的案件事实为小前提，最终所达至清晰的判决是结论。在该过程中，法官的作用只是发现案件所关涉到的适当规则和先例并适用它们。一旦法官做到了这一点，他就能确定、统一地判决案件。①

（接上页）（总第 1 卷），北京大学出版社 2006 年版，第 174 页。"自 20 世纪 80 年代以来，更多的论者参与了反驳此前人们对兰代尔的评价，尤其是法律现实主义关于兰代尔的批判，他们认为在法律现实主义那里兰代尔被刻意地加以扭曲。"樊安：《美国法理学中的兰代尔——纪念兰代尔教授诞辰 180 周年》，载邓正来主编：《西方法律哲学家研究年刊》（总第 1 卷），北京大学出版社 2006 年版，第 257 页。但是，无论兰代尔本人的形象是否被扭曲，都不能否认法律形式主义传统的存在。

① See ohn Hasnas, Back to the Future: From Critical Legal Studies Forward to Legal Realism, or How Not to Miss the Point of the Indeterminacy Argument, 45 *Duke Law Journal*, 1995, p.87.

可见，在法律形式主义者看来，只要建立一套完整、精密和恒定的规范体系，就能确保法律普遍、稳定和永久地存续下去。换言之，法律形式主义预设了“答案经由演绎推理而获得，答案必须正确，且唯一正确”[①]，其核心论点可以概括为，法律是理性的、确定的；判决的过程是机械的、演绎的过程，法律推理是自动的。各种法律理由相结合足以为一个唯一的结果辩护，所以，在得出判决结论时根本不用诉诸非法律因素。[②]

（二）法律现实主义的反动

现实主义者的法律不确定性命题针对法律形式主义的上述核心观点，提出了两项针锋相对的主张：适用演绎推理原则并不曾（也不能）单独决定特定案件的结果，司法判决并不是“根据一个封闭的法律体系进行的理性演绎”。[③]具体说来，法律现实主义的不确定性分析包含两重论证：法律（规则）自身的不确定性与关于规则与事实之解释的不确定性。

法律现实主义者的第一个核心论题在于：法律本身就由

---

① ［美］卡尔·卢埃林:《普通法传统》，陈绪纲等译，中国政法大学出版社 2002 年版，第 254 页。

② 参见陈锐:《法理学中的法律形式主义》，载《西南政法大学学报》2004 年第 6 期，第 4 页。

③ John Hasnas, Back to the Future: From Critical Legal Studies Forward to Legal Realism, or How Not to Miss the Point of the Indeterminacy Argument, 45 *Duke Law Journal*, 1995, p.88.

相互冲突的规则所组成，因而一个法官在判案时将总是必须在“会引致相反结果的相互竞争的规则”间做出选择。[①]在他们看来，这些互竞规则中任何一个规则的模糊性都可能影响案件的判决结果。任何一个单一案件都有可能由于规则的模糊性而存在多重的不确定性。

法律现实主义者的第二个核心论题是：法官对规则与事实的解释具有不确定性。法官总是可能对涉讼案件的案件事实和可适用的规则范围做出或宽或窄的解释，从而产生相互冲突的结果。这一方面是由于表述规则之语言的模糊性（例如，“合理的”“正当程序”“公平价值”等）为法官根据自己欲求达到的结果或宽松或严格地理解规则本身提供了机会，另一方面是由于由法官自己来概括案件事实并决定其与案件的相关性。[②]

首先，就规则的解释而言，法律现实主义运动的领军人物卢埃林主张，不确定性来源于同时存在对先例和制定法的相互冲突却均为合法的权威解释。由于法官拥有偏离先例的权限，能通过解释重新限定先前案件中的判决和附带意见，

① Andrew Altman, Legal Realism, Critical Legal Stusidies, and Dworkin, 15 *Philosophy and Public Affairs*, 1986, p.208.

② J ohn Hasnas, Back to the Future: From Critical Legal Studies Forward to Legal Realism, or How Not to Miss the Point of the Indeterminacy Argument, 45 *Duke Law Journal*, 1995, pp.88—89.

事实上，这种偏离使得法官重写了先前案件判决所确立的法律规则。其结果是，后来的法官总会发现之前的先例判决既有能适用于当前待决案件的合法规则，也能从另外的先例判决中发现与之相反的规则。因而，后来的法官总是面临着这样一个不确定性的两难困境：他必须在这些相互竞争和冲突的规则中做出选择以判决当前的待决案件，然而，尽管所有的先例都暗示了一组可适用的规则，但是，在任何案件中都存在相互冲突的规则会引致相反的结果。① 此外，更为紧要的是，在这些不相容的许多规则中，哪一个或哪一些规则将决定案件的结果，在普通法制度中是不确定的，这是由于，关于先例的判决与附带意见是否均能对后来的待决案件具有约束力，普通法制度的态度也是双重的：既支持宽松的遵循先例原理，也支持严格的遵循先例原理。② 具体说来，宽松的先例原理将过去判决意见的所有言辞都认为是法律（不论是判决还是判决的附带意见），或者认为判决意见中“法官选择用以决定案件的要点和法官经由合理论证而选择放弃的要点”都是法律。宽松的先例原理是一种利用可以支持当

① See Karl Llewellyn, Some Realism about Realism: Respounding to Dean Pound, 44 *Harvard Law Review*, 1931, p.1222, p.1252.

② See Karl Llewellyn, *The Bramble Bush: On Our Law and Its Study*, Oceana Publications, 1960, pp.61—69.

前案件的先例的技巧。[①] 与之不同的是，严格的先例原理是用来削减不能支持当前待决案件的先例约束力的技巧，也就是将当前待决案件与先例区别开来的技术。严格的先例原理认为附带意见对后来的待决案件没有约束力，先例所创立的规则只能适用于具有精准相关性的案件事实。从而，在每一个事实情景中，法官通过援引宽松的或严格的先例原理，都可以对相关先例所创立的规则进行至少两种不同的解释，适用不同的解释会产生不同的结果，且这些结果之间是彼此矛盾的。因此，先例原理有两个头，它是杰纳斯的脸，它"并非是一个原理，也不是一条原理的路线，而是两个原理，这两条路线同时适用于相同的先例，但是这两个原理又是彼此冲突的。一个原理是要清除那些被认为是棘手的、麻烦的先例，而另一个原理则是要利用那些看起来有助益的先例。只有你看到这个行动中的学说的这一双面性，你才会具体感受到，你能够预测到的、仅仅从规则中获得东西是多么的少；你才会感受到，为了预测的目的，你必须在多么大的程度上转向考察法官为了应对事实以及应对围绕在法官周围的生活而采取的行为。"[②] 通过上述论证，卢埃林打破了一直以来在

---

① Karl Llewellyn, *The Bramble Bush: On Our Law and Its Study*, Oceana Publications, 1960, pp.67—68.

② 杰纳斯，罗马神话中的双面神，有着朝正反两个方向的两张面孔。Karl Llewellyn, The Bramble Bush: On Our Law and Its Study, Oceana Publications, 1960, p. 68. 在这里，卢埃林将思考法律问题的参照中心从（转下页）

遵循先例原理与法的确定性间虚幻的必然联系，“认为先例产生了……确定性……的人们并不了解他们生活于其中的先例制度。”①

可见，卢埃林等规则怀疑论者在规则背后寻找法律不确定的缘由，并试图在规则背后的社会因素中寻求更大的法律确定性。与此同时，美国法律现实主义运动的心理学一脉代表人物弗兰克则走得更远，他把导致法律不确定性、司法判决之不可预测性的原因主要归结为法官对案件事实之解释的不确定性——“事实”仅仅是法官认为是的东西，判决会随

(接上页) 规则转移到了行为，关于卢埃林对规则中心的批评，see Karl Llewellyn, A Realistic Jurisprudence—The Next Step, 30 *Columbia Law Review*, 1930, pp.438—441. 需要说明的是，尽管卢埃林背负着“规则怀疑论”的标签，但实际上，他并不怀疑理想规则本身对人的行为以及法官判案的指引作用，他的不满只是在于，现实中的规则是如此糟糕以至于不能有效地发挥其应有的指导作用。这种理想和现实之间的矛盾，也正是卢埃林主张“实然与应然暂时分离”的根本缘由所在，因而，卢埃林并非像许多评论者所认为的那样，对于善、美、正当等应然问题不关心，他的这种暂时不关心乃是法官所面临的“现实”使命所致——法官必须首先解决现实的纠纷。关于卢埃林的有限规则论，参见［美］卡尔·卢埃林:《普通法传统》，陈绪纲等译，中国政法大学出版社 2002 年版，第 211—217 页、第 387—388 页；另见刘剑:《可估量性：经由传统和实现的“神话”——评卡尔·卢埃林的〈普通法传统〉》，载《河北法学》2007 年第 1 期。关于对卢埃林之有限规则论的误解，see Howard Westwood, [untitled], 61 *Columbia Law Review*, 1961, pp.951—952.

① Karl Llewellyn, *The Bramble Bush: On Our Law and Its Study*, Oceana Publications, 1960, p. 69.

着法官对事实的理解而变动。也就是说，在我们所谓的“有争议的”案件中，规则并不产生判决的一致性，而仅仅产生包含规则的那部分意见的一致性。尽管在他看来，“无论正式法律规则多么简明或精确，无论在那些正式规则背后可以发现多么大的一致性，然而，因为判决依赖的各种事实的难以掌握，在大部分（不是所有）还未开始诉讼或还未审判的诉讼中，预测未来的判决是不可能的，并将一直是不可能的。”① 但是，他依然主张，事实怀疑论者首先是一个规则怀疑论者，他们也通过规则怀疑主义来洞见“书面规则”，并且与规则怀疑论者一起，关心影响了法院判决而法院司法意见又未给予关注的各种因素。他并不否认法律规则的一般指导意义，所希望的是在规则中注入大量的司法处理权因素，

①［美］杰罗姆·弗兰克：《〈法与现代心智〉第六次印刷序言》，于晓艺译，载邓正来主编：《西方法律哲学家研究年刊》（总第1卷），北京大学出版社2006年版，第309页。在该序言中，弗兰克针对一些批评者将现实主义者视为一个同质学派的误解而提出规则怀疑论和事实怀疑论的区分。他认为，在两派之间存在着明显的不同：以卢埃林为代表的“规则怀疑论者”，致力于更大的法律确定性，即认为通过在书面规则的背后可以发现一些描述实际司法行为一致性与恒常性的真实规则，并且那些真实规则将用作更可靠的预测工具，对未来诉讼结果产生大量行之有效的可预测性，因此律师应该能够在大多数还未开始的诉讼中向当事人预测判决；事实怀疑论者认为，无论正式法律规则多么简明或精确，无论在那些正式规则背后可以发现多么大的一致性，然而，因为判决依赖的各种事实的难以掌握，在大部分（不是所有）还未开始诉讼或还未审判的诉讼中，预测未来的判决是不可能的，并将一直是不可能的。

以实现“看得见的正义”。他试图在怀疑规则和事实确定性的基础上，为司法正义寻求更大的确定性。

由上可知，尽管法律现实主义的不确定性命题始于对法律形式主义之确定性命题的反动与批驳，但是，他们在一定意义上仍是规则中心的，是一种“建设性的怀疑主义”（弗兰克语）。他们不反对理想的法律确定性，只不过他们寻求的是一种更为现实的确定性，试图“在律师和法官们的操作性技术之中、在一些特定的判例的事实之中以及在‘现实生活规范’之中，发现‘法律确定性’的其他道具”①。

二、批判法律研究运动的不确定性命题

批判法律研究运动作为美国法律现实主义的一个嫡系继承人，与法律现实主义在问题关注的焦点上自然也具有家族相似性，在法律不确定性命题上尤其如此。与法律现实主义运动在对法律形式主义的反动中确立起自身的不确定性命题不同的是，批判法律研究运动的不确定性命题是在与两种关

① 刘剑：《追求一种现实的法律确定性——简评卡尔卢埃林〈美国判例法体系〉》，载邓正来主编：《西方法律哲学家研究年刊》（总第1卷），北京大学出版社2006年版，第332—333页。另见葛洪义、陈年冰：《法的普遍性、确定性、合理性辨析——兼论当代中国立法和法理学的使命》，载《法学研究》1997年第5期，第82页。

于法律不确定性问题的解决方案——一是哈特在形式主义和规则怀疑之间所建立的中间道路，二是德沃金经由引进原则和政策而确立的规则—原则—政策模式——的反复辩驳中确立起来的。本部分将首先讨论哈特所提供的中间道路及其受到的批评，然后分析德沃金所提供的方案如何在利用不确定性命题确证原则模式的同时尝试着解决法律的不确定问题。最后讨论批判法律研究运动如何通过批判而确证自身。

（一）哈特的中间道路及其批评

与法律现实主义认为法官总是面临相互冲突的规则，从而案件的结果总是具有不确定性不同，哈特认为案件的不确定性是由于自然语言的开放结构（open—texture）所致，在这样的案件中，即便我们不能确定案件的结果，但是仍然能够确定可以适用的规则。不确定性只存在于少数比较边缘的案件当中。哈特在承认法律现实主义不确定性命题的三个基本主张的同时，对每一个主张都做了修正，以表明法律不确定性并不如现实主义者主张的那样普遍，从而试图在法律形式主义和法律现实主义之间寻求一条中间道路①。

首先，哈特承认，尽管“并没有单一的方法可以制定出

① 参见［英］韦恩·莫里森:《法理学：从古希腊到后现代》，李桂林等译，武汉大学出版社 2003 年版，第 401—404 页。

一项规则来规定哪个判决先例是权威”，但是“我们从大多数已判决的案例中所找出的判决先例，几乎是无人会加以质疑的。而我们从附注中可以找到的应该都是正确的判决先例无疑。”[①] 然而，在批判法律研究运动的倡导者看来，哈特的此种限定实际上是主张判决附注提供了关于正确规则的准确表述，而法律现实主义者恰好主张并不存在“正确的规则”，从而也不存在某个规则“足够正确”的标准。因而哈特的此种限定并不能证明现实主义者的分析是错误的。[②]

其次，哈特承认，“对于任何将要从个案中抽取出来的规则而言，并没有任何权威的或独一无二的正确表述方式。”但是，“当判决先例与后来个案中的议题相关时，人们对于什么样的规则表述方式可以从判决先例中撷取出来，以适用于目前的个案，通常存在普遍的共识。”[③] 哈特这里实际上是说，律师可能就一个规则的精确阐释方式会有分歧，但是仍然会就一个案件的正确结果达成一致，因而也能够接受一种在特定情形下对此规则持骑墙态度的阐释。然而，批判法律研究者指出，即使就案件结果和适用规则的粗略陈述存在一

① [英] H.L.A. 哈特:《法律的概念》(第二版)，许家馨、李冠宜译，法律出版社 2006 年版，第 129 页。

② See Andrew Altman, Legal Realism, Critical Legal Stusidies, and Dworkin, 15 *Philosophy and Public Affairs*, 1986, pp.210.

③ [英] H.L.A. 哈特:《法律的概念》(第二版)，许家馨、李冠宜译，法律出版社 2006 年版，第 129 页。

般性的一致，人们同意案件结果也不能证明人们同意是规则决定了该案件结果。现实主义的核心要旨在于，对结果的一致意见或对规则之粗略陈述的一致意见之所以通常能证明结果的正当性，并不是由于同意是规则引致判决结果，而是由于同意某些更为基本的政治价值选择，现实主义并不否认存在广泛的一致意见，他们所否认的只是一致意见能经由法律的确定性而得以解释。①

最后，哈特承认，尽管法庭总是要限缩或扩张先例所确立的规则，但是，先例制度却产生了“一整个规则体系，其中大量的规则（有较重要的也有较不重要的）与任何成文法的规则一样地确定”②。然而，在批判法律研究者看来，哈特仍然没有击中法律现实主义之不确定性命题的要害：即使每一个规则在人力所及范围内尽可能精准，但法律体系仍然包括大量可供法官在诉讼案件中选择适用的互竞的规则。

（二）德沃金式的解决方案及其批评

法律现实主义的不确定性命题主要关注法官必须在互竞的法律规则之间做出选择，这就使得德沃金式的如下批评成

① See Andrew Altman, Legal Realism, Critical Legal Stusidies, and Dworkin, 15 *Philosophy and Public Affairs*, 1986, pp.210—211.

② ［英］H.L.A. 哈特:《法律的概念》（第二版），许家馨、李冠宜译，法律出版社 2006 年版，第 130 页。

为了可能，即，法律不仅仅是规则，而且也是规则所表达的伦理原则和理想，正是这些原则和理想指引法官确定案件的结果。①

实际上，德沃金主义者们运用现实主义的不确定性命题来论证其原则模式：如果法律仅仅是诸多规则的集合，它就会遭遇现实主义者所设想的广泛的不确定性；如果法律的不确定性达到一定程度，那么法官就不仅仅是在边缘案件中，而是在所有案件中“立法”。如此而来，法官就可能违背只适用已存在的法律这一制度性义务而总是在创造法律，我们必须面对如下抉择：要么将原则和政策作为法的组成部分，从而控制（甚或根除）仅将法律视为规则集合所导致的不确定性，要么承认普通法审判根本就是不正当的。②由于德沃金已经预设了普通法审判的正当性，因而他提出的替代性方案是唯一的：必须把伦理原则和政策理解为法律的一部分，这些原则和政策对法官有约束力，我们必须意识到“一项法律义务可以由一群原则设定，正如它可以被一项已经存在的规则设定一样”。③相关的法律规则相互竞争的时候，正是

① 参见［美］罗纳德·德沃金：《认真对待权利》，信春鹰、吴玉章译，中国大百科全书出版社 1998 年版，第 40—48 页。

② See Andrew Altman, Legal Realism, Critical Legal Stusidies, and Dworkin, 15 *Philosophy and Public Affairs*, 1986, p.212.

③［美］罗纳德·德沃金：《认真对待权利》，信春鹰、吴玉章译，中国大百科全书出版社 1998 年版，第 68 页。

这些原则指引法官决定案件的结果。那么，当指引法官决定案件的原则之间发生冲突时，又由什么来确定适用哪一个或哪一些原则呢？在德沃金看来，各个不同原则的分量不同，手边案件的正确结果是由分量重的原则所决定的。①

正是在如何处理相互冲突的原则这一问题上，批判法律研究者与德沃金发生了分歧。在他们看来，德沃金将原则和政策视为法律的一部分实际上削弱了其拯救法律不确定性的努力，"引入原则仅仅是将法律不确定性与司法选择的发生地推向了另一舞台。"② 批判法律研究者对德沃金的批评主要是基于德沃金所预设的元原则（meta—principle）而展开的：

其一，当德沃金试图通过原则的不同分量来解决原则间的相互冲突这一问题时，他实际上假设存在某种元层面的原则以确定适用于给定案件的各个原则的适当分量。③ 在德沃金看来，关于既存的特定法律的最佳理论（the soundest

① [美] 罗纳德·德沃金:《认真对待权利》，信春鹰、吴玉章译，中国大百科全书出版社 1998 年版，第 45 页。

② Andrew Altman, Legal Realism, Critical Legal Stusidies, and Dworkin, 15 *Philosophy and Public Affairs*, 1986, p.217.

③ See Andrew Altman, Legal Realism, Critical Legal Stusidies, and Dworkin, 15 *Philosophy and Public Affairs*, 1986, pp.217—218.

theory of the settled law)[①] 提供了可适用于任何给定案件之特定原则的分量。由此，在权衡可适用于手边案件的各个原则的不同分量时，法官并不是诉诸直觉，而是必须相信存有某种更高的原则以确定一个原则的分量比另一个原则重，他至少必须尝试去概括和表达那个更高的原则是什么。而在批判法律研究运动的拥护者看来，并不存在指定各相互冲突的原则之不同分量的元原则。"我们能够区分一方比另一方更为看似合理的特定事实情景。困难且难以理解的是，并不存在可供使用的元原则去正当地解释到底是何种特定事实情景使其成为一个成熟的解决方案。" [②]

其二，与对"元原则"预设的批判紧密勾连在一起的是，"既存的特定法律"实际上是社会各利益集团间意识形态斗争的暂时性的和偶然性的结果，在这种意识形态斗争中，关于正义、善、社会和政治生活等相互竞争的观念得以调和、删减或者调整。这就意味着，既存的特定原则中不仅包含着相互竞争的原则，而且这些互竞原则的分量与适用范

---

① 在德沃金看来，既存的特定法律包括被一个法律共同体共同接受为权威的法律规则和法律原则。而最佳理论是最可为之辩护的伦理和政治理论，其与上述法律规则和原则相融贯，且能证明上述法律规则和原则的合理性和正当性。参见［美］罗纳德·德沃金:《认真对待权利》，信春鹰、吴玉章译，中国大百科全书出版社 1998 年版，第 97—98 页。

② Duncan Kennedy, Form and Substance in Private Law Adjudication, 89 *Harvard Law Review*, 1976, p.1724.

围并不是由旨在施行秩序或和谐的元层面的哲学原则所确定，而是由一种意识形态权力斗争所确定。既存的特定法律作为一个整体及其每一个部分，都代表了一种意识形态冲突的结果。①

（三）批判法律研究运动的不确定性命题之论证

任何批判都不是，也不应当为了批判而批判，批判法律研究运动的批判尤其如此。在对德沃金之元原则预设进行彻底的剖析和批判之后，批判法律研究运动的倡导者们通过两条不同的路径——拼凑物论证（the patchwork quilt argument）和基本冲突论证（the fundamental controdiction argument）②——各自论证了法律不确定性命题。

第一，关于拼凑物论证。这种论证路径旨在通过将原则的起源这一因果命题同对法律进行一种连贯一致的理性重构的可能性这一逻辑命题相勾连，从而证明法律就像一床拼装

① See Andrew Altman, Legal Realism, Critical Legal Stusidies, and Dworkin, 15 *Philosophy and Public Affairs*, 1986, p.221.Roberto Unger, The Critical Legal Studies Movement, 96 *Harvard Law Review*, 1983, p.571.

② See Ken Kress, Legal Indeterninacy, 77 *California Law Review*, 1989, pp.303—307. 除此两种论证方式外，批判法律研究运动也通过语义分析或后现代式的论证方式证明法的不确定性。本文之所以将讨论的中心放置在此两种论证方式，乃是由于它们是批判法律研究运动中的主流论证方式，影响也更为广泛。当然，这并不意味着笔者认为对法律不确定命题的语义分析或后现代式的论证方式是不重要的或没有意义的。

而成的被子，是内在地不连贯的，从而也是不确定的。在他们看来，原则是互竞的社会群体和社会观点间意识形态斗争的偶然的、不稳定的调和，因而“如果那些原则体现了一种连贯一致的合理性的话，那将是令人惊讶的”。①

第二，关于基本冲突论证。与拼凑物论证强调始于意识形态斗争的不一致性不同，基本冲突论证强调的是内在于个体法律制定者和我们每一个人的不一致性。“在我们之间或者在我们自己的内心，我们被划分为不可调和的个人和社会，被划分为对我们共同的将来有极端不同向往的个体。”②这种冲突存在于诸如利他主义与个人主义间的矛盾这样的心理学上的模糊状态之中，反映出了人与他人融合的欲望同保持自身独立性的欲望之间、承认人自身的社会建构性同表达自身的个性之间、社会的培养与其对服从的要求之间的基本矛盾，简言之，个人自由既依赖于共同体，又与共同体不相调和。这种基本冲突在法律问题中体现为四种二元对立：规则 VS. 标准、利他主义 VS. 个人主义、客观主义 VS. 主观主义以及自由意志 VS. 决定论。个人与共同体这一基本冲突以及表现在法律推理问题上的各种具体冲突共同导致法律的不

① Roberto Unger, The Critical Legal Studies Movement, 96 *Harvard Law Review*, 1983, p.571.

② Duncan Kennedy, Form and Substance in Private Law Adjudication, 89 *Harvard Law Review*, 1976, p.1685.

确定性。

总之，尽管法律现实主义者强调的是相互竞争的规则，法律批判研究运动的倡导者强调的是相互竞争（实际上不可调和）的原则和理想，但是，他们所关注的基本主题都是相同的，都在于法官必须做出一个并未由法律规定的选择。在批判法律研究者看来，法官所作出的这个选择只是用于指导其判案的几个相互竞争的原则或理想之一，不同的选择会导致不同的判决结果。由于并不存在一个元原则以确定这些相互竞争的原则或理想的重要性，无论是冲突的规则，还是冲突的原则、理想，其结果都只会增强法律的不确定性。但是，批判法律研究运动经由揭示元原则预设的根本错误及与之相勾连的意识形态斗争，将法律现实主义的法律不确定性命题发展到一种极端的版本，利用法律的不确定性命题攻击法治概念本身，他们声称法官能够非个人化地、客观地根据确定的标准判案这种观念是一种神秘化的命题（mystification thesis），它掩盖了将一个群体的意识形态偏好强加给整个共同体这一现实。在他们看来，法治的理想，仅仅是权利外衣掩盖下的权力，它通过伪装内在于司法过程的价值选择，使法律规制看起来是各种中立力量运行的必然结果，而非控制社会的政治机制的人的意志的结果，因而，法律制度所产生的社会结构并不是法律制度所旨在促进的正义的体现，而不过是一种不合法的等级结构。

那么，法治是否就因为这种攻击而不再成为一种理想的社会治理方式了呢？法治所旨在促进的正义理想是否就无实现的可能了呢？对此问题的回答，需要重新估量法律现实主义之法律不确定性命题的当代意义及其方法论价值，需要考察新法律现实主义者们在新的时代境遇中所做出的智性努力。

三、新法律现实主义的承继与推进

新法律现实主义脱胎于美国法律与社会研究[①]阵营，其研究的领域并不局限于司法判决如何作出，而是强调经验研究和交叉学科研究的重要性，旨在发展出一种经验性研究范式，透析行动中的法与书本上的法之间的差距，关注争议案件中法律官员和公众的实际行为，试图将法律理论和经验研究有效地勾连在一起，从而为理解法律和形成法律政策提供

① 关于美国法律与社会研究运动、法律与发展研究运动阵营的研究，详见姚建宗：《美国法律与发展研究运动述评》，法律出版社 2006 年版。

更为坚实的基础。[①] 如果说作为美国法律现实主义的知识后裔，批判法律研究运动所承继的是美国法律现实主义运动的更为抽象和理念化的面向，那么，新法律现实主义则是承继了其更为经验化的面向。正是这种承继面向的不同使得他们对不确定性命题之可能意义持不同的态度，并使新法律现实主义得以推进法律现实主义所倡导的理论与经验相结合的研究路径——法律的实用主义进路[②]。

（一）对法律不确定性命题之意义的两种不同态度

在新法律现实主义者看来，就批判法律研究运动利用法律不确定性命题反对后现实主义法律世界中存在的形式主义而言，他们确实是法律现实主义的知识后裔。然而，一旦论及两者对不确定性命题论证的意义，则这种家族相似性就消

---

① See Thomas J. Miles and Cass R.Sunstein, The New Legal Realism, 75 *The University of Chicago Law Review*, 2008, pp. 832—835. 另见［美］斯图尔特·麦考利:《新老法律现实主义:“今非昔比”》，范愉译，载《政法论坛》2006 年第 4 期；范愉:《新法律现实主义的勃兴与当代中国法学反思》，载《中国法学》2006 年第 4 期。也见新法律现实主义项目的网站：http://www.newlegalrealism.org/

② Brink 在 *Legal Interpretation, Objectivity, and Morality* 一文中，对这种所谓的法律实用主义进路提出了批评。Brink 指出，法律实用主义进路能更好地应对现实问题这一论断只是一个假设，它视法律先例为一成不变的，并且无法为争议案件提供一般性的指引，详见［美］布赖恩·莱特编:《法律和道德领域的客观性》(影印本)，中国政法大学出版社 2003 年版，第 50—53 页。

失殆尽。

在批判法律研究运动中，法律不确定性命题所可能具有的意义有两个层面：理性主义一脉旨在通过揭示为确定性神秘化命题所掩盖的不确定性，从而为利用法律制度创造一个更为民主、更为平等、更为美好的社会提供可能；非理性主义一脉所揭示出的不确定性命题的意义则在于表明所有的法律判断都应当依据直觉而作出。① 而法律现实主义引进法律不确定性命题的主要目标在于，将法律共同体的关注点引向各种法律决定和法令对其所规制的人们的现实生活所产生的经验上的影响，因而他们批评当时法律形式主义将抽象概念间的逻辑关系而非各种判断的实际影响视为法律判断的基础。因此，在新法律现实主义看来，法律现实主义运动的不确定性命题乃是呼唤一种看待法律的实用主义的、经验主义的进路。批判法律研究运动的不确定性命题一方面由于其抽象的理论旨趣预先假设精英法律意识形态与社会行动间的关系，拒绝研究书本中的法与行动中的法之间的断裂，另一方面由

---

① 理性一脉所采用的论证方式即“拼凑物论证”和“基本冲突论证”，而非理性主义一脉所采用的论证方式即为语义分析或后现代式的论证方式。关于批判法律研究运动之两脉对不确定性命题之可能意义的详细讨论，see John Hasnas, Back to the Future: From Critical Legal Studies Forward to Legal Realism, or How Not to Miss the Point of the Indeterminacy Argument, 45 *Duke Law Journal*, 1995, pp.98—106.

于其过分强调政治意识形态斗争，陷入一种政治形式主义。① 新法律现实主义的当代使命就在于重新担负起法律现实主义未完成的工程，在新的历史境遇中将这种看待法律的实用的、经验的进路向前推进：促使法律人根据法律对人类的实际影响来评价法律，也就是说，为了评判任何法律条款的可欲性，我们必须“从政治抽象的王国转向经验上可证实的世界，我们必须努力去确定那些条款实际上产生了什么影响和效果”②。

（二）新法律现实主义的目标与使命

在新法律现实主义者看来，法律现实主义运动所倡导的法律的实用主义进路既有规范性的维度，也有描述性的维度。③ 在描述的层面，现实主义者坚持应当关注被适用的法律（law as applied）而非被书写的法律（law as written），他们拒斥如下这种观点，即，认为一个人要了解一个特定规则

① See John Hasnas, Back to the Future: From Critical Legal Studies Forward to Legal Realism, or How Not to Miss the Point of the Indeterminacy Argument, 45 *Duke Law Journal*, 1995, pp. 107—111.

② David M. Trubek, Where the Action Is: Critical Legal Studies and Empiricism, 36 *Stanford Law Review*, 1984, p.618.

③ See John Hasnas, Back to the Future: From Critical Legal Studies Forward to Legal Realism, or How Not to Miss the Point of the Indeterminacy Argument, 45 *Duke Law Journal*, 1995, pp. 114—115. 在该文中，作者以公共选择理论为例详尽地讨论了新法律现实主义在规范的层面和描述的层面对法律现实主义所倡导的法律实用主义进路的遵循和拓展。

的效果和影响，只需去阅读该规则并理解其目的；与之相反，他们要求研究源自政治过程和解释过程的法律——亦即实际上影响着公众的法律，其主要目标是研究被书写的法律转换成行动中的法律的方式。在规范的层面，法律现实主义的规范工程基于对法律目的的承认，这就意味着必须首先根据法律实际上能实现什么，然后才能根据它是否能比其他可供选择的社会控制机制实现得更好来评判法律。这两个层面的要求正是当下的新法律现实主义所致力于实现的目标和使命。

那么，新法律现实主义到底是如何推进法律现实主义的未竟工程的呢？一方面，在规范的层面，就法律旨在追求的公正法律制度从而追求公正的社会这一目标而言，新法律现实主义一定程度上修正了"实然与应然暂时分离"这一方法，"对公正的法律制度的迫切要求不能等到研究者对'实然'达至一个充分的理解。法学学术团体及其培养的法律人必须在有限信息的基础上对法律规则和制度做出规范性的评价，而且必须意识到其分析及其评价的限度所在。"①

另一方面，在描述的（经验的）的层面，新、老法律现实主义都强调对司法行为进行经验的研究，但二者在具体实施的程度上不同。正是在具体实施的层面上，新法律现实主

① Thomas J. Miles and Cass R.Sunstein, The New Legal Realism, 75 *The University of Chicago Law Review*, 2008, p.832, p. 850.

义有更为现实和实际的推进，他们与老法律现实主义不同的地方，很大程度上就是他们进一步做出贡献的地方，具体说来，新法律现实主义在如下五个相互关联的层面上有不同程度的推进[①]：第一，法律现实主义的出发点都在于强调法律与社会之间的现实关联，视法律为依社会条件变化而变化的因素。然而，传统上的法律现实主义却主要是立足于司法金字塔的上层，采取了一种精英主义的立场；而新法律现实主义则倡导一种“自下而上的”经验性研究，主张从基层的社会现实生活事实入手，探究秩序形成、法律与社会的关系、各种形式的“活法”等，从而更为客观地评价法律所发挥的作用，促使法律发挥其应当发挥的作用。第二，二者均以改造法学、改革法律教育、重构法律理念为根本目标。但是，与传统法律现实主义者多为社会改革者，并进而与当时的新政结盟[②]不同，对于社会变革，“新法律现实主义应该在什么程度上做出这种回应，这是一个开放性的问题”，他们坚持科学研究的基本定位和不与任何政治倾向结盟的立场，坚持探究那

---

① 范愉：《新法律现实主义的勃兴与当代中国法学反思》，载《中国法学》2006 年第 4 期，第 40—42 页。

② See John Hasnas, Back to the Future: From Critical Legal Studies Forward to Legal Realism, or How Not to Miss the Point of the Indeterminacy Argument, 45 *Duke Law Journal*, 1995, p.88, note 13; see G.Edward White, From Sociological Jurisprudence toRealism: Jurisprudence and Social Chane in Early Twentieth-Century America, 58 *Virginia Law Review*, 1972, pp.1025—1026.

些掩藏在各种偏见性解释背后的事实，相信事实自己会说话，坚信法学研究应当为现实的社会发展服务。第三，尽管老法律现实主义开经验研究之先河，但事实上他们却很少真正这样做。[①]而新法律现实主义则已经以验性研究为基本进路，并致力于将经验性研究发展为一种研究范式，不承认任何根据传统意识形态和抽象理念推演出的普适性的规律，而是倡导一种实事求是的现实主义态度，用以检审各种法律理念和制度，揭示以往被意识形态和理想主义掩盖的事实。第四，如前文所述，尽管老法律现实主义批评规则中心，将法律问题的参照中心从规则转向行为，但是，在一个根本的层面上，他们怀疑的并不是理想的规则，而是现实的规则，他们对规则的怀疑乃是旨在通过这种怀疑和批判推动法律与社会的进步和革新，因而他们在这种意义上仍然是法律（规则）中心的。而新法律现实主义则更具多元化的倾向，他们并不否认法和法治的价值，但也不认为法律在现代社会中起着绝对的中心作用，而是更为关注社会关系自身根据需要产生的规则和制裁机制。第五，新法律现实主义将老法律现实主义引进

① 例如，尽管现实主义法律运动的领军人物卢埃林旨在提供一种参与者的指导理论，试图通过提供法学方法（juristic method）将理论与实践勾连起来，但是他几乎没有进行过社会实证研究与调查，而主要是依赖文献分析。参见［美］斯图尔特·麦考利:《新老法律现实主义："今非昔比"》，范愉译，载《政法论坛》2006年第4期，第59页注。

社会科学研究方法来进行法学研究的基本观念发展到了一个新的阶段，致力于促进法律人与政治科学、经济学的融合。

一言以蔽之，新法律现实主义的一个显著特征就在于，为了理解法律现实主义的“法官个性”如何影响判决结果和法律制度如何限制这些影响，要去近距离地审视案例报道集，这就要求检验法的不确定性命题这一直觉观念，并且如老法律现实主义所呼唤的那样对不同的法官如何通过对每个案件的“刺激反映”来判案进行经验性的研究；[①] 并且在这些经验研究的基础上，对现实的法律规则和制度做出规范性的评价。在我看来，这种经验性研究及有限的规范性评价，构成了新法律现实主义承继法律现实主义不确定性命题所暗含的法律实用主义进路的方式，也是其贡献所在。

暂时的结语

经由考察美国法律现实主义及其传承者之法律不确定性命题的问题史，可以看出，法律不确定性命题体现出来的实际上是一种“建设性的怀疑主义”，他们并不反对规则一般意义上的指导作用，也不反对一般意义上的法律确定性，而

① See Thomas J. Miles and Cass R.Sunstein, The New Legal Realism, 75 *The University of Chicago Law Review*, 2008, p.832, pp. 834—835.

是致力于在法律的确定性中寻求不确定，在不确定中寻求确定性。他们也不反对一般意义上的法律对社会变革的作用，而是试图通过批判，揭示现实法律 / 法治与理想的法律 / 法治间的差距，进而使法律能更有效地为社会需要服务，能更有效地促进更民主、更平等、更善好的社会的形成。与其说他们相信法律的不确定性，毋宁说他们秉持这样一种理想信念，即，法律本应当是具有确定性的。一言以蔽之，他们不反对理想的法律确定性，只不过他们寻求的是一种更为现实的确定性，试图"在律师和法官们的操作性技术之中、在一些特定的判例的事实之中以及在'现实生活规范'之中，发现'法律确定性'的其他道具"。

如此看来，与其说法律现实主义是传统的破坏者，毋宁说法律现实主义正在通过不确定性命题建构一种新的传统——通过法律的确定性实现对法律的确信，最终实现对未来的确信。换言之，尽管法律现实主义及其承继者一直致力于揭示法律的不确定性，然而实际上，他们却是在一种理想主义的指引下进行"确定性的寻求"，他们旨在通过一种更为现实的确定性实现当下的秩序，为当下的行为提供行动的依据和理由，意图通过法律变革与社会变革实现理想的确定性，进而实现对未来的确信[①]，也即，相信未来社会是一个更善、更好的社会。

---

① Duncan Kennedy, Freedom and Constraint in Adjudication: A Critical Phenomenology, 36 *Journal of Legal Education*, 1986, p.518.

参考文献

一、著作类

（一）卢埃林本人著作

1.［美］卢俊林:《荆棘丛：关于法律与法学院的经典演讲》，明辉译，北京大学出版社 2017 年版。

2.［美］卡尔·N. 卢埃林:《普通法传统》，陈绪纲等译，中国政法大学出版社 2002 年版。

3. Karl Llewellyn, *The Bramble Bush: On Our Law and Its Study*, Oceana Publications, 1930.

4. Karl Llewellyn, E.Adamson Hoebel, *The Cheyenne Way: Conflict and Case Law in Primitive Jurisprudence*, University

of Oklahoma Press, 1941.

5. Karl Llewellyn, *The Common Law Tradition: Deciding Appeals*, Little, Brown and Company, 1960.
6. Karl Llewellyn, *Jurisprudence: Realism in Theory and Practice*, University of Chicago Press, 1962.
7. Karl Llewellyn, *The Case Law System in America*, Michael Ansaldi(trans.), University of Chicago Press, 1989.
8. Karl Llewellyn, *The Theory of Rules*, Frederick Schauer(ed.), University of Chicago Press, 2011.

（二）卢埃林研究著作

1. 付池斌:《卢埃林：书本法不同于现实法》，黑龙江大学出版社 2010 年版。
2. 孙新强:《法典的理性：美国〈统一商法典〉法理思想研究》，山东人民出版社 2006 年版。
3. 刘剑:《卡尔·卢埃林法律职能理论研究》，天津人民出版社 2009 年版。
4. N. E. H. Hull, *Roscoe Pound and Karl Llewellyn: Searching for an American Jurisprudence*, University of Chicago Press, 1997.
5. Michael Sinclair, *Karl Llewellyn's Dueling Canons in Perspective*, Vandeplas Publishing, 2014.

6. William Twining, *Karl Llewellyn and the Realist Movement*, University of Oklahoma Press, 1973.
7. Francis J. Mootz III(ed.), *On Philosophy in American Law*, Cambridge University Press, 2009.

（三）其他相关著作

1. 陈景辉:《法律的界限：实证主义命题群之展开》，中国政法大学出版社 2007 年版。
2. 冯玉军选编:《美国法律思想经典》，法律出版社 2008 年版。
3. 付池斌:《现实主义法学》，法律出版社 2005 年版。
4. 刘星:《法律是什么》，中国政法大学出版社 1998 年版。
5. 苗金春:《语境与工具——解读实用主义法学的进路》，山东人民出版社 2004 年版。
6. 邱昭继:《法律的不确定性与法治——从比较法哲学的角度看》，中国政法大学出版社 2013 年版。
7. 沈宗灵:《现代西方法理学》，北京大学出版社 1992 年版。
8. 许庆坤:《美国冲突法理论嬗变的法理——从法律形式主义到法律现实主义》，商务印书馆 2009 年版。
9. 姚建宗:《美国法律与发展研究运动述评》，法律出版社 2006 年版。
10. 于晓艺:《最忠诚的反叛者——弗兰克法律现实主义思想

研究》，中央编译出版社 2014 年版。
11. 张文显:《二十世纪西方法哲学思潮研究》，法律出版社 2006 年版。
12. 张芝梅:《美国的法律实用主义》，法律出版社 2008 年版。
13. 周汉华:《现实主义法律运动与中国法制改革》，山东人民出版社 2002 年版。
14. 朱景文:《对西方法律传统的挑战》，广西师范大学出版社 2004 年版。
15. [爱尔兰] J.M. 凯利:《西方法律思想简史》，王笑红译，法律出版社 2002 年版。
16. [德] 拉伦茨:《法学方法论》，陈爱娥译，商务印书馆 2003 年版。
17. [德] 鲁道夫 · 冯 · 耶林:《法学的概念天国》，柯伟才、于庆生译，中国法制出版社 2009 年版。
18. [德] 马克斯 · 韦伯:《社会科学方法论》，韩水法、莫茜译，中央编译出版社 2008 年版。
19. [美] 托马斯 · 格雷:《美国法的形式主义与实用主义》，黄宗智编，田雷译，法律出版社 2014 年版。
20. [美] E. 博登海默:《法理学：法律哲学与法律方法》，邓正来译，中国政法大学出版社 2004 年版。
21. [美] L. 富勒:《法律的道德性》，郑戈译，商务印书馆

2005 年版。

22. [美] P.S. 阿蒂亚、[美] R.S. 萨默斯：《英美法中的形式与实质：法律推理、法律理论和法律制度的比较》，金敏等译，中国政法大学出版社 2005 年版。

23. [美] 安德雷 · 马默主编：《法律与解释：法哲学论文集》，张卓明等译，法律出版社 2006 年版。

24. [美] 本杰明 · N. 卡多佐：《法律的成长法律科学的悖论》，董炯、彭冰译，中国法制出版社 2002 年版。

25. [美] 本杰明 · N. 卡多佐：《司法过程的性质》，苏力译，商务印书馆 1998 年版。

26. [美] 本杰明 · N. 卡多佐：《演讲录 法律与文学》，董炯、彭冰译，中国法制出版社 2005 年版。

27. [美] 伯纳德 · 施瓦茨：《美国法律史》，王军等译，中国政法大学出版社 1997 年版。

28. [美] 布赖恩 · Z. 塔玛纳哈：《法律工具主义》，陈虎、杨洁译，北京大学出版社 2016 年版。

29. [美] 布赖恩 · 莱特编：《法律和道德领域的客观性》(影印本)，中国政法大学出版社 2003 年版。

30. [美] 布赖恩 · 比克斯：《法律、语言与法律的确定性》，邱昭继译，法律出版社 2007 年版。

31. [美] 戴维 · 鲁本：《法律现代主义》，苏亦工译，中国政法大学出版社 2004 年版。

32.[美] 丹尼斯·M. 帕特森:《法律与真理》，陈锐译，中国法制出版社 2007 年版。

33.[美] 格兰特·吉尔莫:《美国法的时代》，董春华译，法律出版社 2009 年版。

34.[美] 霍菲尔德:《基本法律概念》，张书友译，中国法制出版社 2009 年版。

35.[美] 杰罗姆·弗兰克:《初审法院——美国司法中的神话与现实》，赵承寿译，中国政法大学出版社 2007 年版。

36.[美] 克里斯托弗·沃尔夫:《司法能动主义》，黄金荣译，中国政法大学出版社 2004 年版。

37.[美] 理查德·A. 波斯纳:《超越法律》，苏力译，中国政法大学出版社 2001 年版。

38.[美] 理查德·A. 波斯纳:《法理学问题》，苏力译，中国政法大学出版社 2002 年版。

39.[美] 罗伯特·S. 萨默斯:《美国实用工具主义法学》，柯华庆译，中国法制出版社 2010 年版。

40.[美] 罗伯特·斯蒂文斯:《法学院——19 世纪 50 年代到 20 世纪 80 年代的美国法学教育》，阎亚林等译，中国政法大学出版社 2003 年版。

41.[美] 罗纳德·德沃金:《法律帝国》，李常青译，中国大百科全书出版社 1996 年版。

42.[美] 罗纳德·德沃金:《认真对待权利》，信春鹰、吴玉章译，中国大百科全书出版社 2002 年版。
43.[美]罗斯科·庞德:《法理学》(第一卷)，邓正来译，中国政法大学出版社 2004 年版。
44.[美]罗斯科·庞德:《普通法的精神》，唐前宏等译，法律出版社 2001 年版。
45.[美]马丁·夏皮罗:《法院：比较法上和政治学上的分析》，张生、李彤译，中国政法大学出版社 2005 年版。
46.[美]迈尔文·艾隆·艾森伯格:《普通法的本质》，张曙光等译，法律出版社 2004 年版。
47.[美]史蒂文·J. 伯顿:《法律和法律推理导论》，张志铭、解兴权译，中国政法大学出版社 1999 年版。
48.[美]斯蒂芬·M. 菲尔德曼:《从前现代主义到后现代主义的美国法律思想——一次思想航行》，李国庆译，中国政法大学出版社 2005 年版。
49.[美]斯蒂文·J. 伯顿主编:《法律的道路及其影响——小奥利弗·温德尔·霍姆斯的遗产》，张芝梅等译，北京大学出版社 2005 年版。
50.[美]苏珊·哈克主编:《意义、真理与行动：实用主义经典文选》，陈波等译，东方出版社 2007 年版。
51.[美]小奥利弗·温德尔·霍姆斯:《普通法》，冉昊、姚中秋译，中国政法大学出版社 2006 年版。
52.[美]约翰·杜威:《确定性的寻求——关于知行关系的

研究》，傅统先译，上海人民出版社 2004 年版。

53. [英] H. L. A. 哈特:《法理学与哲学论文集》，支振锋译，法律出版社 2005 年版。

54. [英] H. L. A. 哈特:《法律、自由与道德》，支振锋译，法律出版社 2006 年版。

55. [英] H. L. A. 哈特:《法律的概念》(第二版)，许家馨、李冠宜译，法律出版社 2006 年版。

56. [英] S. F. C. 密尔松:《普通法的历史基础》，李显东等译，中国政法大学出版社 1999 年版。

57. [英] 罗杰・科特瑞尔:《法理学的政治分析——法律哲学批判导论》，张笑宇译，北京大学出版社 2013 年版。

58. Anthony J. Sebok, *Legal Positivism in American Jurisprudence*, Cambridge University Press, 1998.

59. Brian Z. Tamanaha, *Beyond the Formalist-Realist Divide: The Role of Politics in Judging*, Princeton University Press, 2010.

60. Edwin N. Garlan, *Legal Realism and Justice*, Columbia University Press, 1941.

61. George W. Liebman, *The Common Law Tradition: A Collective Portrait of Five Legal Scholars*, Transaction Publishers, 2005.

62. Gray J. Aichele, *Legal Realism and Twentieth-Century*

American Jurisprudence, Garland Publishing, Inc., 1990.

63. Hanoch Dagan, *Reconstructing American Legal Realism & Rethinking Private Law Theory*, Oxford University Press, 2013.

64. Jerome Frank, *Law and the Modern Mind*, Coward-McCann Publishers, 1930.

65. John Henry Schlegel, *AmericanLegal Realism and Empirical Social Science*, University of North Carolina Press, 1995.

66. Laura Kalman, *Legal Realism at Yale 1927—1960*, University of North Carolina Press, 1986.

67. Lon L. Fuller, *The Law In Quest of Itself*, The Foundation Press, 1940.

68. M. D. A Freeman, *Lloyd's Introduction to Jurisprudence*(7th edn.), Sweet & Maxwell Ltd., 2001.

69. Michael Martin, *Legal Realism: American and Scandinavian*, Peter Lang Publishing, 1997.

70. Morton J. Horwitz, *The Transformation of American Law 1870—1960: The Crisis of Legal Orthodoxy*, Oxford University Press, 1993.

71. Morton White, *Social Thought in America: The Revolt against Formalism*, Beacon Press, 1957.

72. Neil Duxbury, *Patterns of American Jurisprudence*,

Clarendon Press, 1997.

73. Roger Cotterrell, *The Politics of Jurisprudence: A Critical Introduction to Legal Philosophy*(2nd edn.), Butterworths LexisNexis UK, 2003.

74. William W. Fisher Ⅲ, Morton J. Horwitz & Thomas A. Reed(eds.), *American Legal Realism*, Oxford University Press, 1993.

75. Wouter de Been, *Legal Realism Regained: Saving Realism from Critical Acclaim*, Stanford Uiversity Press, 2008.

二、论文类

（一）卢埃林本人论文

1.《我的法哲学》，刘思齐、姚远译，《金陵法律评论》2015：291—296.

2. From the Point of View of the Economist and Business Man, 10 *Proceedings of the Academy of Political Science*, 1923, pp.25—34.

3. Supervening Impossibility of Performing Conditions Precedent in the Law of Negotiable, 23 *Columbia Law Review*, 1923, pp.142—162.

4. The Conditions for and theAims and Method of Legal Researeh, 6 *American Law School Review*, 1930, pp.663—681.

5. A Realistic Jurisprudence-The Next Step, 30 *Columbia Law Review*, 1930, pp.431—465.

6. Some Realism about Realism: Responding to Dean Pound, 44 *Harvard Law Review*, 1931, pp.1222—1264.

7. What Price Contract?. An Essay in Perspective, 40 *The Yale Law Journal*, 1931, pp.704—751.

8. Behind The Law of Divorce Ⅰ, *32 Columbia Law Review*, 1932, pp.1281—1308.

9. Behind The Law of Divorce Ⅱ, *33 Columbia Law Review,* 1933, pp.249—294.

10. On Philosophy in American Law, 82 *University of Pennsylvania Law Review*, 1934, pp.201—212.

11. The Constitution as an Institution, 34 *Columbia Law Review*, 1934, pp.1—40.

12. The Bar Specializes with What Results, 34 *Columbia Law Journal*, 1934, pp.336—343.

13. On What Is Wrong with So-Called Legal Education, 35 *Columbia Law Review*, 1935, pp.651—678.

14. On Warranty of Quality and Society, 36 *Columbia Law*

Review, 1936, pp.699—744.

15. On Warranty of Quality and Society: Ⅱ, 37 *Columbia Law Review*, 1937, pp.341—409.
16. Economic Security and the Young Lawyer; Four Views, 32 *Illinois Law Review*, 1938, pp.662—671.
17. On Our CaseLaw Contract: Offer and Acceptance Ⅰ, 48 *The Yale Law Joumal*, 1938, pp.1—36.
18. The Bar's Troubles and Poultices-and Cures, 5 *Law and Contemporary Problems*, 1938, pp.104—134.
19. The Rule of Law in Our Case—Law Contract, 47 *The Yale Law Journal*, 1938, pp.1243—1271.
20. Through Title to Contract and a Bit Beyond, 15 *New York University Law Quarterly Review*, pp.159—209.
21. The First Struggle to Unhorse Sales, 6 *Harvard Law Review*, 1939, pp.873—904.
22. The Uncovered Needs for Legal Service, 6 *Tennessee Law Review*, 1939, pp.641—648.
23. One "Realist's" View of Natural Law for Judges, 15 *Notre Dame Lawyer*, 1939, pp.3—8.
24. The Needed Federal Sales Act, 26 *Virginia Law Review*, 1940, pp.558—571.
25. On Reading and Using the New Jurisprudence, 26 *Ameriean*

Bar Association Journal, 1940, pp.300—307.

26. The Problem of Undone Legal Service, 26 *Ameriean Bar Association Journal*, 1940, pp.38—41.

27. The Normative, the Legal, and the Law-Jobs: The Problem of Juristic Method, 49 *The Yale Law Journal*, 1940, pp.1355—1400.

28. My Philosophy of Law, in *My Philosophy of Law: Credos of Sixteen American Scholars, Boston Law Book*, 1941, pp.183—197.

29. On the Complexity of Consideration—A Foreword, 41 *Columbia Law Review*, 1941, pp.777—782.

30. Common-Law Reform of Consideration, 41 *Columbia Law Review*, 1941, pp.863—876.

31. The Theory of Legal "Science" , 20 *North Carolina Law Review*, 1941, 1—23.

32. On the Good, the True, the Beautiful, in Law, 9 *The University of Chicago Law Review*, 1942, pp.224—265.

33. The Crafts of Law Re-Valued, 28 *Ameriean Bar Association Journal*, 1942, pp.801—841.

34. Meet Negotiable Instruments, 44 *Columbia Law Review*, 1944, pp.299—329.

35. The Place of Skills in Legal Education, 45 *Columbia Law*

Review, 1945, pp.345—391.

36. The Modern Approach to Counselling and Advocacy—Especially in Commercial Transaction, 46 *Columbia Law Review*, 1946, pp.167 —195.
37. The Current Crisis in Legal Education, *1 Journal of Legal Education*, 1948, pp.211—220.
38. Problems of Codifying Security Law, 13 *Law and Contemporary Problems*, 1948, pp.687—702.
39. On Law and Our Commerce, 1949 *Wisconsin Law Review*, 1949, pp.625—633.
40. Law and the Social Science: Especially Sociology, 62 *Harvard Law Review*, 1949, pp.1286—1305.
41. Remarks on the Theory of Appellate Decision and the Rules or Canons about How Statutes Are to Be Construed, 3 *Vanderbilt Law Review*, 1950, pp.395—406.
42. Problems of theLegal Profession: Restoration of Our Legal Tradition, 16 *Albany Law Review*, 1952, pp.1—8.
43. Why a Commercial Code, 22 *Tennessee Law Review*, 1953, pp.779—785.
44. On What Makes Legal Research Worthwhile, 8 *Journal of Legal Education*, 1956, pp.399—421.
45. Why We Need the Uniform Commercial Code, 4 *University*

of Florida Law Review, 1957, pp.367—381.
46. What Law Cannot Do for Inter-Racial Peace, 3 *Villanova Law Review*, 1957, pp.30—36.
47. A Lecture on Appellate Advocacy, 29 *The University of Chicago Law Review*, 1962, pp.627—639.

（二）卢埃林研究论文

1. 付池斌:《现实主义法学与社会法学的思想交锋——评卢埃林—庞德的法理论战》, http://www.iolaw.org.cn/showNews.asp?id=15460.
2. 何海峰:《〈普通法传统〉：传统还是理想》,《私法》2011（1）：279—293.
3. 李杰:《方法论视野下的卢埃林》,《民间法》2017（18）：414—423.
4. 刘剑:《“规则怀疑论”者的规则观——评卡尔·卢埃林的〈荆棘丛〉》,《社会科学论坛》2006（2）：151—156.
5. 刘剑:《可估量性：经由传统而实现的“神话”——评卡尔·卢埃林的〈普通法传统〉》,《河北法学》2007（1）：2—5, 10.
6. 刘剑:《现实主义法学家：卡尔·卢埃林》,《社会科学论坛》2006（2）：147—150.
7. 沈宗灵:《卢埃林的现实主义法学》,《法学研究》1990

（5）：86—94.

8. 孙新强:《卢埃林现实主义法理学思想》,《法制与社会发展》2009（4）：3—19.

9. 孙新强:《论美国〈统一商法典〉的立法特点》,《比较法研究》2007（1）：71—87.

10. 孙新强:《论普通法的“宏大风格”》,《法制与社会发展》2007（1）：124—141.

11. 孙新强:《美国〈统一商法典〉评论》,《学习与探索》2008（4）：71—87.

12. 王婧:《法律的确定性与不确定性——庞德与卢埃林的论战解读》,《清华法治论衡》2015（2）：321—338.

13. 王绍喜:《卡尔·N. 卢埃林:〈荆棘丛〉》,《清华法学》2004（4）：370—381.

14. 薛万宝:《卢埃林法律现实主义解读》,《私法》2011（1）：255—277.

15. 张娟:《卢埃林关于法学研究的思想》,《中南大学学报》（社会科学版）2010（5）：64—69.

16. 张娟:《什么是法律现实主义——庞德、卢埃林、弗兰克之争》,《西南政法大学学报》2010（5）：3—13.

17. 张娟:《杨兆龙卢埃林司法思想之比较及对我国司法改革的启示》,《山东社会科学》2011（2）：52—55.

18. 周国兴:《审判如何回应民意：基于卢埃林情景感理论的

考察》,《法商研究》2013（3）：3—11.

19. 刘剑:《卡尔·卢埃林法律职能理论研究》，吉林大学2006年博士论文。

20. 张娟:《弗兰克与卢埃林法律思想比较研究》，山东大学2011年博士论文。

21. 李文静:《卢埃林的法律现实主义——从书本到行动的思辨》，重庆大学2015年硕士论文。

22. 李志华:《卢埃林法律现实主义思想研究》，山东大学2010年硕士论文。

23. 李志华:《卢埃林法律现实主义思想研究》，山东大学2010年硕士论文。

24. 马晓丽:《透过美国法的变迁看卢埃林的现实主义法学思想》，山东大学2008年硕士论文。

25. 吴畏利:《从经验主义到经验的自然主义——卢埃林法律观及其启示》，西南政法大学2007年硕士论文。

26. 杨洋:《卢埃林的“法律观”研究》，复旦大学2014年硕士论文。

27. 张唯伟:《卢埃林判例法思想研究》，山东大学2009年硕士论文。

28. Adam Schlusselberg, Michael Sinclair, “Only a Sith Thinks Like that”: Llewellyn’s “Dueling Canons”, Twenty One to Twenty Four (February 23, 2010), NYLS Legal Studies

Research Paper No. 09/10 #22. Available at SSRN: https://ssrn.com/abstract=1557831.

29. Ajay K. Mehrotra, Law and the “Other” : Karl N.Llewellyn, Cultural Anthropology, and the Legacy of the Cheyenne Way, *Law & Social Inquiry*, 2001, 26(3): 741—775.

30. Alan Schwartz, Karl Llewellyn and the Origins of Contract Theory, in Krause and Walt(eds.), *The Jurisprudential Foundations of Corporate and Commercial Law,* Cambridge University Press, 2000.

31. Allen R. Kamp, Between-the-Wars Social Thought: Karl Llewellyn, Legal Realism, and the Uniform Commercial Code in Context, *Albany Law Review*, 1995, 59: 325—397.

32. Arno C. Becht, A Study of The “The Common Law Tradition: Deciding Appeals”, *Washington University Law Quarterly*, 1962, 1962(1): 5—37.

33. C. J. Friedrich, Karl Llewellyn’s Legal Realism in Retrospect, *Ethics*, 1964, 74(3): 201—201.

34. Charles D. Breitel, Llewellyn: Realist and Rationalist, *Rutgers Law Review*, 1964, 18: 745—756.

35. Charles E. Clark, David M. Trubek, The Creative Role of the Judge: Restraint and Freedom in the Common Law Tradition, *The Yale Law Journal*, 1961, 71 (2): 255—276.

36. Clark A. Remington, Llewellyn, Antiformalism and the Fear of Transcendental Nonsense, *The Wayne Law Review*, 1998, 44: 29—134.

37. Danielle Kie Hart, Cross purposes and unintended consequences: Karl Llewellyn, article 2 and the limits of social transformation, *Nevada Law Review*, 2011, 12: 54—82.

38. David E. Ingersoll, Karl Llewellyn, American Legal Realism, and Contemporary Legal Behavioralism, *Ethics*, 1966, 76(4): 253—266.

39. David Ray Papke, How the Cheyenne Indians Wrote Article 2 of the Uniform Commercial Code, *Buffalo Law Review*, 1999, 47: 1457—1485.

40. Dennis M. Patterson, Law's Practice, *Columbia Law Review*, 1990, 90(2): 575—600.

41. Douglas G.Baird, Llewellyn's Heirs, *Louisiana Law Review*, 2002, 62(4): 1287—1297.

42. Francis J. Mootz, III, Vico, Llewellyn, and the Task of Legal Education, *Social Science Electronic Publishing*, 2008, 37: 1391—1396.

43. Gregory E. Maggs, Karl Llewellyn's Fading Imprint on the Jurisprudence of the Uniform Commercial Code, *University*

of Colorado Law Review, 2000, 71: 541—588.

44. Ingrid Michelsen Hillinger, The Article 2 Merchant Rules: Karl Llewellyn's Attempt to Achieve The Good, The True, The Beautiful in Commercial Law, *Georgetown Law Journal*, 1985, 73: 1141—1184.
45. James J. Connolly, Peggy Pschirrer & Robert Whitman. Alcoholism and Angst in the Life and Work of Karl Llewellyn, *Ohio Northern University Law Review*, 1998, 24: 43—124.
46. James Whitman, Commercial Law and the American Volk: A Note on Llewellyn's German Sources for the Uniform Commercial Code, *The Yale Law Journal*, 1987, 97(1): 156—175.
47. John B. Clutterbuck, Karl Llewellyn and the Intellectual Foundations of Enterprise Liability Theory, *The Yale Law Journal*, 1988, 97(8): 1131—1151.
48. John M. Breen, Statutory Interpretation and the Lessons of Llewellyn, *Loyola of Los Angeles Law Review*, 2000, 33: 263—448.
49. Julie E. Grisé, Martin Gelter, Robert Whitman, Rudolf Von Jhering's Influence on Karl Llewellyn, *Tulsa Law Review*, 2012, 48: 93—117.

50. Julius Cohen, Llewellyn's Lea-Ways, *Washington University Law Quarterly*, 1962, 1962(1): 64—74.

51. Kenneth M, Casebeer. Escape from Liberalism: Fact and Value in Karl Llewellyn, *Duke Law Journal*, 1977, 1977(3): 671—703.

52. Max Radin, Case Law and Stare Decisis: Concerning "Prajudizienrecht in Amerika" , *Columbia Law Review*, 1933, 33(2): 199—212.

53. Michael Ansaldi, The German Llewellyn, *Brooklyn Law Review*, 1992, 58: 705—777.

54. Michael Rustad, Karl Llewellyn's Social Vision of Case Law, *Suffolk University Law Review*, 1991, 25: 135—160.

55. Michael Sinclair, "Only a Sith Thinks Like That" : Llewellyn's "Dueling Canons" , *New York Law school Law Review*, 2005, 50: 919—992.

56. Michael Sinclair, "Only a Sith Thinks Like That" : Llewellyn's "Dueling Canons" , Eight to Twelve, *New York Law school Law Review*, 2005, 51: 1004—1054.

57. Michael Sinclair, "Only a Sith Thinks Like That" - Llewellyn's "Dueling Canons" , Pairs Thirteen to Sixteen, *New York Law school Law Review*, 2008, 53: 953—994.

58. N. E. H. Hull, Reconstructing the Origins of Realistic

Jurisprudence: A Prequel to the Llewellyn—Pound Exchange over Legal Realism, *Duke Law Journal*, 1989, 1989 (5): 1302—1334.

59. N. E. H. Hull, Some Realism about the Llewellyn—Pound Exchange over Realism: The Newly Uncovered Private Correspondence 1927—1931, *Wisconsin Law Review*, 1987, 1987: 921—969.

60. Patrick J. Rohan, The Common Law Tradition: Situation Sense, Subjectivism or "Just-Result Jurisprudence" ?, *Fordham Law Review*, 1963, 32: 51—72.

61. Peter Dinunzio, Elinor Kim & Robert Whitman. How Icelandic Saga Literature Influenced the Scholarship and Life of an American Legal Realist, *Connecticut Law Review*, 2007, 39(5): 1923—1976.

62. R. H. Clark, Karl Llewellyn on Legal Method: A Social Science Reconsideration, *Tulsa Law Journal*, 1979, 14: 491—514.

63. Richard Danzig, A Comment on the Jurisprudence of the Uniform Commercial Code, *Stanford Law Review*, 1975, 27: 621—635.

64. Simon N. Verdun-Jones, The Jurisprudence of Karl Llewellyn, *Dalhousie Law Journal*, 1974, 1: 441—481.

65. Su-Po Kao, Government "Law-jobs" and the Use of Government Lawyers: A Case of Transplanting the Foreign Model of the Legal Profession to the Asia-Pacific Region, *Asia Pacific Law Review*, 2017, 25(1): 1—17.

66. Terrence F. Kiely, The Art of the Neglected Obvious in Products Liability Cases: Some Thought on Llewellyn's The Common Law Tradition, *DePaul Law Review*, 1975, 24: 914—948.

67. Tom Lamar, Llewellyn's "Bramble Bush" , *Journal of Public Law*, 1962, 11: 412—418.

68. William C. Heffernan, The Dual Problems of Legal Justification: A Key to the Unity of Karl Llewellyn's Jurisprudence, *The University of Chicago Law Review*, 1978, 45: 654—694.

69. William Twining, Centennial Tribute: The Idea of Juristic Method: A Tribute to Karl Llewellyn, *University of Miami Law Review*, 1993, 48: 119—158.

70. William Twining, Karl Llewellyn's Unfinished Agenda: Law in Society and the Job of Juristic Method, in William Twining, *The Great Juristic Bazaar: Jurists' Texts and Lawyers' Stories*, Ashgate Publishing Co., 2002: 149—200.

71. William Twining, Talk about Realism, *New York University*

Law Review, 1985, 60: 329—384.

72. William Twining, Two Works of Karl Llewellyn, *Modern Law Review*, 1967, 30(5): 514—530.

73. William Twining, Two Works of Karl Llewellyn—Ⅱ, *Modern Law Review*, 1968, 31(2): 165—182.

74. Zipporah Batshaw Wiseman, The Limits of Vision: Karl Llewellyn and the Merchant Rules, *Harvard Law Review*, 1987, 100(3): 465—545.

（三）其他相关论文

1. 曹祜:《论法律的确定性与不确定性》,《法律科学》2004（3）: 13—18.

2. 陈锐:《法理学中的法律形式主义》,《西南政法大学学报》2004（6）: 3—8.

3. 陈曦:《法律确定性的统合理性根据与法治实施》,《社会科学》2016（6）105—118.

4. 邓矜婷:《新法律现实主义的最新发展与启示》,《法学家》2014（4）: 1—18.

5. 丁晓东:《重新审视法律现实主义——一种知识社会学的考察》,《昆明理工大学学报》（社会科学版）, 2008（4）: 15—23.

6. 范愉:《新法律现实主义的勃兴与当代中国法学反思》,

《中国法学》2006（4）：38—51.

7. 房文翠、黄伟文：《法律的客观性与确定性》，《法学方法论论丛》2014：159—176.

8. 傅蔚冈：《存在确定的法律吗？——一个西方法律思想的梳理》，《研究生法学》2002（4）：1—11.

9. 葛洪义、陈年冰：《法的普遍性、确定性、合理性辨析——兼论当代中国立法和法理学的使命》，《法学研究》1997（5）：77—85.

10. 黄金荣：《法的形式理性论——以法之确定性问题为中心》，《比较法研究》2000（3）：289—310.

11. 季卫东：《从边缘到中心：二十世纪美国的“法与社会”研究运动》，《北大法律评论》1999（2）：546—578.

12. 柯岚：《法律方法中的形式主义与反形式主义》，《法律科学》2007（2）：31—39.

13. 刘翀：《现实主义法学的批判与重构》，《法律科学》2009（5）：13—21.

14. 刘星：《法律的不确定性——美国现实主义法学述评》，《中山大学学报》1996（增刊）：198—202.

15. 陆宇峰：《“规则怀疑论”究竟怀疑什么？》，《华东政法大学学报》2014（6）：67—77.

16. 陆宇峰：《“事实怀疑论”的浅薄与深刻——弗兰克法律现实主义再解读》，《江汉论坛》2014（10）：139—144.

17. 陆宇峰:《美国法律现实主义：内容、兴衰及其影响》,《清华法学》2010（6）：85—97.
18. 唐昊涞:《现实主义：法学流派抑或法学方法？》,《法律方法》2007（6）：97—111.
19. 王晨光:《法律运行中的不确定性与“错案追究制”的误区》,《法学》1997（3）：4—10.
20. 王虹霞:《司法过程中的利益衡量——卡多佐的法律哲学研究》，吉林大学2010年博士论文。
21. 许庆坤:《重读美国法律现实主义》,《比较法研究》2007（4）：1—13.
22. 于晓艺:《反传统的美国法律现实主义》,《中国海洋大学学报》（社会科学版）2011（2）：35—40.
23. 张芃:《法律确定性的证成——以论题学为视角》,《理论与改革》2014（4）：163—167.
24. 张玉洁:《法律不确定性命题的司法检视》,《法律科学》2015（3）：11—19.
25. 周国兴:《法律不确定性命题——一个问题史的考察》,《环球法律评论》2010（6）：27—38.
26. [德] 康特罗维茨:《对美国法律现实主义的理性主义批判》，清灵译,《法律方法》12: 66—75.
27. [法] 皮埃尔·布迪厄:《法律的力量——迈向司法场域的社会学》，强世功译,《北大法律评论》1999（2）:

496—545.

28.［美］弗兰克:《〈法与现代心智〉第六次印刷序言》，于晓艺译，《西方法律哲学家研究年刊》2006（1）：307—321.

29.［美］斯图尔特·麦考利:《新老法律现实主义——今非昔比》，范愉译，《政法论坛》2006（4）：54—74.

30.［美］托马斯·C. 格雷:《兰代尔的正统观念》，樊安译，《西方法律哲学家研究年刊》2009（3）：22—71.

31. Brain Leiter, Positivism, Formalism, Realism, *Columbia Law Review*, 1999, 99(4): 1138—1164.

32. Brian Leiter, Rethinking Legal Realism: Toward a Naturalized Jurisprudence, *Texas Law Review*, 1997, 76(2): 267—315.

33. Brian Z. Tamanaha, Understanding Legal Realism, *Texas Law Review*, 2009. 87: 731—785.

34. Calvin Woodard, The Limits of Legal Realism：A Historical Perspective, *Virginia Law Review*, 1968, 54(4): 689—739.

35. Edward A. Purcell, American Jurisprudence between the Wars: Legal Realism and the Crisis of Democratic Theory, *The American Historical Review*, 1969, 75(2): 424—446.

36. Ernest J. Weinrib, Legal Formalism: On the Immanent Rationality of Law, *The Yale Law Journal*, 1988, 97(6):

949—1016.

37. Francis E. Lucey, Natural Law and American Legal Realism: Their Respective Contributions to a Theory of Law in a Democratic Society, *Georgetown Law Journal*, 1942, 30(6): 493—533.

38. Frederick Schauer, Jurisprudence and Political Theory: The Determinants of Legal Doubt, *Michigan Law Review*, 1991, 89(6): 1295—1301.

39. G. Edward White, From Sociological Jurisprudence to Realism: Jurisprudence and Social Change in Early Twentieth-Century America, *Virginia Law Review*, 1972, 58(6): 999—1028.

40. Gregory S. Alexander, Comparing the Two Legal Realisms—American and Scandinavian, *The American Journal of Comparative Law*, 2002, 50(1): 131—174.

41. Herman Oliphant, A Return to Srare Decisis, *American Bar Association Journal*, 1928, 14: 71—156.

42. Hermann Kantorowicz, Some Rationalism about Realism, *The Yale Law Journal*, 1934, 43(8): 1240—1253.

43. Hessel. E. Yntema, American Legal Realism in Retrospect, *Vanderbilt Law Review*, 1960, 14: 317—330.

44. John Dewey, Logical Method and Law, *Cornell Law*

Quarterly, 1924, 10 (1): 17—27.

45. John Hasnas, Back to the Future: From Critical Legal Studies Forward to Legal Realism, or How Not to Miss the Point of the Indeterminacy Argument, *Duke Law Journal*, 1995, 45(1): 84—132.

46. L. L. Fuller, American Legal Realism, *Proceedings of the American Philosophical Society*, 1936, 76(2): 191—235.

47. L. L. Fuller, Human Purpose and Natural Law, *The Journal of Philosophy*, 1956, 53(22): 697—705.

48. Mortimer J. Adler, Legal Certainty, *Columbia Law Review*, 1931, 31(1): 91—108.

49. Myres S. McDougal, Fuller v.The America Legal Realists: An Intervention, *The Yale Law Journal*, 1941, 40(5): 827—840.

50. Oliver Wendell Holmes, The Path of the Law[M].Oliver Wendell Holmes. Collected Legal Papers. New York: Peter Smith, 1952: 167—202.

51. Paul N. Cox, An Interpretation and (Partial) Defense of Legal Formalism, *Indiana Law Review*, 2003, 36: 57—100.

52. Richard H. Pildes, Forms of Formalism, *University of Chicago Law Review*, 1999, 66(3): 607—621.

53. Roger Cotterrel, Realism, Pragmatism and the Appellate

Judge, *Modern Law Review*, 1991, 54(4): 594—605.

54. Roscoe Pound, Law in Books and Law in Action, *American Law Review*, 1910, 44: 12—36.
55. Roscoe Pound, Liberty of Contract, *The Yale Law Journal*, 1909, 18(7): 454—487.
56. Roscoe Pound, Mechanical Jurisprudence, *Columbia Law Review*, 8(8): 605—623.
57. Roscoe Pound, The Call for a Realist Jurisprudence, *Harvard Law Review*, 1931, 44(5): 697—711.
58. Thomas J. Miles, Cass R.Sunstein. The New Legal Realism, *The University of Chicago Law Review*, 2008, 75(2): 731—751.
59. Wilfrid E. Rumble, The Paradox of American Legal Realism, *Ethics*, 1965, 75(3): 166—178.
60. Wilfrid. E. Rumble, American Legal Realism and the Reduction of Uncertainty, *Journal Public Law*, 1964, 13: 45—75.

后　记

法律争议有唯一正解吗？进而法律是确定的吗？如果法官不是“法律的自动售货机”，那他是什么？司法审判中到底哪些因素可以规制法官？为了探寻答案，庞德试图观察和描述价值要素以及法官应考虑的其他因素，哈特诉诸承认规则并承认自然语言的开放结构会导致边缘案件的模糊性，德沃金认为法律共同体对法律原则的阐释确保案件具有唯一正解。然而，上述三种进路都需要一种社会学，去观察和描述法官审判时实际考虑的因素，去分析和检验承认规则以及核心、边缘的社会实践，去检视约束法官解释法律原则的社会结构与背景。卢埃林将理解法律的参照中心从规则转向行为，恰恰提供了一种现实主义的社会学视角，他希望越过表达规则的一般命题形式，以客观中立的社会科学去研究司法审判中相关主体的行为，以明确司法判决的实际根据。正是这一考虑促使我走进卢埃林的法律世界，选取卢埃林的法律哲学建构作为博士论文研究的主题。本书在我博士论文的基础上修改而成，主要做了三方面的工作：

一是修订了部分文字，尤其是绪论、第一章、第二章和第四章。绪论重新撰写了有关卢埃林法哲学的研究现状，丰富了对既有研究文献的考察与分析。第一章与第四章放弃了原来单单从与新政的亲和性出发分析卢埃林及其引领的法律现实主义运动反对法律形式主义的写法，进一步将法律形式主义、法律现实主义以及进步主义三者共同置于回应普通法危机的思想脉络之内。这将有助于我们更清晰地看到三者回应普通法危机的不同方式；也才能理解为何庞德与卢埃林虽然都批评法律形式主义，却又彼此争论不休，才能看到卢埃林与法律形式主义者之间的理论分歧并没有我们想象的那么大。第二章根据弗里德里克·肖尔 2011 年编辑出版的卢埃林遗著《规则论》，进一步细化了其有限规则论。

二是增加了一篇序言、一篇附录。《审判如何回应民意——基于卢埃林情景感理论的考察》一文作为自序，体现了除了书中展示的澄清误解这一主要目的之外，在当下中国研究卢埃林的法哲学可能具有的现实意义。《法律不确定性命题——一个问题史的考察》展示了讨论法律确定性与不确定性问题的不同进路。

三是补充了 2011 年毕业以来的研究文献，修改了文末主要参考文献的分类排列方式，以卢埃林本人著述、直接研究卢埃林的著述、法律现实主义及相关研究著述的分类排列，以方便读者更清晰地概览有关卢埃林法哲学研究的状况。

本书部分内容曾在“政治哲学工作坊”讨论，在此感谢华灵兄提供的交流平台，感谢参与讨论的所有同仁，特别是评论人陆宇峰博士、姚远博士提出诸多中肯的批评和建议。感谢本套丛书主编吴彦兄、华灵兄的组织策划，感谢责任编辑马颖的耐心和细心！

生活最美是校园，这里附上博士论文后记全文，以纪念那段最美的时光，更是纪念仙逝的恩师……

这篇小文，不仅是为三年的博士生学习提交的一份答卷，它更是为二十余年的求学生涯画上的一个句点。尽管严格意义上的求学生涯行将结束，但在漫漫人生路上，求知与探索的征程才刚刚开始。在这荆棘丛生的问学与求知途中，常常暗自庆幸，没有徜徉于路边短暂的鲜花与美景；常常暗自骄傲，没有追逐物质的浮华；常常希望，在未来的人生路上，依然能够安享这份内心的宁静。我想，我会的。抱持着对知识与生活的尊重，心怀着对这一共同体的无限感念与向往，我将换一种方式，将求知、爱智的探索之路继续下去。

回首来时路，之所以能有这份坚持，能消除曾弥漫于心间的忐忑与彷徨，离不开那些默默关心、支持与鼓励我的人们。能与你们分享这求知与探索的馨香，我感到无尽的荣耀。在此，请允许我真诚地感谢——我敬爱的老师、亲密的朋友、亲爱的家人们！

感谢我的导师邓正来教授。感谢老师支持与鼓励我从事这一课题的研究以及在论文写作过程中的悉心指导。更要感谢老师六年的谆谆教导，正是老师视读书为空气和水的态度、对知识所持的批判与反思的态度，教会了我如何认真对待读书、对待知识、对待学问。感谢吉林大学理论法学研究中心的诸位良师，是你们不懈的努力为我们营造了这样一种浓厚的学术氛围和思想土壤，你们严谨的治学品格也是我们不断学习的榜样。尤其感谢姚建宗教授、黄文艺教授和杜宴林教授，在不同时期为我的论文写作和修改提供了诸多帮助，并提出了许多建设性意见。

感谢师门大家庭，与大家一起读书、讨论是一件非常愉悦的事情。感谢2008级法学理论专业博士研究生的全体同学，能与大家结为朋友是我一生的财富。感谢师兄朱振、王勇、邹益民，感谢你们的诸多建议，无论是学习上的，还是生活上的。感谢陈昉不远万里，从德国给我提供了大量资料。感谢“SH小组”，感谢她让我们读书闲暇之时能听听音乐、吃吃火锅，聊聊愿望、谈谈人生，这总归也是一件浪漫的事吧？感谢我亲密的伙伴刘岩、李滇、王虹霞、孙琴、杨晓畅、李燕涛、宋卉、姚远，你们耐心地阅读了我的论文，并进行了细心校对，不仅提出了诸多有益的修改建议，而且减少了论文形式上的疏漏。

感谢我的父母和兄弟姐妹们，正是你们多年如一日的无尽关怀与守候，才使我并不觉得孤单！特别地，感谢我敬爱的父亲，是您教会了我什么叫责任——对家庭的，对社会的。感谢我亲爱的母亲，是您教会了我要对自己的选择负责——不管是因冲动做出的，还是经过深思熟虑的。感谢我那亲爱的姐姐，从你的身上，我不仅看到了付出与担当，还看到了勇敢。感谢昊咪、辰宝、仔仔三个小家伙，是你们让我目睹了生命的奇迹。感谢小老者，你痛苦地阅读了这个并不令你感兴趣的东西。感谢我的每一位家人，感谢你们的默默陪伴！

一个阶段的结束，总是意味着另一个阶段的开始。驻足感谢之后，收拾心情，继续出发吧！

谨以此文献给战国彩陶先生，惟愿我们彼此能一直怀着真诚的心，携手共进！

周国兴

2011 年 4 月于吉林大学南苑五舍

2017 年 10 月改定于昆明住所

图书在版编目（CIP）数据

情景感与确定性：卢埃林的法哲学 / 周国兴著．—北京：中国法制出版社，2018. 5

ISBN 978-7-5093-9424-3

Ⅰ. ①情… Ⅱ. ①周… Ⅲ. ①卢埃林（Karl N. Llewellyn，1893—1962）—法哲学—研究 Ⅳ. ① D909.712 ② D90

中国版本图书馆 CIP 数据核字（2018）第 094894 号

策划编辑 / 责任编辑　马　颖　　封面设计　李　宁

情景感与确定性：卢埃林的法哲学

QINGJINGGAN YU QUEDINGXING: LUAILIN DE FAZHEXUE

著者 / 周国兴

经销 / 新华书店

印刷 / 三河市紫恒印装有限公司

开本 / 880 毫米 ×1230 毫米　32 开　　印张 / 12.25　字数 / 226 千

版次 / 2018 年 6 月第 1 版　　2018 年 6 月第 1 次印刷

中国法制出版社出版

书号 ISBN 978-7-5093-9424-3　　定价：49.00 元

北京西单横二条 2 号

邮政编码：100031　　传真：010-66031119

网址：http://www.zgfzs.com　　**编辑部电话：010-66034242**

市场营销部电话：010-66033393　　**邮购部电话：010-66033288**

（如有印装质量问题，请与本社印务部联系调换。电话：010-66032926）